Menschen | Zeiten | Räume

5|6

Geschichte

**Differenzierende Ausgabe
Baden-Württemberg**

Herausgegeben von
Peter Brokemper
Dr. Elisabeth Köster
Dr. Dieter Potente

Erarbeitet von
Peter Brokemper
Dr. Magdalene Gärtner
Dr. Elisabeth Köster
Dr. Dieter Potente

Dieses Buch gibt es auch auf
www.scook.de

Es kann dort nach Bestätigung der Allgemeinen Geschäftsbedingungen genutzt werden.

Buchcode: v48fd-7knh9

Cornelsen

Inhaltsverzeichnis

Ein Rundgang durch das Buch 4
Methode: Arbeiten mit den Wahlseiten 6
Methode: Eine Arbeitsmappe führen 8
Methode: Ein Portfolio anlegen 9

Geschichte betrifft uns — 10

Schauplatz: Auf Spurensuche 12
Ein neues Fach: Geschichte 14
Orientierung – Geschichte vor Ort 16
Orientierung in der Zeit 18
Methode: Einen Geschichtsfries erstellen . . . 20
Wie arbeiten Archäologen? 22
Wahlseite: Sachquellen aus der Steinzeit . . . 24
Wahlseite: Bildquellen aus der Antike 25
Wahlseite: Mittelalterliche Schriftquellen . . . 26
Wahlseite: Mündliche Überlieferungen 27
Geschichte aktiv 28
Das kann ich! 29

Ur- und Frühgeschichte — 30

Schauplatz: Am Lagerplatz 32
Orientierung 34
Das Überleben organisieren 38
Eine neue Zeit beginnt… 40
Wahlseite: Höhlenmalerei – ein Rätsel? 42
Wahlseite: Werkzeuge und Jagdwaffen 43
Wahlseite: Tongefäße für die Vorräte 44
Wahlseite: Spinnen und Weben 45
Methode: Ein Rollenspiel durchführen 46
Schmelzende Steine – die Metallzeit 48
Geschichte aktiv 49
Das kann ich! 50

Die Hochkultur Ägyptens — 52

Schauplatz: Der Nil 54
Orientierung 56
Hochkulturen 57
Der Pharao – Mensch, König oder Gott? 58
Die Pyramiden 60
Die ägyptische Gesellschaft 62
Von Göttern und Tempeln 64
Methode: Wir untersuchen Bildquellen 66
Methode: Wir erstellen eine Wandzeitung . . . 67
Wahlseite: Kindheit im Alten Ägypten 68
Wahlseite: Vom Leben im Jenseits 69
Wahlseite: Wie lebten die Handwerker? 70
Wahlseite: Wie lebten die Schreiber? 71
Fenster zur Welt: Mesopotamien 72
Fenster zur Welt: Die Jungsteinzeit 74
Geschichte aktiv 76
Das kann ich! 77

Antikes Griechenland — 78

Schauplatz: Olympia 80
Orientierung 82
Arbeiten mit Karten 84
Ein Volk – viele Stadtstaaten 86
Leben in der Polis: Athen und Sparta 88
Wie entstand die Demokratie? 90
Methode: Ein Schaubild auswerten 91
Wahlseite: Essen und Trinken 92
Wahlseite: Bauen und Wohnen 93
Wahlseite: Von Göttern und Geistern 94
Wahlseite: Antikes Theater 95
Wirtschaft und Umwelt 96
Fenster zur Welt: Die Kelten 98
Geschichte aktiv 100
Das kann ich! 101

Das Römische Weltreich 102

Schauplatz: Die Stadt Rom 104
Orientierung 106
Rom: Vom Dorf zum Weltreich 108
In der römischen Provinz 110
Die römische Familie 112
Von der Republik zum Kaiserreich 114
Methode: Informationen sammeln 116
Methode: Textquellen erschließen 117
Wahlseite: Essgewohnheiten 118
Wahlseite: Töten als Unterhaltung 119
Wahlseite: Götterwelt der Römer 120
Wahlseite: Wirtschaft und Technik 121
Die antike Welt wandelt sich 122
Fenster zur Welt: Das Kaiserreich China ... 124
Geschichte aktiv 126
Das kann ich! 127

Von der Spätantike ins europäische Mittelalter 128

Schauplatz: Im Zeichen des Kreuzes 130
Orientierung 132
Drei Weltreligionen – ein Ursprung 134
Juden im mittelalterlichen Europa 135
Das Römische Reich zerfällt 136
Karl der Große 138
Eroberung mit Kreuz und Schwert 140
Methode: Textquellen vergleichen 141
Die Erneuerung der Reichsidee 142
Das Weltbild im christlichen Europa 144
Wahlseite: Zwei Herrscher stellen sich vor .. 146
Wahlseite: Kaiserpfalz Bad Wimpfen 147
Wahlseite: Die Macht der Kirche 148
Wahlseite: Das Kloster Reichenau 149
Fenster zur Welt: Der Islam 150
Begegnung von Kulturen 152
Miteinander leben – heute 153
Geschichte aktiv 154
Das kann ich! 155

Anhang 156

Gewusst wie – Methoden im Überblick 156
Lexikon 160
Operatoren 164
Bildquellen 166

Ein Rundgang durch das Buch

Liebe Schülerinnen, liebe Schüler,
wir möchten euch kurz die unterschiedlichen Seiten dieses Buches vorstellen.

Auftaktseiten
Jedes Kapitel startet mit einem großen Bild, das einen historischen Schauplatz oder etwas Interessantes zum jeweiligen Thema zeigt. Ihr könnt Eindrücke sammeln und Vorwissen zusammentragen.

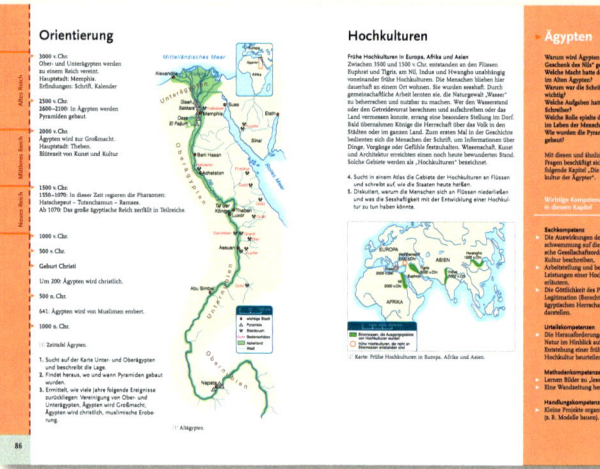

Orientierung
Hier könnt ihr euch einen zeitlichen und räumlichen Überblick verschaffen. Ihr erfahrt außerdem, welche Kompetenzen in dem folgenden Kapitel trainiert werden können.

Methode
Diese Seiten unterstützen euch bei der Informationsbeschaffung. Ihr könnt Schritt für Schritt erlernen, wie ihr aus verschiedenen Quellen Informationen entnehmen, diese verarbeiten und schließlich eure Lernergebnisse präsentieren könnt.

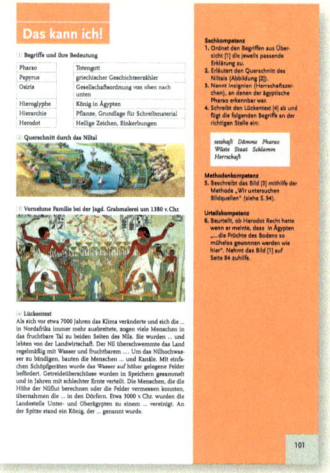

Das kann ich!
Jedes Kapitel endet mit einem „Kompetenz-Check". Hier könnt ihr euer Wissen und Können testen und die neu erworbenen Kompetenzen anwenden.

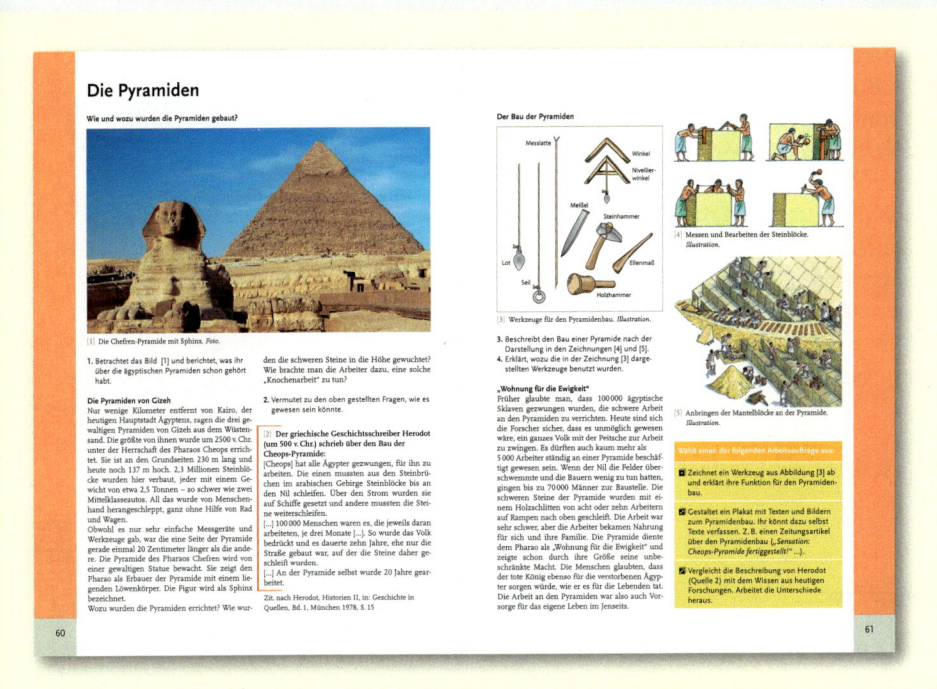

Themendoppelseiten

Oben auf der linken Seite findet ihr eine Leitfrage dazu, worum es auf dieser Doppelseite geht. Quellentexte (historische Quellen) werden mit einem **roten Balken**, Materialtexte mit einem **grauen Balken** gekennzeichnet. Oft kommen in den Texten Begriffe vor, die näher erklärt werden müssen. Diese Begriffe sind mit einem Sternchen versehen und werden in einem Kasten ausführlich erklärt. Auf jeder Inhaltsseite findet ihr Bilder, Schaubilder oder Diagramme. Alle Materialien könnt ihr mithilfe der Aufgaben und Fragen erarbeiten. Mit den Webcodes könnt ihr im Internet weiterarbeiten.

Differenzierungsangebot: Auf vielen Doppelseiten gibt es einen gelben Kasten mit Wahlaufgaben. Hier könnt ihr einen Arbeitsauftrag auswählen. Die Aufgaben mit ◼ sind etwas leichter, die Aufgaben mit ◆ etwas schwieriger zu lösen. Außerdem findet ihr unter „Was ihr noch tun könnt…" weiterführende Anregungen, wenn ihr euch mit dem Thema noch zusätzlich beschäftigen wollt. Wie ihr mit den **Wahlseiten** arbeiten könnt, findet ihr auf Seite 6–7.

Sonderseiten:
Fenster zur Welt

Diese Themendoppelseiten bieten einen Einblick in die Lebenswelt und Glaubensvorstellungen anderer Kulturen. Ihr könnt den frühen Kontakt des europäisch-christlichen mit anderen Kulturkreisen kennenlernen, unter anderem auch mit dem Islam.

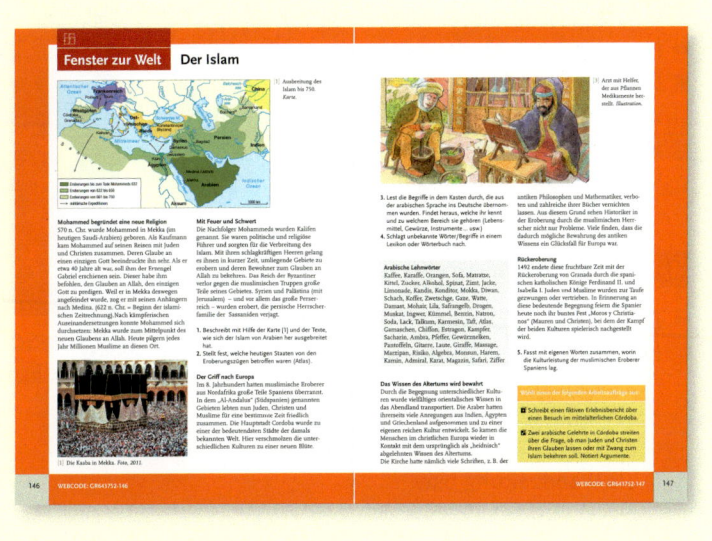

5

Methode — Arbeiten mit den Wahlseiten

Welches Einzelthema interessiert euch?
In jedem Kapitel dieses Buches findet ihr **Wahlseiten**. Sie sollen von euch selbstständig bearbeitet werden: allein, mit einem Partner oder in Gruppenarbeit. Aber zunächst ohne Hilfe einer Lehrperson. Die Wahlseiten sind oben mit einem Würfel gekennzeichnet.
Wahlseiten mit ⚀ sind etwas leichter, Wahlseiten mit ⚁ etwas schwieriger zu lösen.
Ihr findet auf diesen Seiten unten in dem gelben Balken Tipps für die Erarbeitung und für die Präsentation.

Bei der Arbeit mit den Wahlseiten könnt ihr so vorgehen:

1. Schritt: Thema auswählen

- Blättert die Seiten kurz durch und überlegt, welche Einzelseite euch am meisten interessiert. Wählt diese aus.

2. Schritt: Allein oder mit anderen arbeiten?

- Entscheidet, ob ihr in Gruppen- oder Partnerarbeit zusammenarbeiten wollt oder euch lieber alleine mit der Seite beschäftigt.

3. Schritt: Wichtigste Punkte herausarbeiten

- Betrachtet die Bilder und lest die Texte. Lasst euch von den Arbeitsvorschlägen anregen.
- Klärt offene Fragen, notiert die wichtigsten Inhaltspunkte.
- Notiert einen „Merksatz" für die Klasse.
- Entscheidet, wie ihr der Klasse die Bilder zeigen wollt (Hinweis auf die Seite, auf der das Bild steht; eigene Zeichnungen; Folien für den Overhead-Projektor usw.).

4. Schritt: Ergebnisse vorstellen

- Entscheidet euch, wie ihr der Klasse eure Ergebnisse präsentieren wollt:
    - ☐ als kleinen Vortrag (Dauer 3 bis 5 Minuten)
    - ☐ als erfundene Zeitungsreportage
    - ☐ als kurzes Theater- oder Rollenspiel
    - ☐ als Wandzeitung usw.

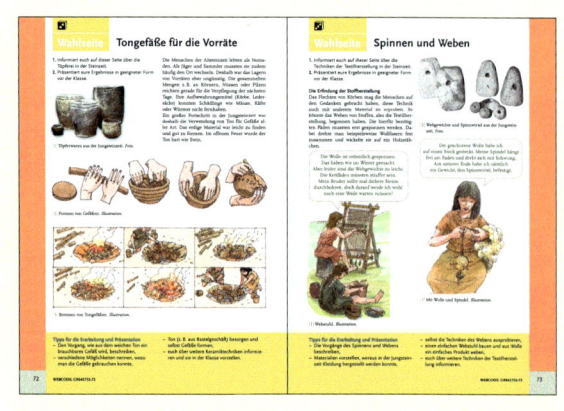

[1] Wahlseiten.

[2] Zwei Schüler lesen. *Foto.*

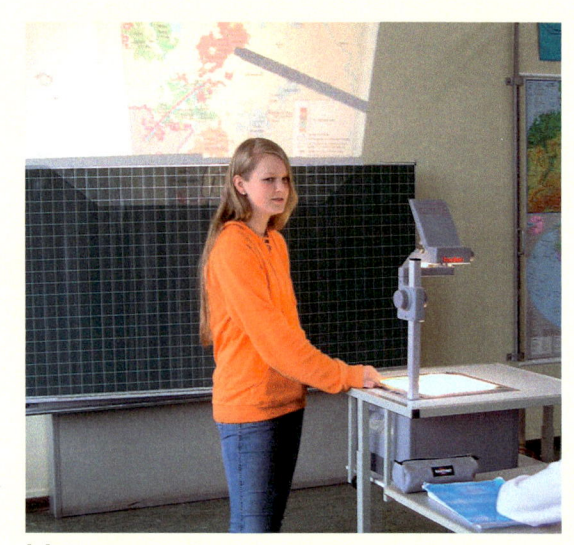

[3] Eine Schülerin präsentiert am Overhead-Projektor ihre Ergebnisse. *Foto.*

Arbeiten mit dem Textknacker

Die Wahlseiten mit ◨ beinhalten Texte, die ihr mit dem Textknacker erschließen könnt. Ihr könnt hier üben, die Schritte anzuwenden. Auch bei der Arbeit mit schwierigeren Sachtexten könnt ihr den Textknacker anwenden. Öffnet dazu die Umschlagklappe hinten im Buch. Wendet die Lesestrategie Schritt für Schritt an. Der Textknacker hilft euch, Texte zu lesen und zu verstehen.

1. Schritt: Vor dem Lesen

Bilder helfen mir, den Text besser zu verstehen.
Die Überschrift sagt mir etwas über den Text.
- Ich sehe mir die Bilder an.
- Ich lese die Überschrift.
- Worum könnte es in dem Text gehen?

2. Schritt: Das erste Lesen

Ein Text hat Absätze. Was in einem Absatz steht, gehört zusammen.
Die Schlüsselwörter im Text sind besonders wichtig.
Einige Wörter werden unter dem Text erklärt.
- Ich zähle die Absätze.
- Ich lese die hervorgehobenen Schlüsselwörter.
- Ich lese die Worterklärungen.
- Was weiß ich jetzt?

3. Schritt: Den Text genau lesen

Erst der ganze Text sagt mir, worum es geht.
- Ich lese den ganzen Text – Absatz für Absatz.
- Was habe ich erfahren?

4. Schritt: Nach dem Lesen

Ich habe den ganzen Text gelesen.
- Ich schreibe zu jedem Absatz etwas auf.
- Ich schreibe die wesentlichen Informationen auf.
- Ich schreibe auf, was für mich wichtig ist.

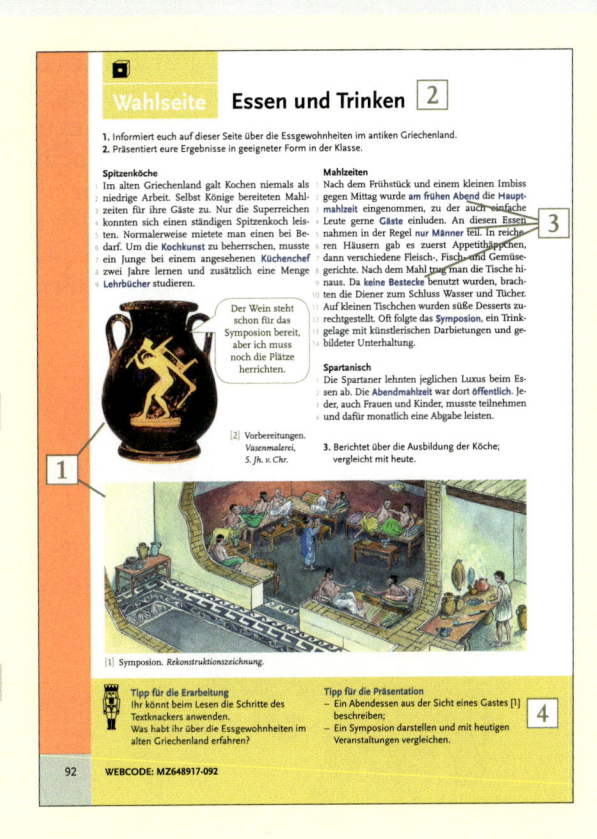

[1] Bilder
[2] Die Überschrift
[3] Schlüsselwörter
[4] Tipps in der gelben Leiste

Methode — Eine Arbeitsmappe führen

Für euer neues Fach Geschichte solltet ihr auch eine Mappe führen. Beim Lernen, Wiederholen oder bei der Vorbereitung auf einen Test ist eine gut geführte Arbeitsmappe sehr nützlich. So könnt ihr leicht merken, wenn ihr etwas noch nicht verstanden habt. Dann könnt ihr es gleich nachprüfen. Bei der Gestaltung der Arbeitsmappe lernt ihr auch, wie man Informationen übersichtlich anordnen und verständlich weitergeben kann.
Auf dieser Seite seht ihr einige Blätter aus der Mappe von Kirsten. Ihr könnt euch von ihren Ideen anregen lassen, aber auch eigene Vorstellungen finden …

Auf ein Deckblatt schreibt ihr folgende Angaben: Fach, Name, Klasse. Oft ist auch noch Platz für eine Zeichnung, die zum Fach passt.

Am besten schreibt ihr zu jedem Eintrag ein Datum. Es steht oben rechts.

Jeder Eintrag bekommt eine Überschrift. Ihr könnt sie unterstreichen oder farbig hervorheben.

Tabellen sollten mit dem Lineal gezeichnet werden.

Zeichnungen besser mit Buntstiften, nicht mit Filzstiften anfertigen, damit die Farbe nicht durchschlägt.

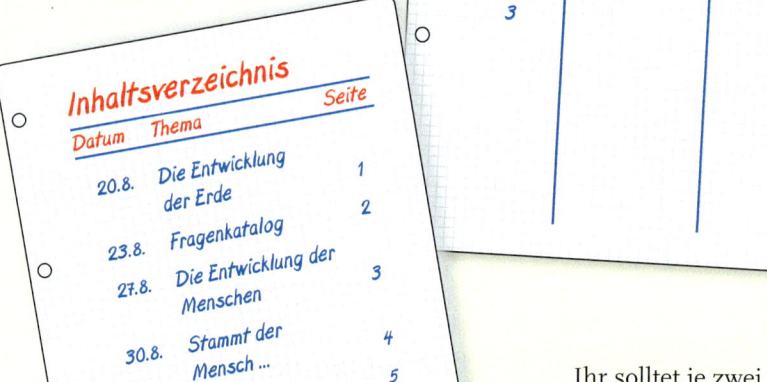

Ihr solltet je zwei Zentimeter Rand an jeder Seite lassen.

Das Inhaltsverzeichnis sollte keine Seitenzahl bekommen. Es kann ja sein, dass im Laufe des Schuljahres mehrere Seiten daraus werden.

Deckblatt:
Geschichte
Kirsten Bauer — 5c

Blatt (2.9.2015): Die Ausbreitung der modernen Menschen

Reihenfolge	Land	Zeitraum
1	Afrika	150.000 v. Chr.
2	Vorderasien	100.000 v. Chr.
3		

Seite 5

Inhaltsverzeichnis

Datum	Thema	Seite
20.8.	Die Entwicklung der Erde	1
23.8.	Fragenkatalog	2
27.8.	Die Entwicklung der Menschen	3
30.8.	Stammt der Mensch …	4
2.9.	Ausbreitung	5

Methode — Ein Portfolio anlegen

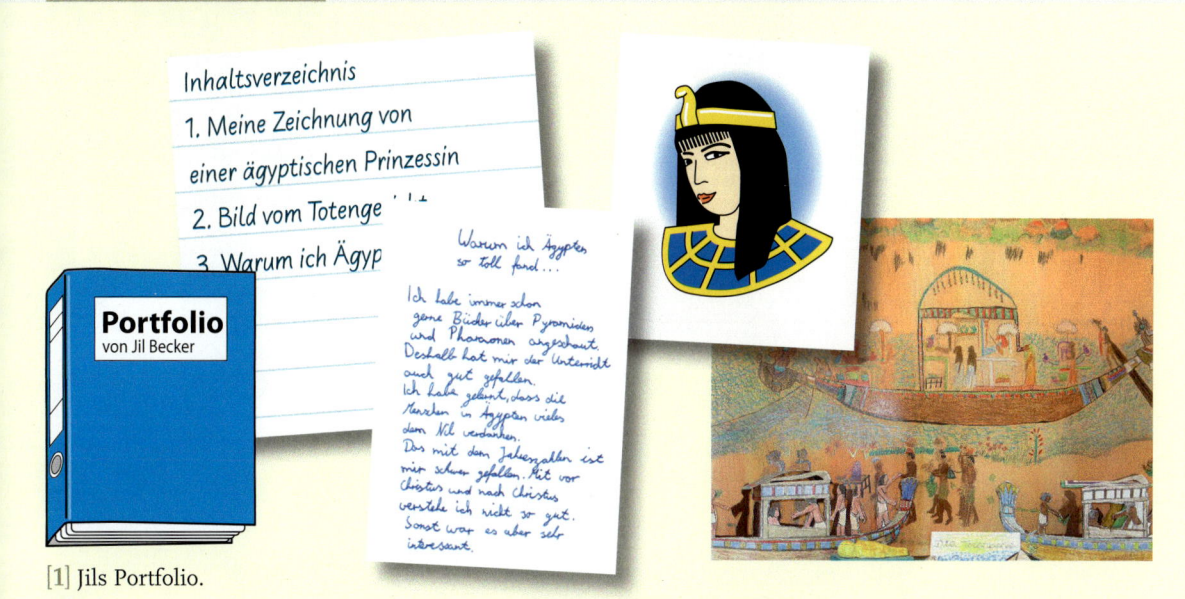

[1] Jils Portfolio.

Was ist ein Portfolio?
Ein Portfolio* ist eine Mappe, in der ihr eure gelungenen Arbeiten zusammenstellt. Es ist wie eine Mischung aus „Schatzkästchen" und Lerntagebuch. Ihr könnt eure besten Arbeiten (Bilder, Zeichnungen, Geschichten, selbst gestaltete Arbeitsblätter) zu einem Thema hier sammeln und zusätzlich etwas über eure Erfahrungen beim Lernen und Arbeiten notieren.

So könnt ihr euer Portfolio anlegen:

1. Schritt: Sammeln und selbst bewerten

- Seht eure Arbeiten durch und legt die schönsten beiseite (Sammelmappe).
- Legt zu jeder Arbeit ein Blatt und erklärt:
  - Wie seid ihr auf die Idee gekommen?
  - Gab es Schwierigkeiten bei der Durchführung?
  - Was findet ihr gut? Was könnte noch verbessert werden?

2. Schritt: Lernerfahrungen beschreiben

- Wenn ein Kapitel im Buch zu Ende geht, habt ihr ganz sicher eine Menge neuer Informationen erhalten. Auch bestimmte Arbeitsweisen (Methoden) sind hinzugekommen. Auf der Seite „Das kann ich!" konntet ihr überprüfen, wie sicher ihr mit geschichtlichen Informationen umgehen könnt.
- Nun sollt ihr eure Erfahrungen festhalten und eure „Lerngeschichte" notieren. Dazu sollen euch die folgenden Fragen eine Anregung geben; ihr könnt auf jede einzelne Frage kurz antworten oder auch einen zusammenhängenden Text schreiben:
  - Was hat mich am meisten interessiert? Was hat mich weniger interessiert?
  - Was habe ich neu gelernt?
  - Wie hat das Lernen geklappt? (Was war besonders schwierig, was war leicht?)
  - Wie zufrieden bin ich mit „Das kann ich!"?
  - Welche Hilfen hätte ich noch benötigt?
  - Welche Frage(n) habe ich noch?
  - Was werde ich demnächst anders machen?
- Schreibt die Ergebnisse sauber auf ein eigenes Blatt. Überschrift: „Wie meine Arbeit mit dem Kapitel (Thema einsetzen) verlaufen ist".

3. Schritt: Sortieren

- Sortiert jeweils am Ende eines Kapitels die neuen Seiten, tragt sie ins Inhaltsverzeichnis ein und legt sie in euer Portfolio. Fertig!

*
Portfolio
Ursprünglich italienisch: portare = (mit sich) tragen, fo(g)lio = Papier-Blatt, Buchseite.

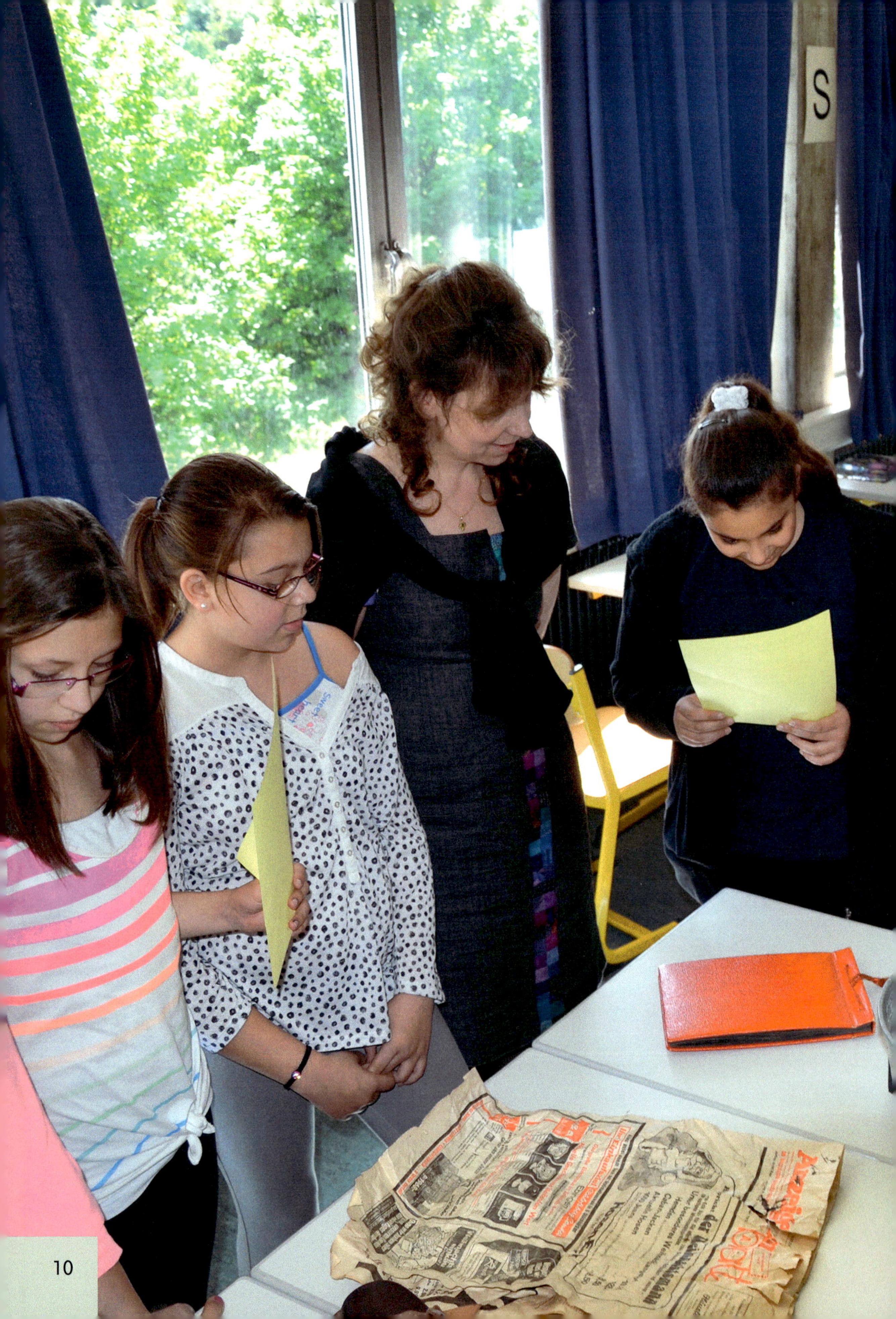
S

Geschichte betrifft uns

Auf Spurensuche
Was wissen wir über unsere Vergangenheit?
Was erzählen uns alte Gegenstände, Zeitungen, Fotos?
Die Schüler der Klasse 5b haben sich auf die Suche gemacht.

1. Beschreibt das Bild: Welche Gegenstände könnt ihr entdecken?
2. Vermutet, wozu diese Gegenstände gebraucht worden sind.

Schauplatz — Auf Spurensuche

Schülerinnen und Schüler der Klasse 5 b haben verschiedene Gegenstände von ihren Eltern und Großeltern zusammengetragen.
Sie berichten, was sie darüber erfahren haben.

Ich habe hier **Münzen**, die vor ein paar Jahren noch in täglichem Gebrauch waren: 1 Pfennig, 2 Pfennig, 10 Pfennig, 50 Pfennig, 1 Mark, 2 Mark und 5 Mark. Für meine Eltern war das die alltägliche Währung.

Diese **Milchkanne** hatte meine Mutter in ihrer Kindheit noch in Benutzung, wenn sie beim Bauern im Dorf abends Milch geholt hat.

Das ist das **Fotoalbum** meines Großvaters. Es gibt hier Bilder vom Skifahren. Alle diese Bilder sind schwarz-weiß, aber im Winter bei Schnee spielt das keine große Rolle.

Dieses **Bügeleisen** wurde mit Kohle befüllt oder am Herd erwärmt. Das hat mir meine Uroma erzählt. Es ist ziemlich schwer, hat aber kein Kabel.

Mit dieser **Rührschüssel** hat meine Urgroßmutter leckeren Kuchen gerührt. Wenn ich hier an der Kurbel drehe, bewegt sich in der Schüssel das Rührwerk.

Es braucht keinen Strom.

Der **Fotoapparat** von meinem Urgroßvater ist riesig, aber man kann ihn ganz leicht bedienen. Man benötigte Rollfilm, der eingefädelt werden musste, um ein Foto zu bekommen. Hier habe ich übrigens auch eine Ledertasche für den Fotoapparat.

Dieses **Buch** für Fremdwörter ist 1897 gedruckt worden. Die Blätter sind ganz stark vergilbt. Die Wörter sind ohne die Erklärung nicht zu verstehen. Ich denke, dass heute kein einziges mehr benutzt wird.

Meinen **Zylinder** kann man zusammenklappen. Er ist mit schwarzer Seide bezogen und hat innen eine Klappmechanik. Mein Vater setzt diesen alten Zylinder von meinem Uropa beim Stadtfest auf.

Das **Telefon** ist ganz seltsam. Es hat weiße Knöpfe und ein Kabel. Man konnte es nicht mitnehmen. Meine Mutter erzählte mir, dass das früher ganz normal war.

Das sind ganz tolle **Skistiefel**. Sie sind ganz aus Leder und wurden, das hat mir meine Großmutter erzählt, ganz von Hand genäht. Für mich sind sie leider viel zu groß.

Die eigene Geschichte erforschen

Jede Generation hat ihre eigene Geschichte. Fragt Eure Eltern, welche Ereignisse ihnen aus der Kindheit und Jugend in Erinnerung geblieben sind. Die Großeltern können ebenfalls von vergangenen Zeiten berichten. Was war z. B., als sie selbst zur Schule gegangen sind. Wie und wo haben sie gelebt? Womit haben sie gespielt? Welche Familienfeste sind ihnen besonders in Erinnerung geblieben? Gab es Geschenke? Vielleicht erinnern sich eure Großeltern auch an Geschichten, die sie selbst von ihren Eltern oder Großeltern erzählt bekamen. Viele Ereignisse werden beim Weitererzählen von Generation zu Generation etwas abgewandelt.

Ihr könnt auch eine Spurensuche für eure Klasse organisieren.

- Bringt zur nächsten Stunde ein Erinnerungsstück oder alte Fotos eurer Eltern oder Großeltern von zu Hause mit.
- Fragt nach der Bedeutung oder Funktion des Gegenstands.
- Findet heraus, woher der Gegenstand kommt und wie alt er ist.
- Lasst euch erklären, warum dieser Gegenstand aufbewahrt wurde.
- Zeigt die Gegenstände in eurer Klasse und erzählt die Geschichte dazu.
- Notiert euch eine Frage, die ihr zu dem Gegenstand habt.

Wählt einen der folgenden Arbeitsaufträge aus:

▪ Wählt einen alten Gegenstand aus und notiert eure Fragen dazu.

▪ Wählt einen der hier gezeigten Gegenstände aus und begründet, weshalb er heute nicht mehr verwendet wird.

Ein neues Fach: Geschichte

Woher wissen wir, was früher war?

[1] Los geht's! Die Klasse 5b auf Spurensuche. *Foto*.

Geschichte – ein neues Schulfach

Aus der Grundschule seid ihr in eine neue Schule und in eine neue Klasse gekommen. Nun beginnt die Arbeit in einem neuen Fach: Geschichte.

Es bringt euch Nachrichten über Geheimnisse ferner Zeiten, Geschichten über Freud und Leid, über Krieg und Frieden. Davon erzählt das Fach „Geschichte". Zu Beginn eines jeden Themas führt euch dieses Buch auf „Schauplätze", an denen ihr interessante Informationen über den Alltag der Menschen bekommt. Viele Fragen werden gestellt, die euch bestimmt interessieren:

Wo komme ich her? Was war vor 1 000 Jahren in unserer Gegend los? Wie sah die Welt aus, als Uroma noch ein Baby war? Wie lange gibt es schon Flugzeuge oder Autos?

1. Erzählt, war ihr bereits über das Fach Geschichte wisst.
2. Sammelt Fragen, die euch zu dem neuen Fach Geschichte interessieren.

Geschichte ist überall

Geschichte umgibt uns, wohin wir auch gehen. In der Altstadt der nächstgelegenen größeren Gemeinde oder auf einem Ausflug, wo wir Sehenswürdigkeiten oder Baudenkmäler besichtigen können. Oft entdecken wir ein altes Gebäude oder eine Statue und wir fragen uns: Wer hat das gebaut? Aus welcher Zeit stammt das? Wer oder was ist genau dargestellt? Und wenn wir genau hinsehen, können wir etwas entdecken, das schon vor langer Zeit passiert ist.

Doch manchmal müssen wir gar nicht so weit zurückgehen. Wir können gleich in unserer Gemeinde (eventuell im Heimatmuseum) oder bei unserer eigenen Geschichte beginnen…

3. Berichtet über Sehenswürdigkeiten oder historische Baudenkmäler in eurem Heimatort. Aus welcher Zeit stammen sie?

Was ihr noch tun könnt…
- einen Ausflug in die nächstgelegene Altstadt organisieren, ein Heimatmuseum besuchen.

[2] bis [5] Schülerinnen und Schüler untersuchen verschiedene Quellenarten. *Fotos, 2015.*

Spuren der Vergangenheit – die Quellen*

Alles, was wir über die Vergangenheit wissen, erfahren wir aus historischen Quellen.

Das können zum Beispiel alte römische Münzen sein. Dann wissen wir, dass römische Soldaten an diesem Ort waren oder römische Kaufleute dort Handel betrieben haben.

So eine Quelle nennen wir **Sachquelle**.

Ein altes Bild (Foto, Gemälde oder Mosaik) ist für uns eine **Bildquelle**. Wir können sehen, wie die Menschen damals ausgesehen und wie sie gelebt haben.

Auch in früheren Zeiten haben Menschen etwas über das damalige Leben aufgeschrieben. Es können alte Zeitungen, Briefe oder ein Tagebuch sein. Sie berichten uns etwas über die damalige Zeit. Diese sind **Schriftquellen**.

Wir können auch ältere Menschen nach der Vergangenheit befragen. Sie erzählen uns, was sie früher selbst erlebt haben. Solche Menschen nennen wir **Zeitzeugen**.

*
Quellen: Quellen sind Zeugnisse aus der Vergangenheit. Wir können aus ihnen etwas über unsere Geschichte erfahren. Man unterscheidet zwischen Sachquellen, Bildquellen, Schriftquellen und mündlichen Überlieferungen.

4. Beschreibt die verschiedenen Quellenarten und nennt Beispiele dazu.

Wählt einen der folgenden Arbeitsaufträge aus:

- Wählt einen Gegenstand von der Seite 14 aus und bestimmt die Quellenart. Beschreibt auch, wozu der Gegenstand verwendet wurde.

- Verfasst eine kurze Geschichte über einen ausgewählten Gegenstand. Was hätte dieser Gegenstand alles erleben können? (...)

Was ihr noch tun könnt ...
- eure Eltern und Großeltern über ihre Kindheit befragen: Wo hast du als Kind gelebt? Wo bist du auf die Schule gegangen? Was habt ihr gerne gespielt? Was war damals anders als heute? (...)

Orientierung – Geschichte vor Ort

[1] Collage über historische Bauwerke, Denkmäler und Museen in Baden-Württemberg.

Was wissen wir über die Geschichte unseres Heimatortes?

Ein Heimatmuseum besuchen

In einem Heimat- oder Stadtmuseum wird die Vergangenheit des Ortes durch regionale Ausstellungsstücke und Dokumente dargestellt. Häufig befindet sich ein solches Museum in einem historisch bedeutenden oder typischen Gebäude. (Zum Beispiel das Badische Landesmuseum im Schloss Karlsruhe, Bild G auf Seite 16).
Oft sind bedeutende Persönlichkeiten, die an dem Ort gelebt oder gewirkt haben, die Namensgeber des Heimatmuseums. In ganz kleinen Orten gibt es manchmal nur eine Heimatstube. Über besondere Geschehnisse, die für eure Region oder Stadt von Bedeutung sind, könnt ihr euch hier informieren. Auch über die Geschichte spezifischer Produkte oder Spezialitäten in der Region erfahrt ihr häufig etwas im Heimatmuseum.

Fragen zum Erschließen der Vergangenheit unseres Heimatortes:

– Was möchte ich über die Vergangenheit des Ortes erfahren?
– Wen kann ich befragen? (Eltern, Großeltern ...)
– Wo finde ich Informationen? Gibt es ein Heimatmuseum im Ort?
– Wie alt ist unser Heimatort? Wann wurde er gegründet?
– Woher kommt der Name unserer Stadt oder unseres Dorfes?
– Wie viele Menschen lebten/leben hier?
– Gab es in der Vergangenheit berühmte Persönlichkeiten in unserem Ort?
– Was hat sich in den vergangenen Jahrzehnten verändert?

1. Notiert euch weitere Fragen, die euch zur Vergangenheit eures Heimatortes interessieren.
2. Ein Ratespiel! Ordnet die folgenden Bildunterschriften zu den Fotos auf der Seite 16.

[1] Rathaus in Esslingen (heutige Fassade erbaut um 1586), *Foto.*
[2] Schloss Karlsruhe (Badisches Landesmuseum, erbaut um 1715), *Foto.*
[3] Klosterruinen in der Abtei Hirsau (erbaut um 1059), *Foto.*
[4] Pfalz Bad Wimpfen (erbaut um 1152–1190), *Foto.*
[5] Fachwerkhäuser am Marktplatz von Mosbach (erbaut um 1610), *Foto.*
[6] Römerkastell bei Welzheim, (erbaut um 155/160 n. Chr.) *Foto.*
[7] Ulmer Münster (der Grundstein wurde 1377 gelegt), *Foto.*
[8] Mercedes-Benz Museum in Stuttgart (eröffnet im Mai 2006), *Foto.*

3. Ordnet die Abbildungen auf Seite 16 in eine zeitliche Reihenfolge nach ihrer Entstehung.

Was ihr noch tun könnt ...

- Besucht das Heimatmuseum in eurem Wohnort und verschafft euch einen Überblick über die regionale Geschichte. Welche Abteilungen befinden sich im Museum?
- Gestaltet eine Wandzeitung oder Ausstellung von eurem Heimatort.

▶ Geschichte betrifft uns

Woher wissen wir, was früher war?
In welche Zeitabschnitte wird die Geschichte eingeteilt?
Wie arbeiten Archäologen?
Was sind historische Quellen?
Auf diese und ähnliche Fragen findet ihr Antworten im folgenden Kapitel.

Wichtige Kompetenzen in diesem Kapitel

Fragekompetenz
▶ Fragen zu der eigenen und regionalen Geschichte sammeln

Methodenkompetenz
▶ eine Zeitleiste erstellen
▶ die Arbeit von Archäologen kennenlernen

Reflexionskompetenz
▶ die Bedeutung von Geschichte in der eigenen Lebenswelt erläutern und Arbeitsphasen des Faches Geschichte beschreiben

Orientierungskompetenz
▶ die Einteilung der Geschichte (Zeitabschnitte, Epochen) im Hinblick auf Veränderungen der Lebensumstände der Menschen beurteilen

Sachkompetenz
▶ die ältesten Spuren des menschlichen Lebens beschreiben
▶ Epochen unterscheiden und erklären
▶ historische Quellen einordnen

Orientierung in der Zeit

Wie lässt sich Zeit messen und unterteilen?

[1] Zeit messen – mit verschiedenen Uhren. *Bildcollage.*

1. Beschreibt die verschiedenen Zeitmessgeräte. Welche kennt ihr? Wie kann man damit die Zeit messen?

„Die gute, alte Zeit"
Zeit kann man messen. So ist z. B. eine Unterrichtsstunde ein festgelegter Zeitabschnitt. Wir orientieren uns den ganzen Tag an der Zeit. Verabredungen oder Termine sind auf einen bestimmten Zeitpunkt festgelegt.
Menschen haben seit alters her versucht, die Zeit zu messen, früher waren diese Zeitmessungen aber nicht so genau wie heute. In früheren Zeiten ordnete man die Zeit nach Naturerscheinungen. Man orientierte sich am Lauf der Sonne oder am Wechsel von Tag und Nacht. Die Länge eines Monats wurde berechnet durch die Zeit zwischen zwei Vollmonden. Erst im 14. Jahrhundert konnte die Uhrzeit genauer gemessen werden, als mechanische Räderuhren erfunden waren. Eine Uhr auf dem Kirchturm oder dem Rathaus diente allen Menschen einer Stadt zur Orientierung.

Verschiedene Zeitrechnungen
Unterschiedliche Kulturkreise orientierten sich an prägenden Ereignissen für die Anfertigung von Kalendern.
– Die Geburt Christi ist als Beginn der Zeitrechnung weit verbreitet. Wir orientieren uns am christlichen Kalender.
– In der jüdischen Kultur beginnt der Kalender mit der Schöpfung der Welt. Es entspricht nach christlicher Zeitrechnung dem Jahr 3761 v. Chr.
– Für die arabische Welt gilt das Jahr 622, in dem der Prophet Mohammed von Medina nach Mekka kam, als Beginn der Zeitrechnung.

2. Rechnet unser aktuelles Kalenderjahr auf die anderen Kalender um.

Wie unterteilen Menschen die Zeit?
Um Zeiträume übersichtlich zu erfassen, unterteilen wir sie in Abschnitte. Das können Jahre, Jahrzehnte, Jahrhunderte oder Jahrtausende sein. Wenn wir die geschichtlichen Abläufe und Entwicklungen in Jahrhunderten angeben, sprechen wir z. B. vom 16. Jahrhundert, damit meinen wir den Zeitraum von 1501 bis 1600.
Historiker gliedern den Verlauf der Geschichte in große Einheiten. Man spricht dabei von Zeitaltern oder Epochen.

> **Wählt einen der folgenden Arbeitsaufträge aus:**
>
> ◾ Wählt ein Zeitmessgerät aus und erklärt, wie es funktioniert (z. B. die Sonnenuhr).
>
> ◾ Begründet, warum die Messung und Unterteilung der Zeit für die Menschen notwendig ist.

Historische Epochen

Altsteinzeit
(ca. 40 000 v. Chr. bis ca. 5000 v. Chr)
Die Menschen sicherten ihr Überleben durch die Jagd und sammelten Früchte, Wurzeln und Beeren.

Jungsteinzeit
(ca. von 5500 v. Chr. bis ca. 1500 v. Chr.)
In dieser Zeit wurden die Menschen sesshaft und begannen Tiere zu züchten.

} **Urgeschichte**

Frühe Hochkulturen (Afrika, Asien)
entstanden zwischen 3500 und 1500 v. Chr. an den Flüssen Euphrat und Tigris, am Nil, Indus und Hwangho unabhängig voneinander. Dazu gehört auch das Alte Ägypten. Teilweise verlief die Zeit der Hochkulturen zeitgleich mit der Jungsteinzeit in Europa.

Altertum/Antike
(ca. 2500 v. Chr. bis ca. 500 n. Chr.)
In dieses Zeitalter sind die griechische Antike und das Römische Weltreich einzuordnen.

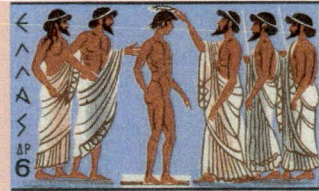

Mittelalter
(von ca. 500 n. Chr. bis ca. 1500.)
Es war eine Zeit, in der für die Menschen die Religion eine sehr wichtige Rolle spielte. Am Ende der Epoche begannen die Menschen sich selbst und ihre Umgebung zu erforschen.

Neuere Geschichte
begann ca. 1500 und endete 1917/18. Damals entdeckten die Europäer Amerika. Viele Entdeckungen und Erfindungen dieser Zeit wirken sich bis heute aus.

Neueste Geschichte
bezeichnet den Zeitraum ab 1918 bis heute.

} **Neuzeit**

WEBCODE: MZ648917-019

| Methode | **Einen Geschichtsfries erstellen**

Urgeschichte

1 Million
100000
500000
10000   9000   8000   7000   6000

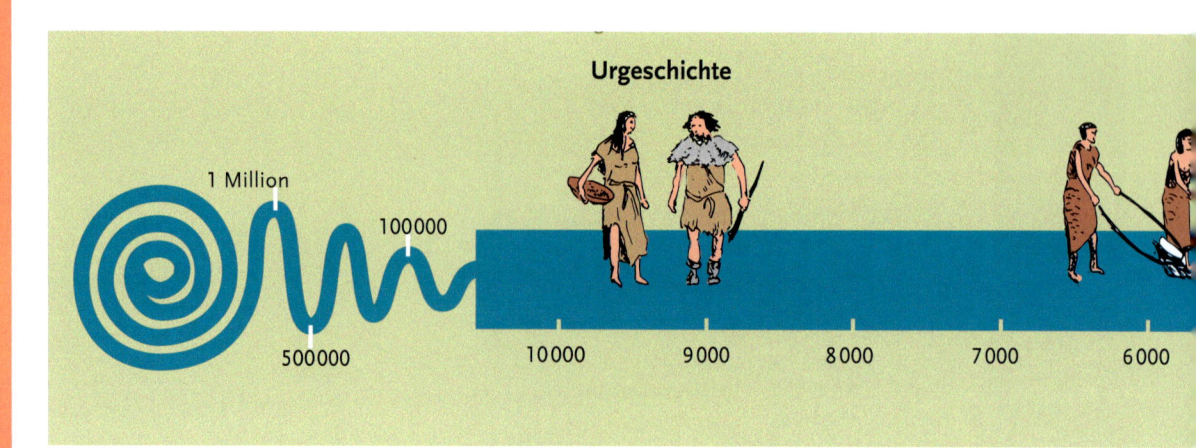

Die Zeitrechnung

Ereignisse und Zeitabschnitte können wir bestimmen und einordnen. Dazu haben Menschen in längst vergangenen Zeiten die Zeitrechnung und den Kalender erfunden. So haben unterschiedliche Kulturen, wie z. B. die Chinesen, die Babylonier oder die Juden, verschiedene Zeitrechnungen oder Zählweisen entwickelt. Auch die Jahreslänge oder die Einteilung eines Jahres sind unterschiedlich.

Unsere Zeitrechnung ist auf die Geburt von Jesus Christus bezogen. Die Jahre davor nennen wir „**vor Christi Geburt**": **v. Chr.**, und die Jahre danach nennen wir „**nach Christi Geburt**": **n. Chr.** Andere Kulturen haben andere Festpunkte, von denen aus ihre Zeitrechnung gezählt wird.

Die Römer zählten die Jahre nach der Gründung Roms. Dies entspricht nach unserer Zeitrechnung dem Jahr 753 v. Chr.

Was ist eine Zeitleiste?

Auf einer Zeitleiste sind die Jahreszahlen von links nach rechts angeordnet. Bis zum „Jahr 0" sinken die Zahlen, ab dem „Jahr 0" steigen die Zahlen wieder an.

Für eure Klasse könnt ihr eine Zeitleiste mit Bildern, also einen Geschichtsfries erstellen.

So könnt ihr vorgehen:

1. Schritt: Zeitleiste vorbereiten

- Welches Material benötigt ihr?
- Wie soll die Zeitleiste aussehen?

2. Schritt: Zeitraum festlegen

- Welcher Zeitraum soll dargestellt werden?
- Welche Abschnitte kennzeichnen die Einteilung?
- Welcher Maßstab bestimmt die Einteilung?

3. Schritt: Leiste einteilen und Jahreszahlen bestimmen

- Welche Jahreszahlen und Ereignisse spielen eine Rolle?
- Welche Jahreszahlen werden eingetragen?

4. Schritt: Ereignisse eintragen und Bilder einfügen

- Welche Ereignisse werden hervorgehoben oder beschrieben?
- Welche Bilder veranschaulichen die Ereignisse?
- Wie werden die Bilder den Ereignissen zugeordnet?

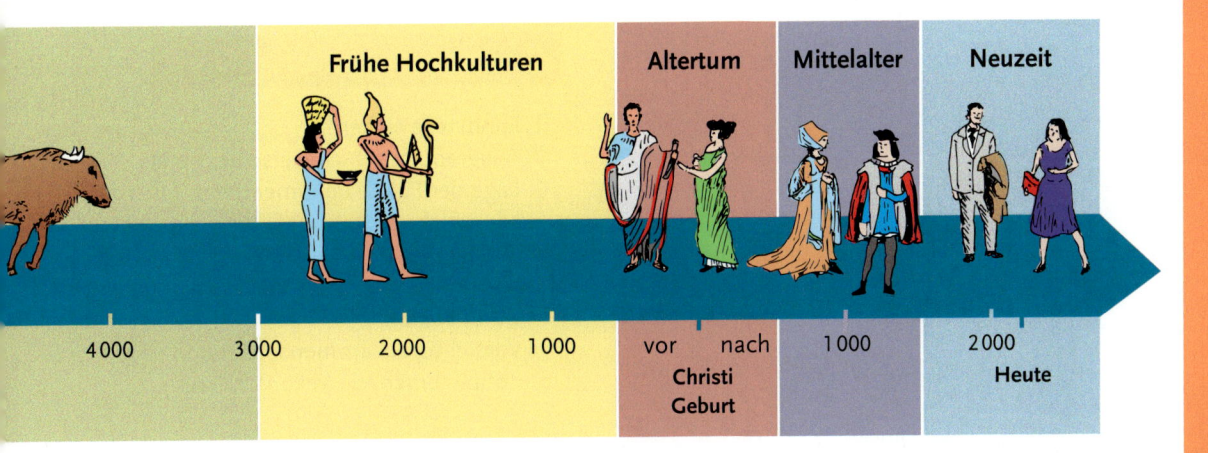

Die Klasse 5 b hat einen Geschichtsfries erstellt.
Ihre Tipps haben sie aufgeschrieben.

Einen Geschichtsfries könnt ihr auch für eure Klasse herstellen.
Ihr braucht: eine Tapetenrolle, einen dicken Filzstift und ein Maßband.

So könnt ihr eine Zeitleiste herstellen.
- Rollt die Tapetenrolle auf dem Boden aus. Messt 8 Meter ab. Schneidet hier die Tapete ab.
- Messt von der rechten Seite 1 Meter ab. Macht hier einen Strich. Messt weiter 1 Meter ab und macht einen Strich. Geht weiter so vor, bis ihr die ganze Tapete eingeteilt habt.
- Schreibt nun die Jahreszahlen über die Striche. Beginnt bei dem ersten Strich rechts. 2000, 1000 und 0; nach der 0: 1000, 2000, 3000, 4000

So könnt ihr euren Geschichtsfries gestalten.
- Schreibt über die Zeitleiste vor die 0: „vor Christi Geburt". Schreibt nach der 0: „nach Christi Geburt".
- Tragt die Zeitalter in der richtigen Reihenfolge ein.
- Sucht Bilder in Zeitschriften oder im Internet zu den Zeitaltern oder malt Bilder dazu. Schneidet die Bilder aus.
- Ordnet eure Bilder zu den passenden Zeitaltern. Klebt die Bilder auf.

Den Geschichtsfries könnt ihr im Klassenzimmer aufhängen.
Zu neuen Themen könnt ihr den Fries mit neuen Bildern ergänzen.

Wie arbeiten Archäologen?

[1] Archäologen bei der Arbeit. *Foto.*

Schritte bei einer Ausgrabung

1. Fundstelle sichern.
2. Ausgrabung schichtweise beginnen.
3. Lage der Funde dokumentieren (ausmessen, zeichnen, fotografieren).
4. Funde sichern (konservieren) und
5. bestimmen (erklären, zeitlich einordnen). Dann später:
6. Vorsichtig zusammensetzen und – wenn nötig – ergänzen (rekonstruieren).

Was ihr noch tun könnt ...

- Stellt eine Ausgrabung nach (Sandkasten) und zeigt in einer Ausstellung, wie Gegenstände rekonstruiert werden (Holzscheibe mit Jahresringen; nur zum Teil vorhandenes Bild ergänzen; zerbrochene Vase kitten usw.).
- Besorgt im Internet Fotos von Luftbild-Archäologie und Ausgrabungen.
- Eine Aufgabe für junge „Wissenschaftler": Schlagt in Lexika nach oder recherchiert im Internet zu einem der archäologischen Begriffe, z. B. Dendrochronologie, Pollenanalyse, Radiokarbon-Methode oder Luftbild-Archäologie.

Woher kommt unser Wissen aus der Vergangenheit – vor allem aus Zeiten, als es noch keine Schrift gab?
Wenn Fundgegenstände z. B. bei Bauarbeiten zum Vorschein kommen, ruft man Fachleute für Archäologie zu Hilfe. Mit wissenschaftlichen Methoden bringen Archäologen die Funde „zum Sprechen" und gewinnen so ein Bild über das Leben in vergangenen Zeiten.

Das Problem, die richtige Erklärung zu finden

Ohne schriftliche Quellen die richtigen Schlüsse zu ziehen, ist schwierig. Das war auch bei den Pfahlbauten am Bodensee so. Aus den Funden am Seegrund musste auf das Aussehen der Häuser geschlossen werden. Die Archäologen wissen heute: Die Häuser standen nicht im Wasser; die Pfahlbauweise sollte vor Überschwemmungen schützen.

[2] Rekonstruktionsversuch: Häuser im Pfahlbaumuseum in Unteruhldingen am Bodensee. *Foto.*

1. Fertigt einen kurzen Informationstext (mit Skizzen) zum Thema „Archäologie" an.

[3] Pfahlbaumuseum in Unteruhldingen. *Foto.*

2. Beschreibt die Dorfanlage auf Bild [3].

Abtauchen in die Vergangenheit

Unteruhldingen am Bodensee: Vor der Kulisse des Pfahlbaumuseums steigt ein Mann aus dem Wasser, streift sich Taucherbrille und Sauerstoff-Flasche ab. Professor Gunter Schöbel von der Uni Tübingen, der das Pfahlbaumuseum leitet, ist Taucharchäologe. Der Bodensee birgt für einen Fachmann wie ihn viele wertvolle Schätze. „Man sieht dort unten (...) rund 20 000 Pfähle aus der ehemaligen Bronzezeit."

In einer Wassertiefe von rund fünf Metern ragen die Pfahlstümpfe aus Eiche immer noch senkrecht aus dem schlammigen Untergrund nach oben. Vor etwa 6 000 Jahren befanden sich auf diesen Stümpfen Holzhäuser. Was davon übrig blieb, hat die UNESCO mittlerweile zum Weltkulturerbe erklärt. Doch Forscher interessieren sich vor allem für das, was eher unscheinbar zwischen den Pfählen abgelagert ist und sich unter Abschluss von Luft und Umwelteinflüssen über die Jahrtausende erhalten hat. „Das sind kleinste Elemente, wie Pollen, die uns Informationen geben über die damaligen Wälder, über die Ackerbauflächen. Das sind Reste von Nahrungen, fragile Dinge, wie Holzgefäße." Behutsam bringen Taucharchäologen Proben davon an die Oberfläche, die im Labor genau auf ihre Zusammensetzung untersucht werden. So erfahren die Wissenschaftler, wie sich unsere Vorfahren ernährt haben.

[4] Taucharchäologe bei der Arbeit. *Foto.*

Wählt einen der folgenden Arbeitsaufträge aus:

▪ Schreibt einen Fantasie-Bericht: „Als wir bei einer Ausgrabung seltsame Gegenstände fanden".

▪ Stellt euch die Lebensumstände der Menschen in einer Pfahlbausiedlung vor und berichtet darüber in einem Zeitungsartikel.

▪ Charakterisiert die Arbeit von Archäologen; geht dabei auf die Besonderheiten der Taucharchäologie ein.

WEBCODE: MZ648917-023

Wahlseite Sachquellen* aus der Steinzeit

1. Informiert euch auf dieser Seite über Funde aus der Altsteinzeit.
2. Präsentiert eure Ergebnisse in geeigneter Form vor der Klasse.

Welche Werkzeuge benutzten die Menschen?

Die Menschen der Steinzeit stellten ihre Werkzeuge und Waffen aus Stein, Knochen und Holz, aber auch aus den Hörnern und Zähnen ihrer Jagdbeute her. Ihr **wichtigstes Gerät** war zunächst **der Faustkeil**. Er konnte für alle Zwecke verwendet werden. Dazu wurde ein **Feuerstein** durch gezielte Schläge auf die Kanten bearbeitet, bis **scharfe Kanten** entstanden. Im Laufe der Zeit entwickelten sich zahlreiche Werkzeuge mit Spezialformen für unterschiedliche Arbeiten und Aufgaben: Schaber, Kratzer, Messer ...

[1] Verschiedene Faustkeile. *Foto.*

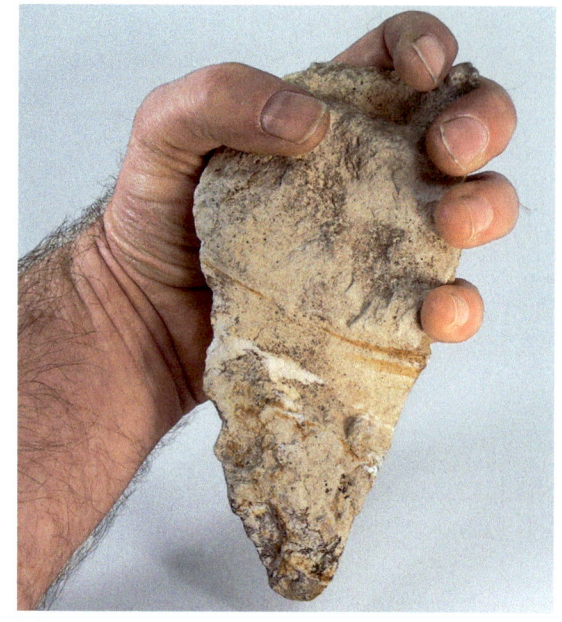

[2] Faustkeil aus der Altsteinzeit. *Foto.*

Ein Kultobjekt aus der Altsteinzeit

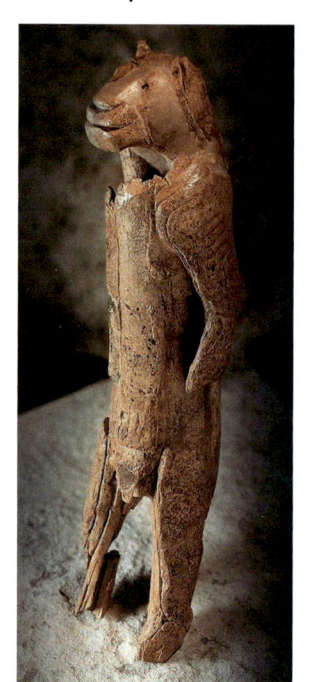

[3] Der Löwenmensch (Ulmer Museum) ist eine 28 Zentimeter große Skulptur aus Mammut-Elfenbein und gehört mit einem Alter von ca. 37 000 Jahren zu den ältesten Kunstwerken der Menschheit. *Foto.*

Durch die Jagd bestritt der eiszeitliche Jäger einen Großteil seines Lebensunterhalts. **Waffen** und **Werkzeuge** benötigte er nicht nur für das Jagen selbst, sondern auch für das Zerlegen der Beute, für die Bearbeitung der Felle und vieles mehr. Dem **Hauptwerkstoff Stein** verdankt die Steinzeit ihren Namen.

> **Sachquellen** sind Gegenstände, die unmittelbar aus der Vergangenheit überliefert wurden: Gebrauchsgegenstände, Baudenkmäler, Schmuck, Werkzeuge und Kultobjekte.

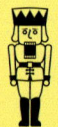

Tipp für die Erarbeitung
Ihr könnt beim Lesen die Schritte des Textknackers anwenden. Was habt ihr über die Sachquellen aus der Steinzeit erfahren?

Tipp für die Präsentation
– Bringt in Erfahrung, wo man Objekte aus der Steinzeit gefunden hat und woran man sie erkennen kann. Stellt eure Ergebnisse auf einem Lernplakat vor.

Wahlseite — Bildquellen aus der Antike

1. Informiert euch auf dieser Seite über Bildquellen aus der Antike.
2. Präsentiert eure Ergebnisse in geeigneter Form vor der Klasse.

Vasenmalerei aus dem alten Griechenland
Diese griechische Vasenmalerei entstand im 6. Jh. v. Chr. Sie zeigt einen Wettkampf der Läufer. Die Sportler sind als schwarze Figuren vor neutralem Hintergrund dargestellt, während sie ihren Wettlauf austragen. An den Olympischen Spielen zu Ehren des Zeus durften nur Männer teilnehmen.

Fußbodenmosaik aus dem Römischen Reich
Auf dem Fußbodenmosaik sind zwei Gladiatoren im Kampf auf Leben und Tod zu sehen. Ein Schiedsrichter beobachtet das Geschehen genau und ist bereit gegebenenfalls einzugreifen. Die Ausrüstung der Kämpfer und die Anspannung der Männer sind genau zu beobachten.

[2] Kampf der Gladiatoren, Fußbodenmosaik einer römischen Villa in Nennig an der Mosel. *Foto.*

Bildquellen
Bilder erzählen Geschichten. Darstellungen aus unterschiedlichen Zusammenhängen und Zeiten lassen uns erkennen, wie die Menschen in der jeweiligen Zeit gelebt haben, was sie dachten oder was ihnen wichtig war. Oft erfahren wir aus Wandmalereien, Statuen oder Gemälden, was den Alltag der Menschen prägte. Wenn Künstler z. B. Bildzeichen (Symbole) verwandten oder die Personen nach ihrer Bedeutung größer oder kleiner darstellten, ist eine Deutung manchmal schwierig. Man muss den Zusammenhang erforschen, um die Bilder richtig zu verstehen. So ist es hilfreich, das Bild zuerst genau zu betrachten, zu beschreiben und schließlich zu deuten.

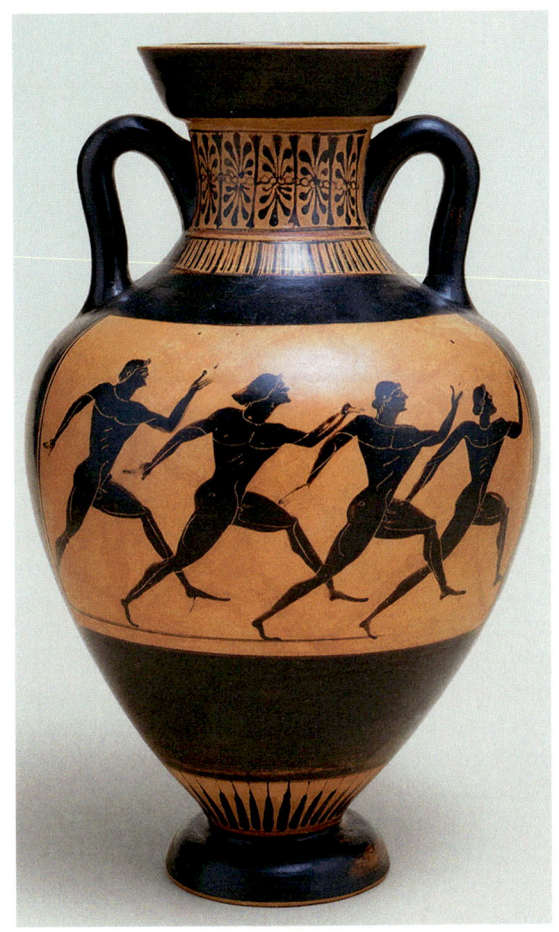

[1] Vasenmalerei mit Wettlaufszene. *Foto.*

Tipps für die Erarbeitung
- Erklärt, was uns Bildquellen erzählen können.
- Wählt eine der Darstellungen auf dieser Seite aus und beschreibt diese genau.

Tipps für die Präsentation
- Sucht weitere Bildquellen aus unterschiedlichen Epochen.
- Beschreibt sie und gestaltet ein Plakat für eine Wandzeitung.

Wahlseite — Mittelalterliche Schriftquellen

1. Informiert euch auf dieser Seite über Schriftquellen aus dem Mittelalter.
2. Präsentiert eure Ergebnisse in geeigneter Form vor der Klasse.

Was verraten uns schriftliche Quellen?
Textquellen liefern uns wertvolle Informationen über Menschen, die früher gelebt haben, und über vergangene Ereignisse. Manchmal sind diese Quellen schwer zu lesen und zu verstehen. Sie beleuchten meist nur einen kleinen Ausschnitt der Geschichte und vertreten einen bestimmten Blickwinkel auf das Geschehen der Zeit.

[1] Seite aus einem Chorbuch. Buchmalerei.

Ein Chorbuch ist auf vielen Seiten mit kostbaren, zum Teil vergoldeten Malereien von bedeutenden Malern verziert. Es hat ein großes Format und diente allen Mönchen zusammen als Liederbuch. Die sogenannten Lorcher Chorbücher sind drei prächtig bemalte Handschriften aus dem Benediktinerkloster Lorch.
Der Abt des Klosters gab diese Prachtbände in Auftrag. Sie sind am Beginn des 16. Jahrhunderts entstanden und befinden sich heute in der Württembergischen Landesbibliothek Stuttgart.

[2] Die Goldene Bulle. *Foto.*

Die Goldene Bulle wurde 1356 in lateinischer Sprache niedergeschrieben und ist eine der bedeutendsten Urkunden des Heiligen Römischen Reiches. Es handelt sich um eine erste Verfassung des Reichs. Sie regelte die Gesetzgebung und die Art und Weise der Wahl und der Krönung der römisch-deutschen Könige. Bis zum Ende des Alten Reiches 1806 hatte sie uneingeschränkte Gültigkeit und Bedeutung. Das goldene Siegel des Kaisers gibt dem Dokument seinen Namen. Im Jahr 2013 wurde die Goldene Bulle zum Weltdokumentenerbe erklärt. Sie ist in mehreren Ausfertigungen überliefert. Ein Exemplar befindet sich im Hauptstaatsarchiv in Stuttgart.

Tipp für die Erarbeitung
– Sammelt weitere Beispiele für schriftliche Quellen aus unterschiedlichen Epochen.
– Vergleicht die Verwendung von mittelalterlichen Chorbüchern mit heutigen Liederbüchern.

Tipp für die Präsentation
– Ihr könnt eine Informationsbroschüre über die Goldene Bulle schreiben und dabei begründen, weshalb die Goldene Bulle noch heute eine bedeutende Quelle ist.

Wahlseite — Mündliche Überlieferungen

1. Informiert euch auf dieser Seite über mündliche Überlieferungen.
2. Präsentiert eure Ergebnisse in geeigneter Form vor der Klasse.

Wie weit reichen mündliche Überlieferungen zurück?
Menschen erinnern sich an Ereignisse und Begebenheiten aus ihrem eigenen Erleben. Dabei spielt immer die persönliche Wahrnehmung eine Rolle. Sie kann teilweise von einer neutralen Darstellung erheblich abweichen. So ist es erforderlich, die Erzählungen und Berichte aus Erinnerungen mit anderen Quellen zu vergleichen, zu hinterfragen und zu überprüfen.

Zeitzeugen
Zeitzeugen sind Zeitgenossen, die durch ihre persönliche Wahrnehmung von historischen Ereignissen berichten. Bei älteren Zeitzeugen kann die Erinnerung durch einen großen zeitlichen Abstand verändert erscheinen. Eine Möglichkeit der Befragung ist die Oral History*.

> **Oral History** ist eine Methode, Zeitzeugen Fragen zu stellen, die sie zum Erzählen bringen. Sie sollen möglichst wenig vom Befrager unterbrochen oder beeinflusst werden. Vor allem Alltagserfahrungen werden so weitergegeben.

Aborigines
Isoliert von der Welt verharren die Aborigines (Ureinwohner Australiens) jahrtausendelang in ursprünglichen Lebensformen und Gewohnheiten. Sie entwickeln keine Schrift, betreiben keinen Ackerbau, Pfeil und Bogen sind ihnen genauso fremd wie andere Werkzeuge aus Metall. Sie leben als Jäger und Sammler, an den Küsten als Fischer. Vorräte werden nicht angelegt. Das Land gehört nicht den Menschen, sondern die Aborigines gehen eine durch ihren Glauben und ihre Überzeugung begründete Verbindung zur Natur ein. Bei ihnen ist auch in unserer Zeit die mündliche Überlieferung die wichtigste Form, an ihre Geschichte zu erinnern.

[1] Zeitzeuge Noah Klieger im Gespräch mit Schülern. *Foto.*

[2] Aborigines beim traditionellen Tanz und Gesang. *Foto.*

Tipp für die Erarbeitung
– Befragt eure Eltern, Großeltern und andere Verwandten zu eurem ersten Lebensjahr und vergleicht die Zeitzeugenberichte miteinander.

Tipp für die Präsentation
– Ihr könnt die Lebenssituation der Aborigines darstellen und dabei darauf eingehen, in welchen Bereichen die mündliche Überlieferung für sie von besonderer Bedeutung ist.

WEBCODE: MZ648917-027

Geschichte aktiv

Auf dieser Seite findet Ihr Anregungen, was ihr zu dem Thema „Geschichte betrifft uns" noch tun könnt.

1. Tipps für ein Portfolio

Das Portfolio begleitet euch als Lerntagebuch und Sammlung eurer schönsten Arbeiten, bei denen ihr euch besondere Mühe gegeben habt.
Das könnt ihr am Ende des Kapitels tun.

Die Arbeit mit dem Kapitel beschreiben und bewerten:
▶ Was war besonders interessant?
▶ Was wusstet ihr schon?
▶ Was versteht ihr noch nicht so richtig?
▶ Was möchtet ihr gerne noch zusätzlich erfahren?

2. Ideen für Miniprojekte

Ihr könnt die Arbeit von Archäologen/Restauratoren nachempfinden, zum Beispiel mit einem Restaurierungsspiel:
▶ ein Gefäß aus Keramik in kleine Stücke zerbrechen und neu zusammenfügen.

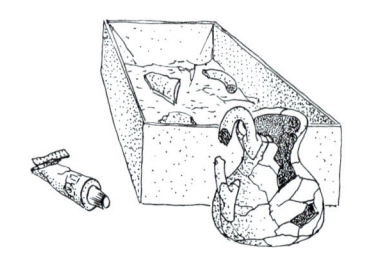

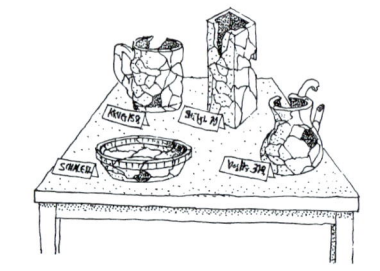

Ihr könnt ein ägyptisches Flachrelief anfertigen
▶ Fertigt eine Skizze eines ägyptischen Wandreliefs an. Hierzu könnt ihr ein Jugendsachbuch als Vorlage heranziehen.
▶ Nehmt den Deckel eines Schuhkartons und legt ihn mit Frischhaltefolie aus.
▶ Gießt in diesen Deckel eine ca. 2–3 cm dicke Gipsschicht.
▶ Nehmt das Gipsstück aus dem Karton heraus, sobald es hart ist.
▶ Übertragt mit einer Stricknadel oder einem anderen spitzen Gegenstand die Kontur der Skizze.
▶ Graviert die Kontur etwas stärker ein und arbeitet mit einem flachen Gegenstand ein leichtes Relief heraus.

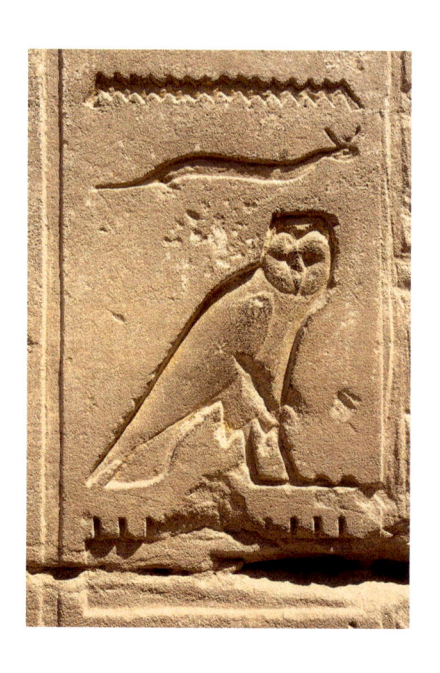

Das kann ich!

[1] **Begriffe und ihre Bedeutung**

Mündliche Überlieferung	Briefe, Tagebuch, Urkunde
Schriftliche Quellen	Altertumswissenschaft
Bildquellen	Oral History, Erzählung
Altertum/Antike	Foto, Film, Gemälde
Archäologie	Blütezeit der griechischen und der römischen Kultur

[2] **Historische Epochen**

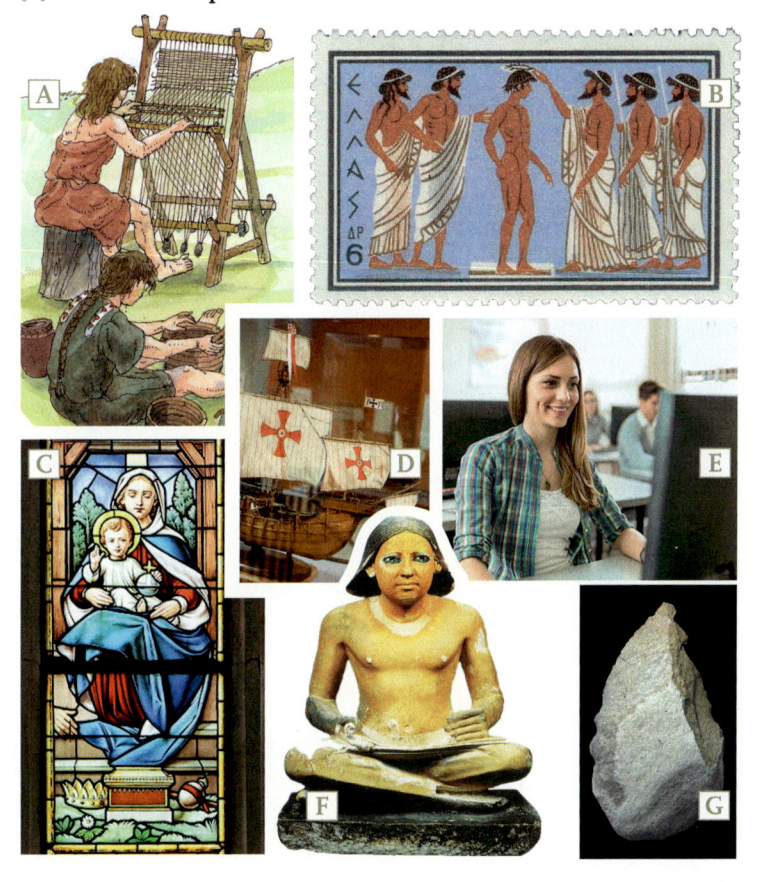

Altsteinzeit — Jungsteinzeit — Frühe Hochkulturen

Mittelalter — Altertum — Neuzeit — Zeitgeschichte

Fragekompetenz
1. Vergleicht eure Fragen vom Anfang des Kapitels mit dem jetzigen Wissenstand und notiert Dinge, die noch geklärt werden müssen.

Sachkompetenz
2. Ordnet den Begriffen aus Übersicht [1] die jeweils passende Erklärung zu.
3. Benennt unterschiedliche Quellenarten.
4. Ordnet die Bilder in [2] den passenden Epochen zu. Bringt anschließend Mittelalter, Ur- und Frühgeschichte, Neuzeit, Hochkulturen, Altertum in eine zeitliche Reihenfolge.

Methodenkompetenz
5. Nennt wichtige Schritte zum Erstellen eines Zeitstrahls.
6. Beschreibt die Arbeitsweise von Archäologen. *(Wie gehen sie bei Ausgrabungen vor? Was kann man aus den Funden erfahren?)*

Reflexionskompetenz
7. Beurteilt die Bedeutung von Zeitzeugeninterviews.
(Was können wir von Zeitzeugen erfahren? Wie glaubhaft sind mündliche Überlieferungen?)

Orientierungskompetenz
8. Erläutert die Bedeutung von Geschichte für eure eigene Lebenswelt.
(Was hat Geschichte mit mir zu tun? Familiengeschichte, Ortsgeschichte…)

Ur- und Frühgeschichte

Am Lagerplatz
Menschen in der Ur- und Frühgeschichte waren vielen Gefahren ausgesetzt. Als sie noch auf Nahrungssuche umherstreiften, war ein gesicherter Lagerplatz lebenswichtig. Der geschickte Umgang mit dem Feuer brachte viele Vorteile.

1. Beschreibt die Bilder: Welche Einzelheiten erkennt ihr?
2. Notiert verschiedene Vermutungen: Worin lag der Nutzen des Feuers?
3. Berichtet: Was wisst ihr bereits über die Ur- und Frühgeschichte?

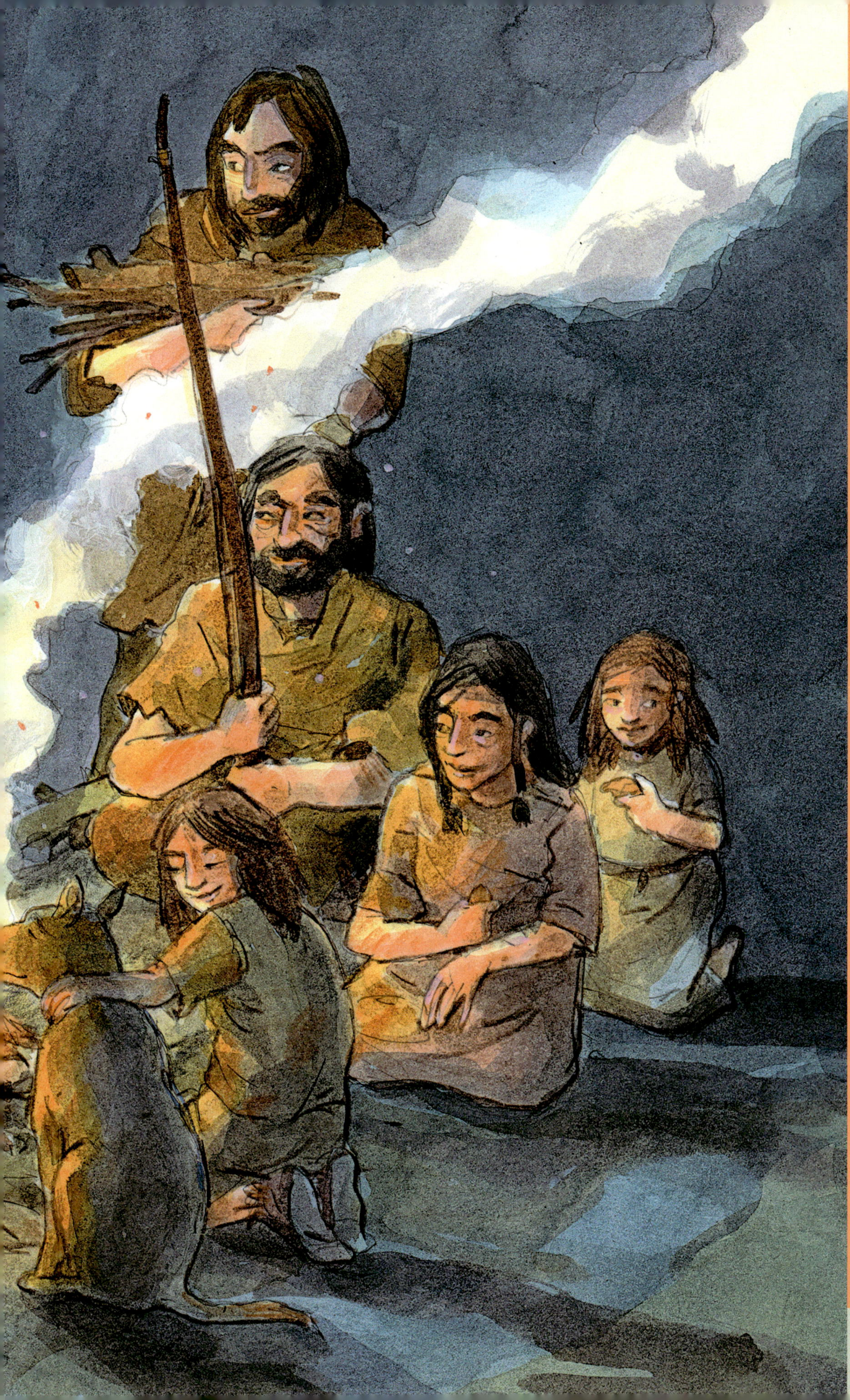

Schauplatz Am Lagerplatz

[1] Am Lagerplatz der Horde. *Illustration.*

1. Wertet Abbildung [1] aus:
   – Was sieht man alles?
   – Wie viele Menschen sind auf der Abbildung zu sehen? (Information: Ein Teil der Horde ist nicht abgebildet. Er ist unterwegs auf der Jagd.)
   – Welche Tätigkeiten werden ausgeführt?
   – Welche Bedingungen musste ein guter Lagerplatz für die Horde erfüllen?
2. Fasst zusammen, welche lebenswichtigen Aufgaben die Horde bewältigen musste.

Schwierige Lebensbedingungen
Das Leben der Frauen, Männer und Kinder in vorgeschichtlicher Zeit muss sehr hart gewesen sein. Sie mussten Lösungen für viele Probleme finden, die auch euch vor große Schwierigkeiten gestellt hätten. Wer dabei nicht klug, geschickt und gesund war, verlor schnell sein Leben.

Die Gruppe als Stütze
Weil Einzelne wenig Chancen hatten, war die Gruppe eine wichtige Stütze. Sie sorgte für ihre Mitglieder und bot Zusammenarbeit und Zusammenhalt, Hilfe und Schutz. Die Gruppen werden „Horden" genannt.

Anpassung nötig
Während der vorgeschichtlichen Zeit änderte sich das Klima mehrfach. Essbare Pflanzen und die Lebensgebiete der Jagdtiere veränderten sich mit. Die Menschen mussten sich immer ihrer Umwelt anpassen, wenn sie nicht zugrunde gehen wollten.

Es gibt heute noch wenige Naturvölker, die ähnlich leben wie die Menschen in den Steinzeiten. Durch Beobachtung ihres Alltagslebens versuchen Wissenschaftler, Rückschlüsse auf das Leben der Menschen in der Vorzeit zu ziehen.

Darüber macht man sich Sorgen ...

Gerade esse ich eine Tierzunge. Die ist schön weich. Aber ich habe oft Hunger ... Vor ein paar Monaten hatten wir lange gar nichts zu essen, weil alle Jagdtiere weg waren ... und Beeren oder Pilze gab es auch nicht. Da habe ich viel geweint vor Hunger. Auch die Erwachsenen waren krank vor Hunger und meine Oma ist gestorben ...

Wir müssen unbedingt eine Lösung finden: Wenn wir durch die Büsche streifen, um Nahrung zu finden, zerkratzen wir uns immer die nackte Haut. Wenn es kalt ist, frieren wir, bei Regen werden wir klitschnass! Wir brauchen etwas, was uns schützt und wärmt. Und wenn es schön aussieht und schmückt – umso besser ...

In der letzten Zeit hat es sehr viel geregnet, und ein kalter Wind hat uns ganz fertiggemacht ... Wir haben aber auch Angst vor wilden und giftigen Tieren, die sich an unsere Schlafplätze heranschleichen. So unter freiem Himmel zu leben ist oft ein ziemliches Problem. Besonders für unsere Babys ...

Also – das ist einfach schrecklich. In der Dunkelheit sieht man überhaupt nichts, bei schlechtem Wetter müssen wir frieren, wir können Fleisch und Pflanzen nur roh essen, und die wilden Tiere können wir auch nicht abschrecken ... Wenn doch nur öfter ein Blitz einen alten Baum anzünden würde ...

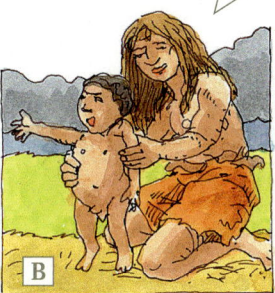

A   B   C   D

[2] Probleme der Menschen in der Steinzeit. *Illustrationen.*

3. Findet zu den Aussagen der Personen in Abbildung [2] eine passende Überschrift, z. B. „Bei A geht es um ..."

Wählt einen der folgenden Arbeitsaufträge aus:

■ Die Menschen der Vor- und Frühgeschichte hatten sicher noch weitere Sorgen. Nennt einige davon. (Holt euch Anregungen aus Abbildung [3].)

■ Stellt euch vor, ihr müsstet unter Steinzeit-Bedingungen leben. Was aus eurem heutigen Leben würde euch am meisten fehlen?

[3] Die Ängste und Sorgen der Menschen. *Illustrationen.*

Orientierung

Menschheitsgeschichte
▶ seit ca. 3 bis 7 Millionen Jahren

Erdneuzeit
▶ begann vor ca. 65 Millionen Jahren und dauert noch an
Es gibt bereits:
Gletscher, Wüsten, Vögel, Mammut, Bison, Säbelzahntiger, Insekten ...

Erdmittelalter
▶ dauerte von ca. 230 bis 65 Millionen Jahren v. Chr.
Es gibt bereits:
Saurier, Amphibien, Farne, Gräser, Bäume, Wasser, Felsen, Wälder ...

Erdaltertum
▶ dauerte von ca. 570 bis 230 Millionen Jahren v. Chr.
Es gibt bereits:
Korallen, Tintenfische, Farne, Algen, Einzeller, Wasser, Glut, Feuer, Vulkane ...

▶ Vor etwa 5 Milliarden Jahren ist die Erde entstanden.

[1] Die Entwicklung des Lebens auf der Erde. *Schaubild.*

Zeiten von unvorstellbarer Dauer
Wann die Geschichte der Menschheit begann, wissen wir nicht genau. Die Wissenschaft geht von einer Zeit vor 3 Millionen Jahren aus, einige Funde deuten darauf hin, dass es auch schon 7 Millionen Jahre sein könnten. Das ist aus unserer Sicht eine unvorstellbar lange Zeit. Im Vergleich zu den vielen 100 Millionen Jahren, die das Leben auf der Erde brauchte, um sich zu entwickeln, ist es aber nur ein ganz kurzer Augenblick.

Entwicklung des Menschen auf der Erde

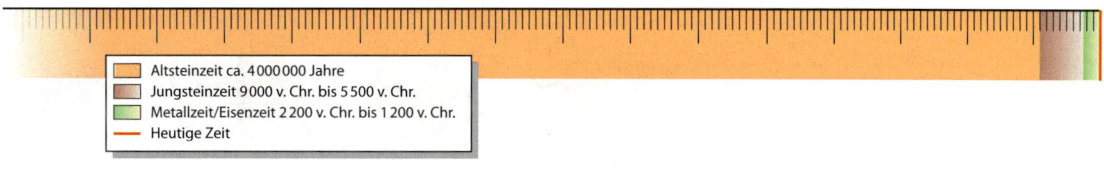

- Altsteinzeit ca. 4 000 000 Jahre
- Jungsteinzeit 9 000 v. Chr. bis 5 500 v. Chr.
- Metallzeit/Eisenzeit 2 200 v. Chr. bis 1 200 v. Chr.
- Heutige Zeit

[2] Zeitleiste.

Ardipithecus ramides: vor 4,4 Mio. Jahren.

Homo habilis: vor 2,5 Mio. Jahren.

Homo erectus: vor 1,8 Mio. Jahren.

Homo sapiens neanderthalensis: 30 000–27 000 v. Chr.

Moderner Mensch: seit etwa 40 000 Jahren.

[3] Vom Vormenschen zum heutigen Menschen. *Rekonstruktionen.*

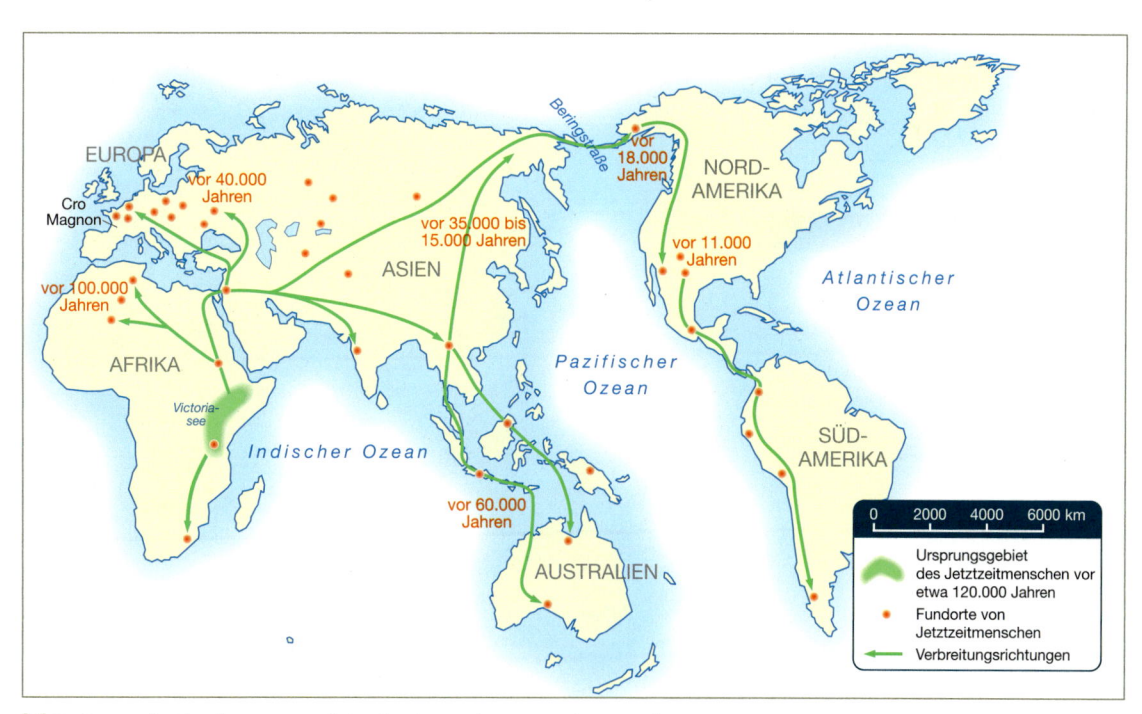

[4] Bedeutende Fundstätten und Ausbreitung des Jetztzeitmenschen. *Karte.*

1. Beschreibt mit Abbildung [1] die Entwicklung des Lebens auf der Erde.
2. Untersucht die Karte [4] und findet heraus, woher die Jetztzeitmenschen stammen.
3. Tragt in einer Tabelle zusammen, wie sich der Jetztzeitmensch über die Erde ausbreitete. Beachtet dabei die zeitliche Reihenfolge.
4. Ordnet mithilfe der Zeitleiste [2] die Ausbreitung des Jetztzeitmenschen einer Epoche wie „Altsteinzeit", „Jungsteinzeit" oder „Metallzeit" zu.

WEBCODE: MZ648917-035

Orientierung

[1] Abfolge von Eiszeiten und Warmzeiten. *Illustration.*

Eiszeiten und Warmzeiten
1. Beschreibt die Unterschiede zwischen Eis- und Warmzeiten mithilfe von Abbildung [1].

Keine leichten Lebensbedingungen
Die Menschen mussten sich immer schon an die Bedingungen ihrer Umwelt anpassen. Während der Eiszeiten gab es in Nordeuropa nur kurze, kühle Sommer. Dort wuchsen keine Bäume und nur wenige Pflanzen wie Moose und Flechten. Regionen mit einem solchen Pflanzenwuchs nennt man Kältesteppe oder Tundra. Tiere wie das Mammut, Rentiere und Schneehasen kamen mit diesen Klimabedingungen zurecht. Sie zu jagen, sicherte den Menschen das Überleben.

2. Findet heraus, in welcher Zone der größte Teil Baden-Württembergs während der letzten Eiszeit lag (Karte [2]).

[2] Europa in der letzten Eiszeit. *Karte.*

WEBCODE: MZ648917-036

Ein neues Kapitel

Viele Fragen – unterschiedliche Interessen!
Wenn ein neues Thema im Unterricht behandelt wird, gibt es immer ganz verschiedene Erwartungen. Vielleicht habt ihr schon Vorwissen aus der Grundschule oder es interessieren euch seit Langem ganz bestimmte Fragen.
Damit kein Wunsch, keine Idee „untergeht", soll jeder sein Interesse bekunden können. Wie aber Ordnung in die vielen Wünsche bringen?

Fragen sammeln mit dem „Fragenbaum"
1. **Vorbereitung:**
   Malt auf ein großes Stück Papier (Packpapier, Tapetenrolle) einen Baum mit vielen Ästen; hier würden wir ihn nennen: den „Urgeschichtsbaum".
2. **Hauptthemen vorläufig festlegen:**
   Äste werden mit Unterthemen beschriftet, z. B. Menschen, Tiere, Umwelt, Überlebensprobleme, Technik (Werkzeuge und Waffen, Hausbau) Kunst usw.
3. **Karten beschreiben:**
   Jeder notiert auf zwei Kärtchen, was ihn am meisten interessiert.
4. **Karten anheften:**
   Die Kärtchen werden am Baum sortiert und angeheftet (doppelte oder ähnliche Ideen eng aneinander- oder übereinanderheften).
5. **Erweiterung der Übersicht:**
   Man darf auch neue Äste ergänzen, wenn neue Themen auftauchen. Für interessante Unterthemen können an die dicken Hauptäste auch Zweige mit neuen Unterpunkten gezeichnet werden.

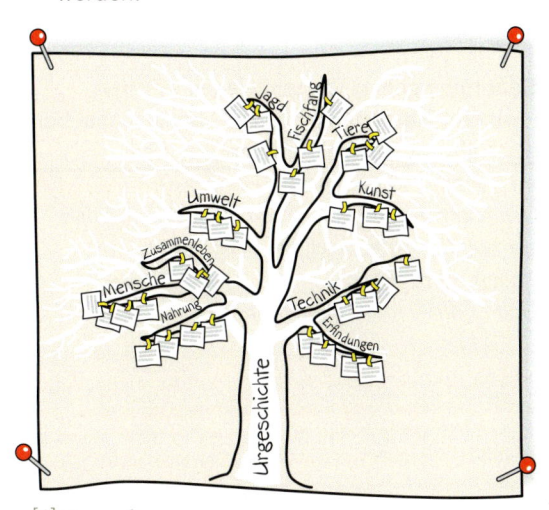

[1] Fragenbaum.

▶ Ur- und Frühgeschichte

Seit wann gibt es Menschen auf der Erde?
Wie lebten unsere Vorfahren in der Steinzeit?
Wie beeinflusste das Klima das Leben des Menschen?
Welche Vorteile brachte die Sesshaftigkeit?

Auf diese Fragen findet ihr Antwort in dem folgenden Kapitel.

Wichtige Kompetenzen in diesem Kapitel

Fragekompetenz
▶ eigene Fragen an die Geschichte formulieren und vorgegebene historische Fragestellungen nachvollziehen

Methodenkompetenz
▶ im Rollenspiel Ursachen, Abläufe und Lösungsmöglichkeiten von historischen Konflikten in einfacher Form darstellen

Reflexionskompetenz
▶ die Bedeutung der Sesshaftigkeit für die Entwicklung des Menschen erklären
▶ Großabschnitte der Urgeschichte im Hinblick auf Veränderungen der Lebensgrundlagen durch Spezialisierungen und technische Entwicklungen beurteilen

Orientierungskompetenz
▶ die Bedeutung der Sesshaftigkeit für die Entwicklung des Menschen beurteilen

Sachkompetenz
▶ die ältesten Spuren menschlichen Lebens beschreiben
▶ die altsteinzeitliche Lebensweise beschreiben
▶ Ursachen und Folgen der Neolithischen Revolution erklären

Das Überleben organisieren

[1] Elefantenjagd in der Altsteinzeit. *Illustration.*

[2] Sammler und Sammlerinnen. *Illustration.*

Nahrung finden
Vermutlich verbrachten die Menschen in der Altsteinzeit den größten Teil des Tages mit der Nahrungsbeschaffung. Dazu boten sich ihnen zwei Möglichkeiten: Sie konnten in der Umgebung des Lagerplatzes Früchte, Beeren, Körner, Samen, Nüsse, Wurzeln, Pilze, Eier, Honig oder auch Insekten sammeln. Oder sie konnten auf die Jagd nach Tieren gehen und Fische fangen.

Gemeinsam unterwegs
Für die Jagd auf größere oder schnellere Tiere war die Zusammenarbeit in der Gruppe lebenswichtig. Die Sammler und Jäger haben deshalb vermutlich in Gruppen von 25 bis 30 Menschen gelebt.
Wissenschaftler fanden zum Beispiel heraus, dass in der Weidentalhöhle in Rheinland-Pfalz vorübergehend etwas mehr als 20 Menschen gelebt haben: 5 bis 6 Männer, 5 bis 6 Frauen, 6 bis 9 Kinder und 4 alte Menschen.
Die Gruppe legte sich ein Lager an und lebte dort mehrere Wochen. Ihre tägliche Nahrung beschaffte sie sich vermutlich in einer Umgebung von etwa 10 Kilometern. Tiere und Pflanzen reichten für diese Gruppengröße aus.
Fanden die Menschen kaum noch Nahrung, wurde das Lager abgebrochen und an anderer Stelle wieder aufgeschlagen. Diese Jäger und Sammlerinnen lebten deshalb als Nomaden*.

Nomaden
Menschen ohne dauerhaften Wohnort.

---

1. Betrachtet die Abbildungen [1] und [2] und notiert Vermutungen:
   a) Wie konnte es den Menschen gelingen, so gewaltige Tiere zu erlegen? Nennt mehrere Möglichkeiten.
   b) Welche andere Art der Nahrungsbeschaffung war noch wichtig?

2. Gebt mit eigenen Worten wieder, welchen Problemen die Menschen der Urgeschichte bei der Nahrungsbeschaffung begegneten.
   Ihr könntet so beginnen:
   Um Nahrung zu finden, waren viele Leute den ganzen Tag unterwegs, bei der Jagd …
   Andere sammelten ….
   Gab es nicht mehr genug Nahrung, …

Aufgaben müssen verteilt werden

3. Schaut euch die Beispiele für Spezialaufgaben an (Abb. [3]) und wertet sie aus:
   a) Gibt es Gründe für das Können der Spezialistinnen und Spezialisten?
   b) Auf welche Weise bleibt ihr Wissen erhalten?
   c) Welche Bedeutung hat ihre Spezialarbeit für die Gruppe?

Zwei Erklärungsmodelle zur Arbeitsteilung

In Abbildung [3] ist nicht genau zu erkennen, wodurch Menschen zu Spezialistinnen und Spezialisten wurden. Das ist kein Zufall. Auch unter Altertumsforschern und Archäologen ist umstritten, wie die notwendige Arbeit aufgeteilt wurde. Es gibt zwei Ansichten:

1. Aufteilung nach „Männer- und Frauenarbeit"

Frauen waren demnach zuständig für Kinderbetreuung, Sammeln von Nahrungsmitteln, Zubereitung des Essens, Herstellung von Kleidung und Hüten des Feuers. Männer dagegen gingen auf die Jagd und zum Fischen. Ihre Aufgabe war auch der Bau von Hütten und Zelten.

2. Teilung der Arbeit nach Leistungsvermögen

Die Arbeit wurde (bis auf die Betreuung der Säuglinge) nicht nach Geschlechtern aufgeteilt, sondern nach dem Leistungsvermögen: Kräftige und schnelle Mitglieder der Horde waren für schwere Arbeiten und die Jagd zuständig, ältere Menschen und Kinder für das Sammeln von Nahrung, Feuerholz, Wasserholen usw.

4. Vermutet, ob auch Mischformen möglich gewesen sein könnten.
5. Diskutiert die Erklärungsmodelle. Entscheidet euch für eines und begründet jeweils eure Entscheidung.

Wählt einen der folgenden Arbeitsaufträge aus:

- Nennt besondere Kenntnisse und Fähigkeiten, die ihr – z. B. bei einer Projektarbeit zur Urgeschichte – in eine Arbeitsteilung einbringen könntet (z. B. gut im Zeichnen …).

- Berichtet über die heutige Aufgabenverteilung in Familie, Klasse oder Verein.

Kleidung aus Leder herstellen

Erfolgreich jagen

Götter und Geister beschwören

Wunden versorgen, heilen

Tiere abhäuten und Fleisch zerlegen

Beste Steingeräte herstellen

Farben herstellen, Bilder malen

[3] Spezialaufgaben der Steinzeit. *Illustration.*

WEBCODE: MZ648917-039

Eine neue Zeit beginnt...

[1] Ackerbau in der Jungsteinzeit. *Illustration.*

1. Beschreibt die Abbildung genau: Womit sind die Menschen beschäftigt – was unterscheidet ihr Leben von dem der Jäger und Sammler?

Klimaerwärmung verändert das Leben der Menschen

Vor etwa 12 000 Jahren erwärmte sich das Klima in Europa. Die Eismassen, die große Teile des Kontinents bedeckt hatten (siehe S. 36), schmolzen ab. Die Lebensbedingungen für Pflanzen, Tiere und Menschen verbesserten sich:
– Tiere zogen nicht mehr weiter, sondern blieben häufiger in festen Gebieten.
– Die Menschen lernten, Pflanzen im Ackerbau heranzuziehen, statt sie nur einzusammeln.
– Es gelang, wilde Tiere zu Haustieren zu machen und mit ihnen Viehzucht zu betreiben.
– Pflanzen hatten aufgrund des verlängerten Sommers mehr Zeit zum Wachsen und trugen größere Früchte.

Zusammenfassend: Die meisten Menschen mussten bei der Nahrungsbeschaffung nicht mehr weiterziehen und wurden sesshaft.
– Statt einfacher Unterstände lohnte es sich jetzt, feste Hütten und Häuser zu bauen.
– Mehr Menschen fanden in einer Siedlung ihr Auskommen.
– Die verbesserten Lebensumstände wirkten sich aus: Die Bevölkerung wuchs.

Neolithische Revolution

Auf die Altsteinzeit folgte die Jungsteinzeit, die man auch Neolithikum* nennt. Dieser Übergang zum Neolithikum war ein langer Prozess von mehreren tausend Jahren, der nicht in allen Teilen der Welt gleichmäßig ablief. Während dieser Zeit trafen vermutlich „Jäger- und Sammlergruppen" immer mal wieder auf Menschen, die bereits sesshaft geworden waren. Diese nach vielen Jahrtausenden eintretende radikale Veränderung der Lebensumstände war sehr bedeutsam.

Besonders wichtig wurde eine neue Vorstellung vom Eigentum. Die Jäger und Sammler hatten noch fast alles gemeinsam besessen. Das änderte sich in den Siedlungen der Jungsteinzeit. Grund und Boden, Geräte und die Ernte-Erträge wurden nicht mehr mit jedem geteilt. Überschüsse wurden nun für neue Vorhaben eingesetzt. Wissenschaftler sprechen vor allem deshalb von der Neolithischen Revolution*.

2. Notiert in Stichworten die wichtigsten Punkte, die die Neolithische Revolution ausmachten.

> **Neolithikum:** Jungsteinzeit.
>
> **Revolution:** Umwälzung, radikale Veränderung der Lebensumstände.

Ausbreitung des Ackerbaus

In Teilen des Mittelmeergebietes und in Nordafrika war das Klima günstiger als weiter nördlich. Deshalb konnte sich in diesen Regionen die Landwirtschaft früher entwickeln.

3. Wertet die Karte [2] aus: Wo – und zu welchen Zeiten – verbreiteten sich Ackerbau und Viehzucht?
4. Stellt Vermutungen an, wie die Ausbreitung der bäuerlichen Kulturen „funktioniert" haben könnte.

Wählt einen der folgenden Arbeitsaufträge aus:

◼ Nennt Neuerungen in der heutigen Landwirtschaft, von denen ihr gehört habt.

◼ Auch heute wird Wissen zwischen Ländern und Kontinenten „transportiert". Nennt Möglichkeiten, auf welche Weise das geschehen kann.

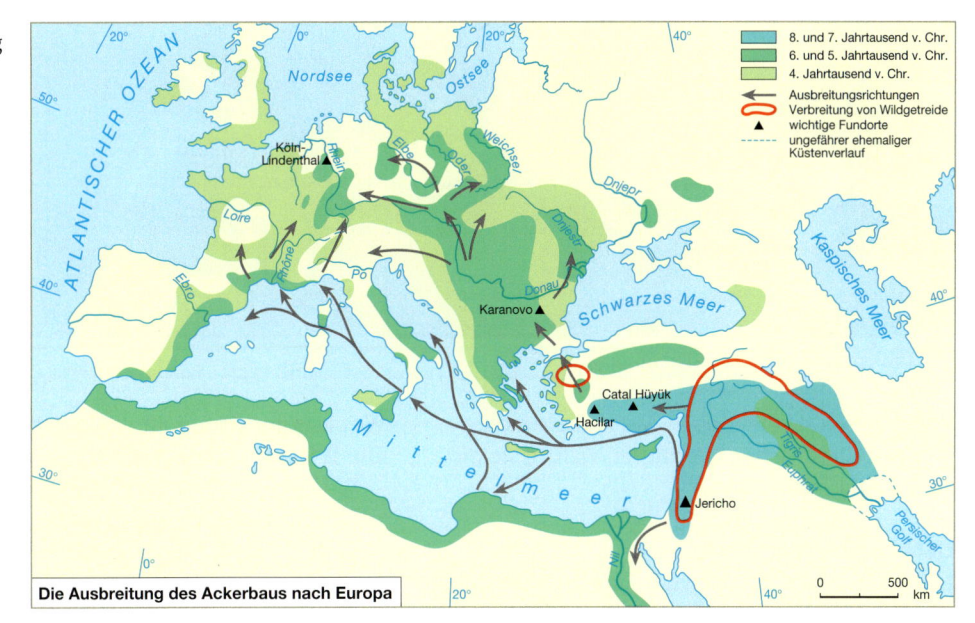

[2] Ausbreitung des Ackerbaus nach Europa. *Karte.*

Die Ernährungslage bessert sich

Durch die neuen Möglichkeiten, Getreide anzubauen und Vieh zu züchten, waren die Menschen weniger als vorher vom zufälligen Jagdglück abhängig. Die geernteten Getreidekörner konnten verwahrt werden, die Viehherden stellten „lebende Vorräte" dar.

Im Gegensatz zur Altsteinzeit konnten die Menschen jetzt daran denken, an einem Ort zu bleiben und feste Wohnungen zu errichten. Die ersten Dörfer und kleineren Städte konnten entstehen.

[3] So viele Menschen konnten in der Altsteinzeit (oben) und der Jungsteinzeit (unten) von 5 km² Boden ernährt werden. *Schaubilder.*

WEBCODE: MZ648917-041

Wahlseite — Höhlenmalerei – ein Rätsel?

[1] Höhlenmalerei. *Rekonstruktion.*

1. Beschreibt das Bild oben. Was machen die Steinzeitmenschen? Vermutet, warum sie die Höhlenwände bemalen.

Geheimnisvolle Höhlenmalerei

Höhlenmalereien und **kleine Figuren** sind die ältesten uns bekannten Kunstwerke. Sie stammen aus dem letzten Abschnitt der Altsteinzeit. Die ältesten Höhlenmalereien sind ca. 30 000 Jahre alt, die ältesten Schnitzereien ca. 38 000 Jahre. Weil es in den Höhlen ja dunkel war, wurde **Licht benötigt**. Die Menschen benutzten ein mit **Fett gefülltes Gefäß**, in das ein **Docht** aus Tierdarm gehängt wurde. Viele solcher flachen Steingefäße mit einer Vertiefung hat man in den Höhlen gefunden.
Zum Malen benutzte man Holzkohle für Schwarz und Pflanzensaft, Blut oder Pulver aus farbigen Steinen.

Was war der Grund für die Kunstwerke?

Die Wissenschaftler rätseln noch:
– Wurden mit den Malereien **Kultstätten** (heilige Orte) **verschönert**?
– Wollte man so das **Jagdglück beschwören**? Darauf deuten viele Tierdarstellungen hin: Denn die Höhlenbilder zeigen häufig Jagdtiere wie das Mammut.
– Wollte man die **Geister** der getöteten Tiere **versöhnen**?
– Oder: **Malten** die Steinzeitmenschen **einfach gern**?

Genau weiß das niemand. Aber vielleicht spielen alle vier Gründe eine Rolle.

2. Was habt ihr über die Höhlenmalerei der Steinzeitmenschen erfahren?
3. Nennt die vier möglichen Gründe für die Schaffung der Kunstwerke.

Tipps für die Erarbeitung
Ihr könnt beim Lesen den Textknacker anwenden.
Erzählt, was ihr über die Höhlenbilder der Steinzeit herausgefunden habt.

Tipps für die Präsentation
– Selbst Höhlenbilder malen,
– aus Kernseife kleine Figuren schnitzen.
– Euch im Internet über weitere Höhlenbilder informieren (www.kinderzeitmaschine.de).

WEBCODE: MZ648917-042

Wahlseite — Werkzeuge und Jagdwaffen

1. Informiert euch auf dieser Seite über die Werkzeuge und Waffen in den Steinzeiten.
2. Präsentiert eure Ergebnisse in geeigneter Form vor der Klasse.

Während der Steinzeiten waren viele Werkzeuge noch aus Holz, Knochen und Stein. Aber die Menschen nutzten ihre Erfahrung, um die Werkzeuge immer mehr zu verbessern.
Ein besonderer Fortschritt war z. B. die Erfindung der Steinbohrmaschine, mit der nun Löcher in Steine gebohrt werden konnten.

Schlaue Erfindungen

[3] Besser schneiden: Sichel mit Feuersteinklingen. *Foto.*

[4] Besser zerkleinern: Mahlstein. *Foto.*

[5] Besser werfen: Speer mit Schleuder. *Illustration.*

[1] Steinbohrer. *Illustration.*

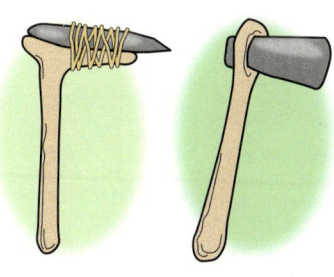

[2] Äxte. *Zeichnung.*
a) an Schaft gebunden
b) ins Schaftloch des Holzgriffs gesteckt, verkeilt und geklebt
c) Schaft in durchbohrtem Stein befestigt

3. Beschreibt, wie die Bohrmaschine funktioniert.
4. Erklärt, worin die Verbesserung der Werkzeuge und Waffen gegenüber der Altsteinzeit besteht.

Tipps für die Erarbeitung und Präsentation
– Verschiedene Werkzeuge und Waffen beschreiben und vergleichen,
– die Entwicklung der Werkzeuge erklären.
– Nach Abbildungen von weiteren Geräten aus der Jungsteinzeit suchen,
– eine steinzeitliche Bohrmaschine nachbauen und in der Klasse vorstellen.

WEBCODE: MZ648917-043

Wahlseite — Tongefäße für die Vorräte

1. Informiert euch auf dieser Seite über die Töpferei in der Steinzeit.
2. Präsentiert eure Ergebnisse in geeigneter Form vor der Klasse.

Die Menschen der Altsteinzeit lebten als Nomaden. Als Jäger und Sammler mussten sie zudem häufig den Ort wechseln. Deshalb war das Lagern von Vorräten eher ungünstig. Die gesammelten Mengen, z. B. an Körnern, Nüssen oder Pilzen, reichten gerade für die Verpflegung der nächsten Tage. Ihre Aufbewahrungsmittel (Körbe, Ledersäcke) konnten Schädlinge wie Mäuse, Käfer oder Würmer nicht fernhalten.

Ein großer Fortschritt in der Jungsteinzeit war deshalb die Verwendung von Ton für Gefäße aller Art. Das erdige Material war leicht zu finden und gut zu formen. Im offenen Feuer wurde der Ton hart wie Stein.

[1] Töpferwaren aus der Jungsteinzeit. *Foto.*

[2] Formen von Gefäßen. *Illustration.*

[3] Brennen von Tongefäßen. *Illustration.*

Tipps für die Erarbeitung und Präsentation
- Den Vorgang, wie aus dem weichen Ton ein brauchbares Gefäß wird, beschreiben,
- verschiedene Möglichkeiten nennen, wozu man die Gefäße gebrauchen konnte.
- Ton (z. B. aus Bastelgeschäft) besorgen und selbst Gefäße formen,
- euch über weitere Keramiktechniken informieren und sie in der Klasse vorstellen.

WEBCODE: MZ648917-044

Wahlseite — Spinnen und Weben

1. Informiert euch auf dieser Seite über die Techniken der Textilherstellung in der Steinzeit.
2. Präsentiert eure Ergebnisse in geeigneter Form vor der Klasse.

Die Erfindung der Stoffherstellung

Das Flechten von Körben mag die Menschen auf den Gedanken gebracht haben, diese Technik auch mit anderem Material zu erproben. So könnte das Weben von Stoffen, also die Textilherstellung, begonnen haben. Die hierfür benötigten Fäden mussten erst gesponnen werden. Dabei drehte man beispielsweise Wollfasern fest zusammen und wickelte sie auf ein Holzstäbchen.

[2] Webgewichte und Spinnwirtel aus der Jungsteinzeit. *Foto.*

> Die Wolle ist ordentlich gesponnen. Das haben wir im Winter gemacht. Aber leider sind die Webgewichte zu leicht. Die Kettfäden müssten straffer sein. Mein Bruder sollte mal dickere Steine durchbohren, doch darauf werde ich wohl noch eine Weile warten müssen!

> Die geschorene Wolle habe ich auf einen Stock gesteckt. Meine Spindel hängt frei am Faden und dreht sich mit Schwung. Am unteren Ende habe ich nämlich ein Gewicht, den Spinnwirtel, befestigt.

[1] Webstuhl. *Illustration.*

[3] Mit Wolle und Spindel. *Illustration.*

Tipps für die Erarbeitung und Präsentation

– Die Vorgänge des Spinnens und Webens beschreiben,
– Materialien vorstellen, woraus in der Jungsteinzeit Kleidung hergestellt werden konnte.
– Selbst die Techniken des Webens ausprobieren,
– einen einfachen Webstuhl bauen und aus Wolle ein einfaches Produkt weben,
– euch über weitere Techniken der Textilherstellung informieren.

WEBCODE: MZ648917-045

Methode — Ein Rollenspiel durchführen

Ein Rollenspiel soll euch helfen, die Situationen und Probleme von Menschen besser zu verstehen, die vor langer Zeit gelebt haben. Lasst euch nicht abschrecken, wenn Leute sagen, man könne gar nicht wissen, wie sich z. B. Menschen der Steinzeit gefühlt haben. Genau weiß das nämlich niemand. Es genügt, wenn ihr euch – so gut es geht – in die Lage der damaligen Menschen versetzt.

Ob dieser Versuch auch geschichtlich stimmt, könnt ihr anschließend im Unterricht besprechen.

Begegnung zwischen Menschen der Alt- und Jungsteinzeit

In diesem Spiel geht es um das Problem, dass manche Stämme noch als Nomaden (Jäger und Sammler) ständig umherzogen, während andere sich bereits als Bauern und Viehzüchter in festen Siedlungen niedergelassen hatten.

Ihr könnt euch denken, dass bei einer Begegnung der beiden Gruppen Angst und Misstrauen, aber auch Überraschung und Neugier eine große Rolle spielten.

1. Schaut euch die Abbildung unten an: Die Zeichnung soll den ersten Kontakt zwischen Gruppen mit unterschiedlicher Lebensweise zeigen.
2. Spielt die Begegnung mit ihren verschiedenen Möglichkeiten, lest dazu die Situationskarte unten und die Rollenkarten auf der rechten Seite. (Ihr könnt auch mehrere Personen hinzuerfinden; vielleicht teilt sich die Klasse in zwei Gruppen, um die Begegnung nachzuspielen. Fühlt euch frei zu spielen, wozu ihr Lust habt …)

Wie die Leute hier leben …

Wer seid ihr? Was wollt ihr hier?

Situationskarte

Das Dorf hat sich seit vielen Jahren entwickelt. Im vergangenen Herbst wurde für die letzte Großfamilie ein Langhaus gebaut. Die Erträge aus Ackerbau und Viehzucht reichen knapp zur Versorgung der Einwohner. An einem Nachmittag im Frühjahr herrscht große Aufregung. Eine Gruppe von Nomaden nähert sich dem Dorf. Sie machen einen wilden und verhungerten Eindruck.

So könnt ihr vorgehen:

1. Schritt: Rollen- und Situationskarten

- Ziel des Spiels bestimmen:
  - ☐ Nur eine Situation darstellen?
  - ☐ Eine Lösung finden?
- Verständnisschwierigkeiten klären.
  - ☐ Sollen die Kartenvorschläge leicht abgeändert werden?

2. Schritt: Rollen verteilen, Spiel vorbereiten

- Rollen können blind verlost oder offen gewählt werden.
- Das Mitspielen ist immer freiwillig.
- Jungen und Mädchen spielen auch Rollen des anderen Geschlechts.
- Die Spieler besprechen sich kurz und planen den Verlauf.

3. Schritt: Spielen und beobachten

- Beim Spiel muss die Rolle deutlich werden („Ich bin Urk, der Hüter des Feuers").
- Die Beobachter merken sich:
  - ☐ Welche Argumente wurden genannt?
  - ☐ Wie entwickelte sich die Handlung?

4. Schritt: Auswerten und besprechen

- Die Spieler äußern sich als Erste:
  - ☐ Wie haben sie sich gefühlt?
  - ☐ Ist das Spiel so verlaufen, wie sie sich das vorgestellt hatten?
- Einzelkritik an „schauspielerischen Fähigkeiten" unterbleibt.
- Abschließendes Gespräch: Welche Probleme wurden deutlich? Welche offenen Fragen müssen noch geklärt werden?

Altsteinzeit
Du bist **Irja** – eine junge, ängstliche Mutter. Deinem Kind geht es nicht gut. Du bist das ewige Herumziehen leid. Am liebsten würdest du bei den Leuten im Dorf bleiben. Ob sie dich aufnehmen würden?

Jungsteinzeit
Du bist **Ria** – eine ungeduldige, aufbrausende Bäuerin mit Ziegen und einer Kuh. Die Altsteinzeitleute ärgern dich! Wer weiß, was sie vorhaben. Dir ist schon einmal ein Tier gestohlen worden. Mit den „Herumtreibern" gibt's doch nur Ärger.

Altsteinzeit
Du bist **Urk** – ein junger Mann, der immer auf Abenteuer aus ist. Du willst dir noch einen Namen als großer Jäger machen. Das Leben in einem Dorf findest du langweilig. Du willst dich frei fühlen. Sollte die Gruppe sich niederlassen, wirst du dich anderen Jägern anschließen. Du drängst alle, weiterzuziehen.

Jungsteinzeit
Du bist **Spado** – ein misstrauischer Dorfältester, der sich vor allen Neuerungen fürchtet. Du findest, es soll alles bleiben, wie es ist. Neue sind nicht erwünscht. Wenn die Nomaden bleiben wollen, sollen sie die schlechten Äcker am Berg bekommen und stets die Hälfte ihrer Ernte an die Dorfgemeinschaft abgeben.

Altsteinzeit
Du bist **Goda** – die Schamanin (Priesterin) der Gruppe. Du spürst, dass eine wichtige Entscheidung bevorsteht. Du versuchst, in Gesprächen mit allen eine gute Lösung für deine Gruppe zu finden. Vor allem willst du einen Kampf zwischen den Gruppen vermeiden.

Jungsteinzeit
Du bist **Winda** – eine freundliche, offene Weberin. Du findest, neue Kräfte könnten dem Dorf gut tun. Im vergangenen Winter sind einige Bewohner gestorben. Warum sollen neue Ansiedler dem Dorf nicht helfen? Spados Ansichten findest du schlecht und schädlich für die Gemeinschaft.

Schmelzende Steine – die Metallzeit

[1] Schmelzen von Erz. *Rekonstruktionszeichnung.*

Seit wann gibt es Metall?
Die ältesten von Menschen hergestellten Metallgegenstände bestanden aus Kupfer und lassen sich auf etwa 4000 v. Chr. datieren. Meistens handelt es sich dabei um Schmuckstücke und um Klingen für Messer, Sicheln und Beile.
Kupfer lässt sich besonders gut verarbeiten. Allerdings ist reines Kupfer so weich, dass es sich beim Benutzen leicht verbiegt und deshalb z. B. für Werkzeuge und Waffen nur begrenzt geeignet war.
Allmählich (etwa um 2300 v. Chr.) entdeckten die Menschen, dass eine Mischung von verschiedenen Metallen – das nennt man auch Legierung – wesentlich härter sein kann als der ursprüngliche Werkstoff allein. So wurde Bronze entdeckt, eine Legierung, die aus neun Teilen Kupfer und einem Teil Zinn besteht. In Mitteleuropa gab es die Bronze seit ca. 1700 v. Chr. Daher nennt man die Zeit von da an bis ca. 1200 v. Chr. Bronzezeit. Ein noch härteres Metall war das Eisen. Mit seiner Gewinnung und Verarbeitung begann ab 800 v. Chr. die Eisenzeit.

1. Erstellt eine Zeitleiste über die Metallzeiten.

Aus Erz* wird Metall
Zum Schmelzen von Erz sind Temperaturen von 1 100 °C nötig. Diese hohen Temperaturen erreichte man durch das Verbrennen von Holzkohle und eine verstärkte Luftzufuhr. Deshalb errichteten die Erzschmelzer besondere Schmelzöfen, in die Luft eingeblasen werden konnte. Das flüssige Metall wurde in einer Kuhle aufgefangen und konnte danach weiterverarbeitet werden.

2. Wertet Abbildung [1] aus und notiert, welche Arbeitsschritte notwendig sind, um aus einem Klumpen Erz ein Werkzeug zu erhalten.

[2] Gegenstände aus Bronze. *Foto.*

Erz Gestein, das Einschlüsse von Metall aufweist. Das Metall kann durch Erhitzen aus dem Gestein geschmolzen werden. Eingeschlossene Metalle sind z. B. Kupfer, Zinn, Eisen, Gold und Silber.

[3] Ausdehnung der Bronzekulturen um 1600 v. Chr. *Karte.*

Wie sich Spezialisierung entwickelte

In der Altsteinzeit mussten die Menschen große Mühen auf sich nehmen, um ihre Ernährung sicherzustellen. Große Teile ihres Alltags waren der Beschaffung von Lebensmitteln gewidmet.

In der Jungsteinzeit konnten die Erträge aus der Feldwirtschaft (Getreide, Gemüse) und der Fleischgewinnung (Viehzucht) so gesteigert werden, dass nicht alles von den Erzeugern selbst verbraucht wurde. Mit den Überschüssen konnte man Handel treiben, zum Beispiel Tontöpfe, Textilien oder Lederwaren kaufen. Die Hersteller der Waren wurden zu Spezialisten, die ihr Handwerk besser beherrschten als die Bauern und Viehzüchter. Als in der Folgezeit die Nutzung von Metallen entdeckt und immer weiter verbessert wurde (Metallzeit), wurden Fachleute noch wichtiger. Sie hatten wiederum kaum Zeit, sich bei ihrer schweren Arbeit noch zusätzlich um die Beschaffung von Nahrungsmitteln zu kümmern. Die Lösung: Überschüssige Waren wurden gegen andere Produkte getauscht!

Handel verbindet Kulturen

Seit die Menschen auch in Nord- und Mitteleuropa Metall verarbeiten konnten, brauchten sie die dafür notwendigen Rohstoffe. Allerdings gibt es Kupfer und Zinn nicht überall auf der Welt. Daher erlangte der Handel eine besondere Bedeutung. Kupfer und Zinn wurden gegen Bernstein, Salz, Felle und fertige Bronzegeräte eingetauscht. Die jungsteinzeitlichen Handelswege lassen sich durch Funde belegen: Händler vergruben wahrscheinlich einen Teil ihrer Waren, damit sie nicht immer alles mit sich herumtragen mussten. Bei Bad Homburg wurde ein solches Versteck, ein sogenannter Hort, ausgegraben, der Hunderte von Sicheln, Speerspitzen, Armbändern und Ähnliches aus Bronze enthielt. Ein anderer Hortfund am Bodensee enthielt über einen Zentner Bernstein. In Südengland fand man Perlen aus Nordafrika.

3. Tragt die Vor- und Nachteile der Spezialisierung in einer Tabelle zusammen.

Vorteile	Nachteile
...	...

Wählt einen der folgenden Arbeitsaufträge aus:

- Veranstaltet ein Rollenspiel: Ein Bauer möchte ein Werkzeug kaufen und sieht, dass die Bronzebeile viel teurer sind als die Steinbeile.

- Eine Bronzeaxt erzählt, wer alles mit ihrer Herstellung und ihrem Verkauf zu tun hatte.

Geschichte aktiv

Auf dieser Doppelseite findet ihr Anregungen, was ihr zum Thema „Ur- und Frühgeschichte" noch tun könnt, wenn ihr gern bastelt, malt, spielt oder schreibt. Verwirklicht auch eigene Ideen!

1. Tipps für ein Portfolio

Das Portfolio begleitet euch als Lerntagebuch und Sammlung eurer schönsten Arbeiten, bei denen ihr euch besondere Mühe gegeben habt.
Das könntet ihr am Ende dieses Kapitels tun:

Was ich über die Ur- und Frühgeschichte gelernt habe
Die Arbeit mit dem Kapitel beschreiben
und bewerten:
- Was war besonders interessant?
- Was wusstet ihr schon?
- Was versteht ihr noch nicht so richtig?
- Was möchtet ihr gern noch zusätzlich erfahren?
usw.

Geschichten erfinden und aufschreiben
Alle selbst erdachten Geschichten sind möglich.
Ihr könnt auch einen der Vorschläge verwenden:
- Ein gefährliches Zusammentreffen: „Der einsame Jäger und das Mammut"
- Jenseits der Berge ist es besser: „Wie unser Stamm eine neue Heimat suchte"
- Wölfi – ein junger Wolf wird unser Hundefreund.

2. Ideen zur Steinzeit-Werkstatt

Ihr könnt selbst ein Höhlenbild malen:
- Motive aus einem Jugendsachbuch oder aus dem Internet suchen.
- Aus Pappmaschee (Tapetenkleister, Wasser, zerkleinertes Zeitungspapier) eine „Felswand" bauen.
- Nach dem Trocknen das Motiv mit Pinsel oder mit der Hand an die Felswand malen.

Ihr könnt aus einem Stück Kernseife kleine Figuren schnitzen. Dazu braucht ihr:
- Kernseife (Haushaltswarengeschäft).
- Einen kleinen Spatel oder kleines Küchenmesser.

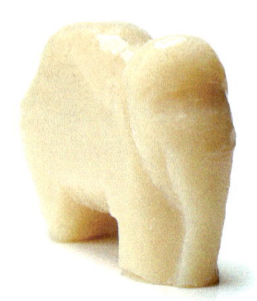

Das kann ich!

[1] **Begriffe und ihre Bedeutung**

Archäologe	Der Übergang zwischen Alt- und Jungsteinzeit veränderte die Lebensform der Menschen gewaltig.
Faustkeil	Ein Wissenschaftler, der durch Ausgrabungen Funde freilegt und diese untersucht.
Höhlenbilder	Ein wichtiges Werkzeug in der Altsteinzeit.
Neolitische Revolution	Menschen, die ohne dauerhafte Behausung leben und immer weiterziehen.
Nomaden	Die ersten menschlichen Kunstwerke der Altsteinzeit.

	Jungsteinzeit	Altsteinzeit
Nahrung		
Kleidung		
Wohnung		

[2] Leben im Dorf der Jungsteinzeit. *Illustration.*

[3] Überschüsse in der Produktion ermöglichen Spezialisierung. *Schaubild.*

Fragekompetenz
1. Vergleicht eure Fragen vom Anfang des Kapitels mit dem jetzigen Wissensstand und notiert Dinge, die noch geklärt werden müssen.

Sachkompetenz
2. Ordnet den Begriffen in Übersicht [1] die jeweils passende Erklärung zu.
3. Fasst in Stichworten zusammen:
a) Was wisst ihr von der Entstehung des Lebens auf der Erde?
b) Was wisst ihr von der Entwicklung des Menschen?
4. Fertigt eine Tabelle an.
a) Tragt in Stichworten Einzelheiten ein, wie die Menschen in der Jungsteinzeit gelebt haben. Benutzt dazu die Abbildung [2].
b) Stellt dem die entsprechenden Tatsachen aus der Altsteinzeit gegenüber. Vergleicht die unterschiedlichen Lebensweisen.

Methodenkompetenz
5. Probiert das Rollenspiel auf S. 46–47 aus und berichtet über eure Erfahrungen.
Was hat gut geklappt? Was könnte das nächste Mal besser werden?

Reflexionskompetenz
6. Beurteilt die Bedeutung der Sesshaftigkeit in der Jungsteinzeit für die weitere Entwicklung der Menschen. Was hat die Sesshaftigkeit alles ermöglicht?

Orientierungskompetenz
7. Erläutert, wie das Klima das Leben der Menschen in der Ur- und Frühgeschichte beeinflusst hat (Eiszeiten-Warmzeiten).
8. Beurteilt die Fortschritte auf dem Weg von der Altsteinzeit über die Jungsteinzeit zur Metallzeit; denkt auch an die Bedeutung des Handels.

Die Hochkultur Ägyptens

Der Nil
Der Nil ist mit einer Länge von mehr als 6600 km der längste Fluss Afrikas. Im Sommer und Herbst kommt es in den Quellgebieten des Nils zu starken Regenfällen. Dann schwillt der Fluss mächtig an und überschwemmt das Land mit Wasser und fruchtbarem Nilschlamm.

1. Beschreibt das Bild und vermutet, welche Gefühle die Menschen im Boot hatten.
2. Erzählt, was ihr vom Alten Ägypten schon gehört habt.
3. Notiert Fragen, die euch zu den Themen „Nil" und „Ägypten" einfallen.

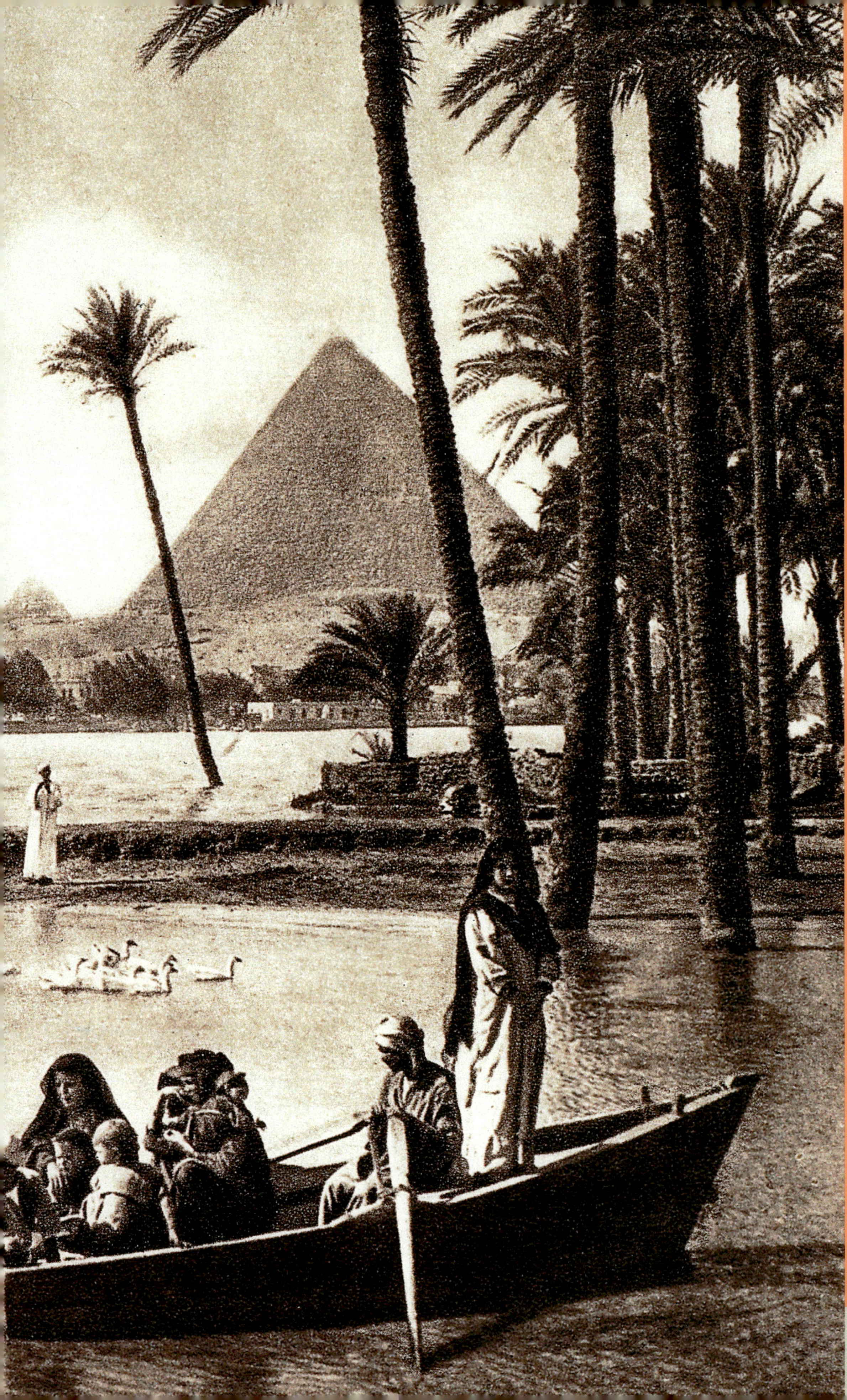

Schauplatz   Der Nil

Warum ist Ägypten „Ein Geschenk des Nils"?

[1] Bauern werden bei der Arbeit auf dem Feld von einem Schreiber beaufsichtigt. *Wandmalerei aus dem Grab des hohen Beamten Nacht, um 1425 v. Chr.*

1. Beschreibt nach Abbildung [1], welche Arbeiten die Bauern verrichteten. Was hatte der Schreiber zu tun?
2. Stellt anhand des Textes zusammen, welche Bedeutung der Nil für die Menschen hatte.
3. Nennt einige Arbeiten, die notwendig waren, um Landwirtschaft im Niltal zu betreiben.

Der Nil
In Ägypten ist es sehr warm und es regnet fast nie. Warum konnte man hier dennoch von der Landwirtschaft leben? Wenn es in den tropischen Quellgebieten des Nils zu starken Regenfällen kam, trat das Wasser nach einigen Wochen in Ägypten über die Ufer und überzog das Land mit einer fruchtbaren Schlammschicht. Nach drei Monaten ging das Wasser zurück und hinterließ fruchtbares Ackerland, auf dem Getreide, Bohnen, Linsen, Zwiebeln, Trauben oder Feigen angebaut werden konnten.

Landwirtschaftliche Arbeiten
Um das Hochwasser zu bändigen, schlossen sich die Menschen zu dörflichen Gemeinschaften zusammen. Gemeinsam bauten sie Dämme und Kanäle. Mit einfachen Schöpfwerken wurde das Wasser auf die höher gelegenen Felder gebracht. Aber nicht immer war die Ernte gleich gut. In besonders fruchtbaren Jahren wurden deshalb Getreideüberschüsse in Speichern gesammelt. Von diesen Vorräten konnte man in schlechten Erntejahren überleben.

Eine Gesellschaft entsteht
Allmählich entstanden auch Städte, die von Königen regiert wurden. Um 3000 v. Chr. gelang es einem dieser Könige, die beiden Landesteile Unter- und Oberägypten zu vereinigen. Es entstand ein zusammenhängender Staat.

[2] Im 5. Jahrhundert v. Chr. schrieb der griechische Geschichtsschreiber Herodot, nachdem er Ägypten besucht hatte:

Heute freilich gibt es kein Volk auf der Erde ... wo die Früchte des Bodens so mühelos gewonnen werden wie hier. Sie haben es nicht nötig, mit dem Pfluge Furchen in den Boden zu ziehen, ihn umzugraben und die anderen Feldarbeiten zu machen, mit denen die übrigen Menschen sich abmühen. Sie warten einfach ab, bis der Fluss kommt, die Äcker bewässert und wieder abfließt. Dann besät jeder sein Feld und treibt die Schweine darauf, um die Saat einzustampfen, wartet ruhig die Erntezeit ab, drischt das Korn mit Hilfe der Schweine und speichert es auf ... Ägypten ist ein Geschenk des Nils.

Herodot. Historien. Stuttgart, 4. Aufl. 1971, S. 104f.

4. Erklärt den Ausdruck „Ägypten ist ein Geschenk des Nils" mit eigenen Worten.
5. Vergleicht die Beschreibung Herodots [2] mit eurer Beschreibung der Abbildung [1]. Was stellt ihr fest?

[3] Kornspeicher. *Modell aus einem Grab, um 2000 v. Chr.*

[4] Das Niltal heute. *Foto, 2010.*

[6] Ein Bauer schöpft Nilwasser mit einem Schaduf. *Grabmalerei, um 1250 v. Chr.*

6. Beschreibt das Foto [4]. Vielleicht fangt ihr so an: *Im Mittelgrund ist der Nil zu sehen. Daran schließt sich…*
7. Erklärt einem Besucher mithilfe von [5] und [6] das Bewässerungssystem.
8. Zeichnet nach Abbildung [5] eine einfache Skizze von der Nillandschaft. (Begriffe eintragen, Farben Blau, Grün, Gelb, Braun benutzen.)

Was ihr noch tun könnt…
- Erkundigt euch im Lexikon oder im Internet über den Geschichtsschreiber Herodot.
- Beschreibt die Funktionsweise der im Querschnitt [5] erkennbaren Wasser-Hebewerke.

Wählt einen der folgenden Arbeitsaufträge aus:

- Fertigt zur Abbildung [1] Denk- oder Sprechblasen an. Was könnten die einzelnen Personen denken oder sagen?

- Schreibt als ägyptischer Bauer einen Brief an Herodot. Der Brief könnte so beginnen: *„Sehr geehrter Herr Herodot! Sie haben von der Landwirtschaft leider keine Ahnung…"*

- Erklärt, welche Bedeutung die Nilüberschwemmung für die Wirtschaft und für die Gesellschaft in Ägypten hatte.

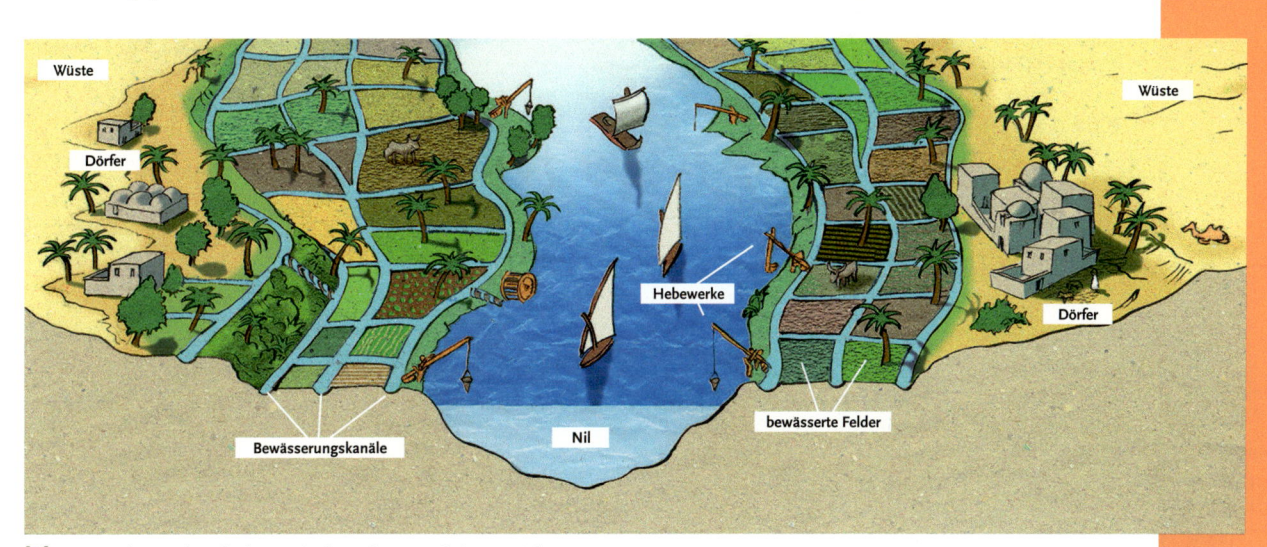

[5] Querschnitt durch das Niltal. *Rekonstruktionszeichnung.*

WEBCODE: MZ648917-055

Orientierung

Altes Reich

▸ **3000 v. Chr.**
Ober- und Unterägypten werden zu einem Reich vereint.
Hauptstadt: Memphis.
Erfindungen: Schrift, Kalender

▸ **2500 v. Chr.**
2600–2100: In Ägypten werden Pyramiden gebaut.

Mittleres Reich

▸ **2000 v. Chr.**
Ägypten wird zur Großmacht.
Hauptstadt: Theben.
Blütezeit von Kunst und Kultur

Neues Reich

▸ **1500 v. Chr.**
1550–1070: In dieser Zeit regieren die Pharaonen:
Hatschepsut – Tutanchamun – Ramses.
Ab 1070: Das große ägyptische Reich zerfällt in Teilreiche.

▸ **1000 v. Chr.**

▸ **500 v. Chr.**

▸ **Geburt Christi**

Um 200: Ägypten wird christlich.

▸ **500 n. Chr.**

641: Ägypten wird von Muslimen erobert.

▸ **1000 n. Chr.**

[1] Zeittafel Ägypten.

1. Sucht auf der Karte Unter- und Oberägypten und beschreibt die Lage.
2. Findet heraus, wo und wann Pyramiden gebaut wurden.
3. Ermittelt, wie viele Jahre folgende Ereignisse zurückliegen: Vereinigung von Ober- und Unterägypten, Ägypten wird Großmacht, Ägypten wird christlich, muslimische Eroberung.

[2] Altägypten. *Karte.*

56

Hochkulturen

Frühe Hochkulturen in Europa, Afrika und Asien

Zwischen 3500 und 1500 v. Chr. entstanden an den Flüssen Euphrat und Tigris, am Nil, Indus und Hwangho unabhängig voneinander frühe Hochkulturen. Die Menschen blieben hier dauerhaft an einem Ort wohnen. Sie wurden sesshaft. Durch gemeinschaftliche Arbeit lernten sie, die Naturgewalt „Wasser" zu beherrschen und nutzbar zu machen. Wer den Wasserstand oder den Getreidevorrat berechnen und aufschreiben oder das Land vermessen konnte, errang eine besondere Stellung im Dorf. Bald übernahmen Könige die Herrschaft über das Volk in den Städten oder im ganzen Land. Zum ersten Mal in der Geschichte bedienten sich die Menschen der Schrift, um Informationen über Dinge, Vorgänge oder Gefühle festzuhalten. Wissenschaft, Kunst und Architektur erreichten einen noch heute bewunderten Stand. Solche Gebiete werden als „Hochkulturen" bezeichnet.

4. Sucht in einem Atlas die Gebiete der Hochkulturen an Flüssen und schreibt auf, wie die Staaten heute heißen.
5. Diskutiert, warum die Menschen sich an Flüssen niederließen und was die Sesshaftigkeit mit der Entwicklung einer Hochkultur zu tun haben könnte.

[3] Frühe Hochkulturen in Europa, Afrika und Asien. *Karte.*

▶ Ägypten

Warum wird Ägypten „ein Geschenk des Nils" genannt?
Welche Macht hatte der Pharao im Alten Ägypten?
Warum war die Schrift so wichtig?
Welche Aufgaben hatten die Schreiber?
Welche Rolle spielte die Religion im Leben der Menschen?
Wie wurden die Pyramiden gebaut?

Mit diesen und ähnlichen Fragen beschäftigt sich das folgende Kapitel „Die Hochkultur Ägyptens".

Wichtige Kompetenzen in diesem Kapitel

Fragekompetenz
▶ eigene Fragen an die Geschichte stellen und vorgegebene historische Fragestellungen nachvollziehen

Methodenkompetenz
▶ lernen, Bilder zu „lesen"
▶ eine Wandzeitung herstellen

Reflexionskompetenz
▶ die Bedeutung der Sesshaftigkeit beurteilen
▶ die Rolle des Nils bei der Entstehung Ägyptens erklären

Orientierungskompetenz
▶ die Bedeutung der ägyptischen Kultur für damals und heute beurteilen

Sachkompetenzen
▶ Entstehung und Aufbau der ägyptischen Hochkultur beschreiben und bewerten

Der Pharao – Mensch, König oder Gott?

[1] Carter untersucht den Goldsarg. *Foto.*

[2] Carter öffnet den Sargschrein. *Foto.*

1. Betrachtet die Bilder und vermutet: Worum geht es in dem folgenden Text?

Eine Sternstunde der Archäologie

Am 22. Oktober 1922 startete der englische Archäologe Howard Carter seinen sechsten Versuch, das Grab des Pharaos Tutanchamun zu finden. Bisher hatte er im Tal der Könige nur leere Kammern entdeckt, denn Grabräuber hatten schon vor 3000 Jahren alles mitgenommen, was sie finden konnten. Jetzt kam seine letzte Chance, denn seinem reichen Geldgeber, Lord Carnarvon war die Lust vergangen, die Ausgrabungen weiter zu finanzieren.

Als Carter am Morgen des 4. November zur Grabungsstelle kam, arbeitete niemand und es war ganz still. Der ägyptische Vorarbeiter kam auf Carter zu und verkündete: „Chef, wir haben eine Treppenstufe gefunden. Sollen wir an dieser Stelle weitergraben?" Was für eine Frage! Ungeduldig legten die Arbeiter nach und nach 16 Stufen frei. Dann stand Carter vor einer Steintür. Sie trug ein Siegel der Königsgräber. Carter war sich sofort darüber klar, dass er ein Grab gefunden hatte, dass seit 3000 Jahren nicht geöffnet worden war. Sofort benachrichtigte er Lord Carnarvon über seine Entdeckung. Der Geldgeber machte sich unverzüglich auf den Weg nach Ägypten.

Am 25. November 1922 war es so weit: Carter durchstieß die Steintür des Pharaonengrabes. Heiße Luft schoss ihm ins Gesicht. Zitternd hielt er eine flackernde Kerze ins Innere und blickte in die Öffnung. Aus dem Hintergrund fragte jemand: „Können Sie etwas sehen?"

Carter antwortete: „Ja, ich sehe wundervolle Dinge!"

Nach und nach wurden die Steine der Tür abgetragen, und in der Vorkammer türmten sich vor den Augen der Archäologen goldverzierte Möbel, Statuen, kunstvolle Vasen und Geräte. Wochenlang waren Carter und seine Mitarbeiter damit beschäftigt, alle Kostbarkeiten zu bergen. Nach drei Monaten wurde die eigentliche Grabkammer geöffnet. Seit über 3000 Jahren ruhte hier die Mumie des Pharaos Tutanchamun. Die wertvollen Funde befinden sich heute im Ägyptischen Museum in Kairo. Durch die Entdeckung seines Grabes gelangte Tutanchamun zu größerer Berühmtheit als zu seinen Lebzeiten.

2. Was habt ihr über die große Entdeckung von Carter erfahren? Berichtet.

3. Schreibt mithilfe des Textes und der Abbildungen einen Sensationsartikel für die Zeitung. Der Artikel sollte eine Schlagzeile haben und auf die W-Fragen (Wer? Wann? Wo? Wie? Warum?) antworten.

Der Pharao

Etwa 3000 v. Chr. wurden Unter- und Oberägypten zu einem Flächenstaat vereinigt. Als Herr „beider Länder" stand der **Pharao**✻ an der Spitze des **Staates**✻. Seine Macht war unbegrenzt. Er bestimmte, welche Felder jedes Jahr besät wurden, welchen Teil der Ernte die Bauern abzugeben hatten, welche Deiche, Kanäle, Tempel und Gräber zu bauen waren. Er war oberster Heerführer, Priester und Richter. So viele Fähigkeiten konnte nach dem Glauben der Ägypter nur ein übermenschliches Wesen besitzen. Deshalb verehrten die Ägypter ihren König als Sohn des Sonnengottes Re, der die Welt erschaffen hatte und täglich am Himmel erschien.

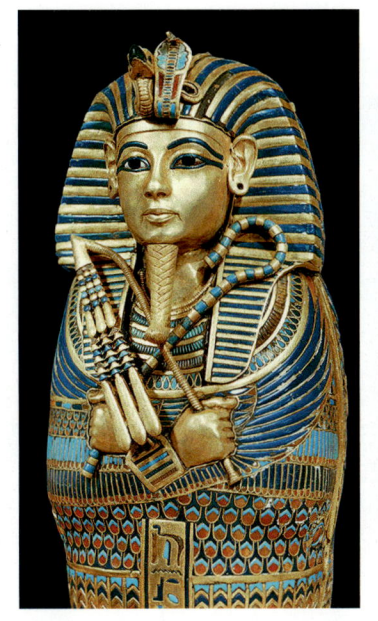

Zeichen der Herrschaft

Als Zeichen seiner Herrschaft trug der Pharao eine **Krone**. Die Schlangengöttin des Nordens und die Geiergöttin des Südens an seiner Stirn sollten ihn vor Feinden beschützen. Am Kinn war ein künstlicher Bart befestigt. In den Händen hielt er einen **Krummstab** (Hirtenstab) und eine **Geißel**. Solche Herrschaftszeichen nennt man **Insignien**.

Eine Königin mit Bart

Nur sehr wenigen Frauen gelang es, Königin von Ägypten zu werden. Die Bedeutendste von ihnen war Hatschepsut, die für ihren vierjährigen Stiefsohn auf den Thron kam und von 1490 bis 1468 v. Chr. regierte. Sie hat sich bewusst abwechselnd als Frau oder als Mann darstellen lassen, um damit die weibliche und männliche Seite des Herrschertums zu zeigen. Sie war eine sehr selbstbewusste Frau, und die Beamten und Heerführer haben sie als Königin und Herrin anerkannt. Während ihrer Regierungszeit herrschten in Ägypten Frieden und Wohlstand. Sie ließ Tempel errichten und große Handelsexpeditionen durchführen.

[3] Pharao Tutenchamun. *Äußerer Sarg, um 1330 v. Chr. Foto.*

[4] Königin Hatschepsut. *Statue, um 1465 v. Chr. Foto.*

Pharao
Bezeichnung für die ägyptischen Könige. Das Wort heißt „großes Haus", womit zunächst der Palast, später der König selbst bezeichnet wurde.

Staat
Politische Einheit, in der eine oberste Gewalt anerkannt wird.

Wählt einen der folgenden Arbeitsaufträge aus:

- Zeichnet zwei der im obigen Text erwähnten Insignien, malt sie farbig aus und schreibt eine kurze Erklärung dazu.

- Schreibt mithilfe von Bild [3] ein kurzes Selbstporträt des Pharaos. Der Text könnte so beginnen: *Ich bin Tutanchamun, Pharao von Ägypten. Ich trage ...*

- Würdigt die Leistungen der Königin Hatschepsut in einem Zeitungsartikel.

Die Pyramiden

Wie und wozu wurden die Pyramiden gebaut?

[1] Die Chefren-Pyramide mit Sphinx. *Foto.*

1. Betrachtet das Bild [1] und berichtet, was ihr über die ägyptischen Pyramiden schon gehört habt.

Die Pyramiden von Gizeh

Nur wenige Kilometer entfernt von Kairo, der heutigen Hauptstadt Ägyptens, ragen die drei gewaltigen Pyramiden von Gizeh aus dem Wüstensand. Die größte von ihnen wurde um 2500 v. Chr. unter der Herrschaft des Pharaos Cheops errichtet. Sie ist an den Grundseiten 230 m lang und heute noch 137 m hoch. 2,3 Millionen Steinblöcke wurden hier verbaut, jeder mit einem Gewicht von etwa 2,5 Tonnen – so schwer wie zwei Mittelklasseautos. All das wurde von Menschenhand herangeschleppt, ganz ohne Hilfe von Rad und Wagen.

Obwohl es nur sehr einfache Messgeräte und Werkzeuge gab, war die eine Seite der Pyramide gerade einmal 20 Zentimeter länger als die andere. Die Pyramide des Pharaos Chefren wird von einer gewaltigen Statue bewacht. Sie zeigt den Pharao als Erbauer der Pyramide mit einem liegenden Löwenkörper. Die Figur wird als Sphinx bezeichnet.

Wozu wurden die Pyramiden errichtet? Wie wurden die schweren Steine in die Höhe gewuchtet? Wie brachte man die Arbeiter dazu, eine solche „Knochenarbeit" zu tun?

2. Vermutet zu den oben gestellten Fragen, wie es gewesen sein könnte.

[2] **Der griechische Geschichtsschreiber Herodot (um 500 v. Chr.) schrieb über den Bau der Cheops-Pyramide:**

[Cheops] hat alle Ägypter gezwungen, für ihn zu arbeiten. Die einen mussten aus den Steinbrüchen im arabischen Gebirge Steinblöcke bis an den Nil schleifen. Über den Strom wurden sie auf Schiffe gesetzt und andere mussten die Steine weiterschleifen.

[…] 100 000 Menschen waren es, die jeweils daran arbeiteten, je drei Monate […]. So wurde das Volk bedrückt und es dauerte zehn Jahre, ehe nur die Straße gebaut war, auf der die Steine daher geschleift wurden.

[…] An der Pyramide selbst wurde 20 Jahre gearbeitet.

Zit. nach Herodot, Historien II, in: Geschichte in Quellen, Bd. 1, München 1978, S. 15

Der Bau der Pyramiden

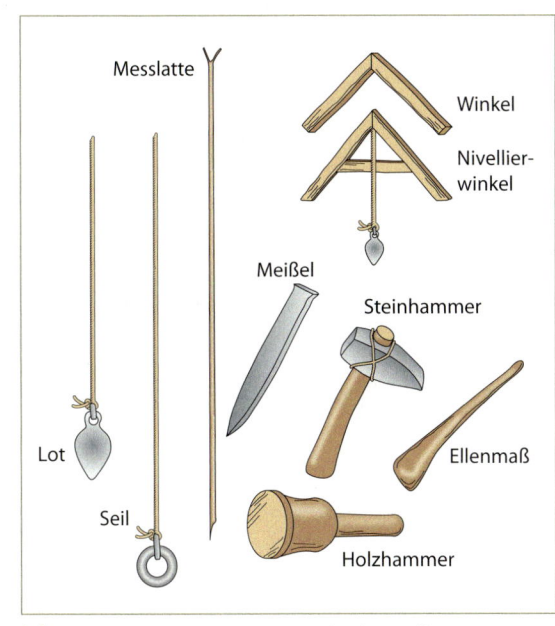

[3] Werkzeuge für den Pyramidenbau. *Illustration.*

(Beschriftungen: Messlatte, Winkel, Nivellierwinkel, Meißel, Steinhammer, Lot, Ellenmaß, Seil, Holzhammer)

3. Beschreibt den Bau einer Pyramide nach der Darstellung in den Zeichnungen [4] und [5].

4. Erklärt, wozu die in der Zeichnung [3] dargestellten Werkzeuge benutzt wurden.

„Wohnung für die Ewigkeit"

Früher glaubte man, dass 100 000 ägyptische Sklaven gezwungen wurden, die schwere Arbeit an den Pyramiden zu verrichten. Heute sind sich die Forscher sicher, dass es unmöglich gewesen wäre, ein ganzes Volk mit der Peitsche zur Arbeit zu zwingen. Es dürften auch kaum mehr als 5 000 Arbeiter ständig an einer Pyramide beschäftigt gewesen sein. Wenn der Nil die Felder überschwemmte und die Bauern wenig zu tun hatten, gingen bis zu 70 000 Männer zur Baustelle. Die schweren Steine der Pyramide wurden mit einem Holzschlitten von acht oder zehn Arbeitern auf Rampen nach oben geschleift. Die Arbeit war sehr schwer, aber die Arbeiter bekamen Nahrung für sich und ihre Familie. Die Pyramide diente dem Pharao als „Wohnung für die Ewigkeit" und zeigte schon durch ihre Größe seine unbeschränkte Macht. Die Menschen glaubten, dass der tote König ebenso für die verstorbenen Ägypter sorgen würde, wie er es für die Lebenden tat. Die Arbeit an den Pyramiden war also auch Vorsorge für das eigene Leben im Jenseits.

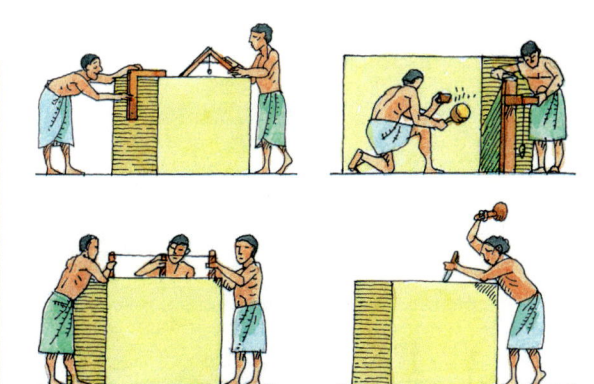

[4] Messen und Bearbeiten der Steinblöcke. *Illustration.*

[5] Anbringen der Mantelblöcke an der Pyramide. *Illustration.*

Wählt einen der folgenden Arbeitsaufträge aus:

- Zeichnet ein Werkzeug aus Abbildung [3] ab und erklärt ihre Funktion für den Pyramidenbau.

- Gestaltet ein Plakat mit Texten und Bildern zum Pyramidenbau. Ihr könnt dazu selbst Texte verfassen. Z. B. einen Zeitungsartikel über den Pyramidenbau („*Sensation: Cheops-Pyramide fertiggestellt!*" ...).

- Vergleicht die Beschreibung von Herodot (Quelle 2) mit dem Wissen aus heutigen Forschungen. Arbeitet die Unterschiede heraus.

WEBCODE: MZ648917-061

Die ägyptische Gesellschaft

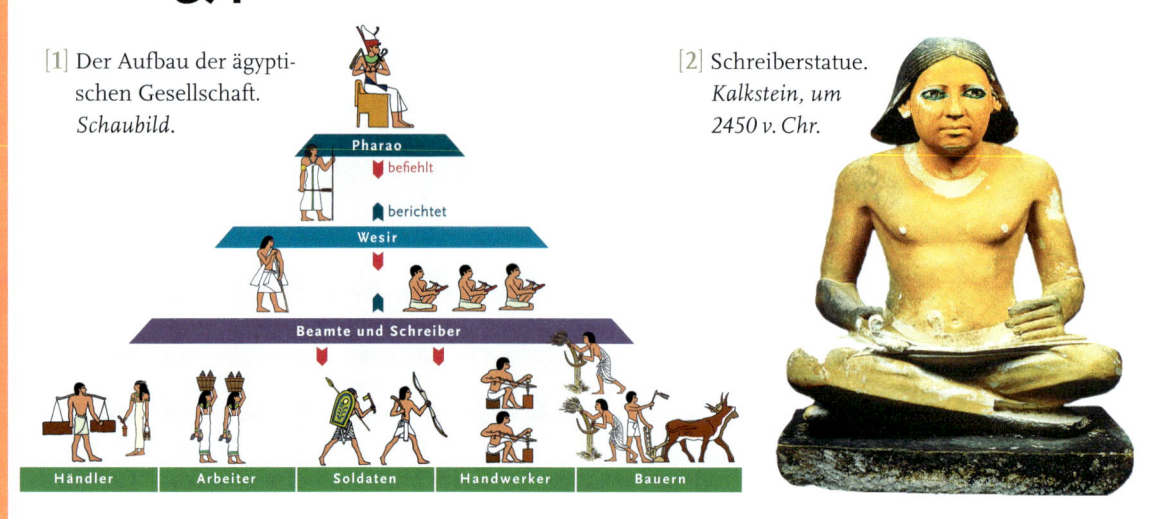

[1] Der Aufbau der ägyptischen Gesellschaft. *Schaubild.*

[2] Schreiberstatue. *Kalkstein, um 2450 v. Chr.*

Wissen ist Macht

Mit der Ausführung der Befehle beauftragte der Pharao die Beamten oder Schreiber mit dem Wesir an der Spitze. Sie beaufsichtigten die Arbeiten an den Bewässerungsanlagen, Tempeln und Gräbern. Die Beamten hatten auch dafür zu sorgen, dass die Bauern pünktlich das Getreide in den königlichen Vorratskammern ablieferten und dass das Vieh gezählt wurde. Die große Masse des Volkes arbeitete als Bauern, Handwerker oder Kaufleute. Die Sklaven standen außerhalb der Gesellschaftsordnung. Eine solche von oben nach unten aufgebaute Gesellschaft wird als Hierarchie* bezeichnet.

> **Hierarchie**
> Griechisch: „Heilige Herrschaft", eine in Stufen, von oben nach unten aufgebaute Gesellschaftsordnung.

[4] **Der hohe Beamte Cheti schrieb um 1900 v. Chr. an seinen Sohn:**
Ich lasse dich die Schriften mehr lieben als deine Mutter. ... Ich habe den Arbeiter über seiner Arbeit beobachtet, an der Öffnung seines Schmelzofens. Seine Finger sind krokodilartig, er stinkt mehr als Fischlaich ... Der Töpfer steckt in seinem Lehm: der beschmiert ihn mehr als ein Schwein, bis er seine Töpfe gebrannt hat ... Der Weber ist innen in der Werkstatt, er hat es schlechter als seine Frau, die gebiert ... Wenn er den Tag verbracht hat, ohne zu weben, wird er mit fünfzig Peitschenhieben geschlagen ... Siehe, es gibt keinen Beruf, in dem einem nicht befohlen wird, außer dem des Beamten; da ist er es, der befiehlt.

Aus: G. Kleinknecht/H. Krieger (Hrsg.): Materialien für den Geschichtsunterricht, Bd. 2, Das Altertum, Frankfurt a. M., 1982, S. 15

1. Erklärt mithilfe des Schaubildes [1], wie die ägyptische Gesellschaft aufgebaut ist. Ihr könntet so beginnen: *An der Spitze steht der Pharao, der dem Wesir Befehle erteilt. Der Wesir...*

2. Nennt Argumente für und gegen bestimmte Berufe, die Cheti vorstellt. Warum werden die Handwerksberufe so negativ dargestellt?
3. Beschreibt die Abbildung [3].

[3] Viehzählung. In einer Laube sitzen die Beamten und Schreiber. Ein Hirte wird verprügelt. *Holzmodell aus dem Grab des Mektire, Schatzkanzler von Theben, um 2100 v. Chr. Foto.*

Welche Bedeutung hat die Schrift?

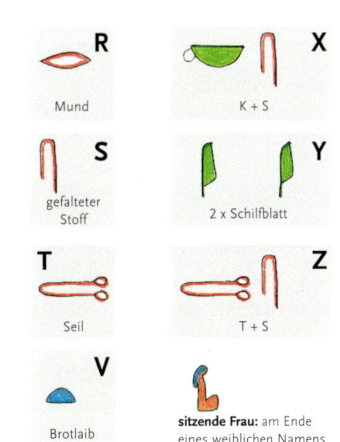

[5] Ein Hieroglyphenalphabet. *Illustration.*

Zeichen	Bedeutung
A	Geier
B	Bein
C/Q	Sandböschung
D	Hand
E	Unterarm
F	Viper
G	Krugständer
H	Hof
I	Schilfblatt
J	Kobra
K	Korb
L	Löwe
M	Eule
N	Wasser
O/U/W	Wachtelküken
P	Hocker
R	Mund
S	gefalteter Stoff
T	Seil
V	Brotlaib
X	K + S
Y	2 x Schilfblatt
Z	T + S

sitzende Frau: am Ende eines weiblichen Namens
sitzender Mann: am Ende eines männlichen Namens

Die Bedeutung der Schrift

4. Gebt den folgenden Text leise von einem zum anderen weiter. Wie kommt die Anweisung beim letzten Boten an?

„Das Dorf Amsira stellt ab der kommenden Woche 85 erwachsene Männer für den Tempelbau in Luxor ab. Jeder Mann hat eine Schaufel, eine Hacke und einen Meißel mitzubringen. Die Arbeit beginnt täglich bei Sonnenaufgang und endet bei Sonnenuntergang. Jeder Arbeiter bekommt täglich ein Brot, drei Fische und zwei Kannen Bier als Verpflegung."

5. Wieviel ist von der ursprünglichen Botschaft bis zuletzt angekommen? Was sagt es über die Bedeutung der Schrift aus?

[6] Papyrusherstellung. Die Streifen werden kreuzweise übereinandergelegt. Durch das Klopfen entsteht ein klebriger Saft, der die Streifen zusammenhält. *Illustration.*

Heilige Zeichen

Wer ein Beamter des Pharaos werden wollte, musste vor allem lernen, die Schrift zu lesen und zu schreiben. Sie bestand zunächst aus über 700 Bildzeichen für einzelne Lebewesen oder Gegenstände. Diese reine Bilderschrift wurde später um Zeichen ergänzt, die einen Buchstaben oder einen Laut zum Ausdruck brachten. Die Leserichtung war von rechts nach links und von oben nach unten. Weil viele Schriftzeichen in Stein eingemeißelt waren, nannten die Griechen sie Hieroglyphen, „heilige Einkerbungen". Aber die Ägypter konnten auch schon Schreibblätter aus der Papyruspflanze herstellen.

Über viele Jahrhunderte galten die Hieroglyphen als unlesbares Rätsel. Erst im Jahr 1822 gelang dem französischen Sprachenforscher Champollion die erste Entzifferung.

Wählt einen der folgenden Arbeitsaufträge aus:

- Schreibt euren Namen in Hieroglyphen auf.
- Erklärt den Ablauf der Papyrusherstellung mithilfe von Abbildung [6].
- Bewertet die Hierarchie der Ägypter aus der Sicht des Pharaos und aus der Sicht eines Bauern.

Was ihr noch tun könnt...

- Euch im Internet über die erste Entzifferung der Hieroglyphen informieren.

WEBCODE: MZ648917-063

Von Göttern und Tempeln

Welche Rolle spielte die Religion für das Leben der Menschen?

[1] Göttin Maat mit Schriftzeichen der Feder. *Aus dem Grab des Haremhab, um 1300 v. Chr.*

Viele Götter

Die Ägypter verehrten eine Vielzahl von Göttern. Diese Art von Religion nennen wir Polytheismus. Die Götter wurden oft in Menschen- oder Tiergestalt und sehr häufig auch in Mischformen (Menschenkörper und Kopf eines Tieres) dargestellt. So erscheint Horus als Schutzgott der Pharaonen mit einem Falkenkopf: Wie der Falke im Flug kann der Pharao alles überblicken; er hat scharfe Augen und die Kraft des Raubvogels. Ein Gott konnte mehrere Bedeutungen haben: So war Thot der Gott des Mondes, der Wissenschaft und der Schreiber der Götter. Als Schöpfer- und Sonnengott galt für viele Jahrhunderte Amun-Re („der Verborgene"), der die „Maat" garantierte. Maat bedeutete für die Ägypter: Wahrheit, Gerechtigkeit, Ordnung.

[2] Der Pharao opfert vor Amun-Re. *Wandrelief im Tempel des Pharaos Thutmosis III. in Deir-el-Bahari, um 1440 v. Chr.*

Nach dem Glauben der Ägypter war allein der Pharao als Sohn des Sonnengottes berechtigt, mit den Göttern in Kontakt zu treten. Um die Götter gnädig zu stimmen, sah es jeder Pharao als seine Pflicht an, neue Tempel zu errichten oder bestehende Anlagen zu erweitern. Beim täglichen Gebet und Opfer ließ sich der Pharao von den Priestern vertreten. Aber auf den Reliefbildern ist es immer nur der König, der den Göttern Opfergaben darbringt.

1. Beschreibt die fünf Götterbilder und ordnet ihnen typische Merkmale zu.
2. Erfindet zu Bild [2] ein Gebet des Pharaos und tragt es in der Klasse vor. Es könnte so beginnen: „Sei gegrüßt, Amun-Re, oberster aller Götter, ..."

[3] Horus und Isis. *Grabmalerei aus dem Tal der Könige.*

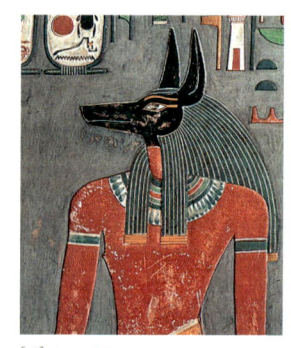

[4] Osiris.   [5] Anubis.

Die Osiris-Legende

Osiris war ein beliebter König in Ägypten. Er gab den Menschen gerechte Gesetze. Sein Bruder Seth war eifersüchtig auf Osiris und tötete ihn. Er zerstückelte den Leichnam in 14 Teile und zerstreute sie im ganzen Land. Isis, die Frau des Osiris, gebar ihren Sohn Horus. Danach suchte sie mithilfe des hundsköpfigen Gottes Anubis die Leichenteile, fügte sie wieder zusammen und hauchte ihrem Mann neues Leben ein. Zwar konnte Osiris nicht mehr auf die Erde zurückkehren, aber er wurde zum Herrscher des Totenreiches. Als Horus herangewachsen war, besiegte er Seth und wurde zum Herrscher auf Erden.

3. Überlegt, warum die Legende bei den Menschen so beliebt war. Welche Hoffnung für ihr eigenes Leben und Sterben verbanden sie damit?

Tempel zu Ehren der Götter

Überall an den Ufern des Nils errichteten die Ägypter Tempel zu Ehren der Götter. An vielen Tempeln wurde über Jahrhunderte gebaut. Die mit dem Tempeldienst beauftragten Priester kamen über einen mit Sphinx-Figuren* gesäumten Weg auf das Eingangstor zu. Sie gingen an den Standbildern der Götter vorbei in den offenen Innenhof, durchschritten einen Säulensaal und kamen schließlich in das Allerheiligste. Dort erfrischten sie die Götterstatue mit Wasser und brachten die Opfergaben dar.

[6] Der heutige Luxor-Tempel in Oberägypten. *Foto.*

[7] Prozession mit einer Tempelstatue zum Luxor-Tempel. *Rekonstruktionszeichnung.*

4. Vergleicht die Bilder [6] und [7]. Was ist in beiden Darstellungen etwa gleich? Was fehlt beim Foto vom heutigen Luxor-Tempel?

Ein Pharao probt den Aufstand

Die Priester wurden als Berater des Pharaos immer reicher und mächtiger. Unter dem Pharao Amenophis IV. kam es zum offenen Streit. Der Pharao setzte Aton, die Leben spendende Sonne, als einzige Gottheit ein. Die strahlende Sonne sollte das allen Menschen verständliche Zeichen der neuen Religion sein. Der König ließ die Tempel schließen, änderte seinen Namen in Echnaton („Der Aton gefällt") und erbaute die neue Hauptstadt Achet-Aton. Aber die Ägypter wollten sich nicht mit der Herrschaft eines einzigen Gottes abfinden. Schon unter dem nächsten Pharao wurden die alten Zustände wieder hergestellt.

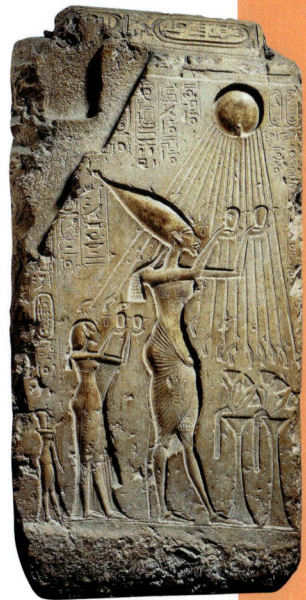

[8] König Echnaton mit Familie. *Reliefdarstellung um 1355 v. Chr.*

Wählt einen der folgenden Arbeitsaufträge aus:

- Zeichnet eines der Götterbilder ab und erklärt es in Stichworten.

- Stellt Bild [8] nach und erfindet dazu Gebetstexte der einzelnen Personen (Lobpreisungen, Bitten, Dank usw.).

- Entwerft einen Dialog: Zwei Bauern diskutieren darüber, ob man nur einen oder eine Vielzahl von Göttern verehren sollte.

*
Sphinx
Liegende Tierstatue oder Mischwesen aus Tierleib mit Menschenkopf.

Polytheismus
(von griechisch *polys* ‚viel' und *theoi* ‚Götter'), bezeichnet die religiöse Verehrung einer Vielzahl von Göttern oder Geistern.

WEBCODE: MZ648917-065

Methode — Wir untersuchen Bildquellen

[1] Pharao Haremhab opfert Wein vor Osiris. *Malerei aus dem Grabmal des Haremhab, um 1300 v. Chr.*

Die ägyptische Darstellungsweise
Die ägyptischen Künstler stellten Personen so dar, dass das Gesicht von der Seite (im Profil) zu sehen ist. Das Auge wird dennoch immer ganz dargestellt und soll den Betrachter ansehen. Der Oberkörper ist von vorn zu sehen. Unterkörper, Beine und Füße sind wie der Kopf im Profil gemalt. Personen oder Dinge sollen möglichst einzeln, ohne Überschneidungen, dargestellt und klar erkennbar sein. Auch die Farbgebung hält sich an immer wiederkehrende Vorschriften. So ist die Hautfarbe des Mannes meist rotbraun, die der Frau fast immer gelb gemalt.

Betrachten – beschreiben – deuten

1. Schritt: Bild betrachten

- Wie wirkt das Bild als Ganzes auf mich?
- Welche Einzelheiten sprechen mich besonders an, was finde ich interessant, schön, hässlich, abstoßend oder geheimnisvoll?

2. Schritt: Bild beschreiben

- Welche „Daten" des Bildes sind bekannt: Name des Künstlers, Bildtitel, Entstehungszeit?
- Was ist dargestellt: Personen, Gegenstände?
- Wie ist es dargestellt?
  - Wie sind die Personen oder Gegenstände angeordnet?
  - Ist die Darstellung naturgetreu oder nicht?
  - Stehen bestimmte Farben im Vordergrund?
- Gibt es einen Mittelpunkt, auf den das Auge des Betrachters gelenkt wird? Sind Vorder- und Hintergrund erkennbar?

3. Schritt: Bild deuten

- Warum hat der Künstler diese Darstellung gewählt? Was wollte er zum Ausdruck bringen?
- Zu welchem Zweck wurde das Bild geschaffen?
- Was verstehe ich nicht?
- Welche offenen Fragen ergeben sich aus dem Bild? Wo finde ich weitere Informationen?

Bilder erzählen Geschichte(n)
Vieles von dem, was wir über die Vergangenheit wissen, schließen wir aus Bildern. An alten Fotos, Kirchenfenstern, Wand- oder Deckengemälden, Zeichnungen, Statuen oder Gemälden können wir häufig erkennen, wie die Menschen früher gelebt haben, was sie dachten oder fühlten. Oft genügt es schon, ein Bild genau zu betrachten und zu beschreiben, um zum Beispiel etwas über das Alltagsleben früherer Menschen zu erfahren. Bilder zeigen aber Menschen, Dinge oder die Natur nicht immer so, wie sie in Wirklichkeit aussahen. Wenn in einem ägyptischen Gemälde eine Figur mit einem grünen Gesicht gezeigt wird, ist Osiris, der Gott des Totenreiches, dargestellt. Oft werden Symbole mit einer bestimmten Bedeutung eingesetzt. Das ägyptische Zeichen ☥ (anch) bedeutet „Leben". Wer es nicht kennt, dem bleibt rätselhaft, warum es beispielsweise in einem Grabbild abgebildet ist.

1. Zwei Schüler/innen versuchen, das Bild [1] so genau wie möglich „nachzustellen". Achtet dabei auf die Stellung der Köpfe, Oberkörper, der Arme, Hände, Beine und Füße. Was fällt euch auf?

2. Beschreibt und deutet Bild [1] mithilfe der Methode „Bilder lesen". Ihr könntet so beginnen: *Das Bild stammt aus dem Grab des Pharaos Haremhab und …*

Methode — Wir erstellen eine Wandzeitung

Auf den nächsten vier Wahlseiten findet ihr eine Menge Informationen zum Thema „Leben im Alten Ägypten". Nehmen wir einmal an, euer Spezialthema sei der Alltag der Schreiber und ihr möchtet dazu eine Wandzeitung herstellen.
In folgender Reihenfolge könnt ihr vorgehen:

1. Schritt: Informationen auswählen

- Was ist wichtig, was kann weggelassen werden?
- Was soll als Text, was im Bild, Schaubild oder in einer Tabelle dargestellt werden?

2. Schritt: Gestaltung

- Wie soll die Schrift aussehen (Druck- oder Schreibschrift, Größe, Farbe)?
- Welche Bilder sind geeignet und wie werden sie angeordnet?
- Welche Zeichnungen, Tabellen oder Schaubilder sollen angefertigt werden und an welchen Platz sollen sie kommen?

3. Schritt: Material

- Welches Material wird benötigt (Tapete, Pappe, Transparentpapier, Stifte, Kleber, Heftzwecken, Stecknadeln, Scheren, Lineal usw.)?
- Wer besorgt es?

4. Schritt: Arbeit verteilen und durchführen

- Wer möchte Texte schreiben, Bilder ausschneiden und beschriften, Zeichnungen, Tabellen anfertigen usw.?
- Sprecht euch untereinander ab.
  Wichtiger Hinweis: Bilder, Texte usw. nicht sofort festkleben, sondern erst alles lose auflegen!

5. Schritt: Präsentation

- Wandzeitung aufhängen und den anderen Gruppen vorstellen (präsentieren).

[1] Beispiel: Wir gestalten eine Wandzeitung. *Fotos.*

Die Hochkultur der Ägypter
Alltag von Frauen, Männern und Kindern

Schreiber

Arbeit:
– Befehle des Pharaos ausführen
– …
– …
– …

Wahlseite — Kindheit im Alten Ägypten

[1] Familiendarstellung, Wandmalerei aus dem Grab von Inherka in Theben, 12. Jh. v. Chr.

1. Informiert euch anhand des Textes und der Bilder über die Kindheit im Alten Ägypten.
2. Präsentiert eure Ergebnisse in der Klasse, z. B. durch eine Wandzeitung oder ein szenisches Spiel.

[3] Spielende Kinder im Alten Ägypten. *Illustration.*

[2] **Das könnte ein Mädchen erzählt haben:**

1 Bei uns haben die Familien meist fünf Kinder.
2 Aber viele Kinder sterben schon wenn sie noch
3 ganz klein sind an einer der vielen **Kinderkrank-**
4 **heiten**. Bei uns gelten Kinder bis zu ihrem 10. Le-
5 bensjahr als unschuldige, unwissende Wesen. In
6 den meisten Darstellungen werden sie nackt ge-
7 zeigt. Bei Kindern ist es Mode, dass sie an der
8 Seite des Kopfes eine herabhängende Locke tra-
9 gen. Die **Kinder** aus den **reicheren Familien** müs-
10 sen **nicht arbeiten**, sondern dürfen noch **spielen**
11 oder **Sport treiben**. Bei uns Mädchen sind Ball-
12 spiele, Tänze oder kleine akrobatische Übungen
13 beliebt. Die Spiele der Jungen zielen auf Ge-
14 schicklichkeit und Schnelligkeit ab: Stockfech-
15 ten, Ringkampf, Gewichtheben, Pfeilwurf, Bock-
16 sprung. Mein Bruder ist fünf Jahre alt und geht
17 schon in die **Schreibschule**. Er muss ungefähr
18 700 Schriftzeichen lernen, Diktate und Briefe
19 schreiben, laut vorlesen und rechnen. Für Mäd-
20 chen ist es nicht erlaubt eine Schule zu besu-
21 chen. Die **Kinder der Bauern** oder Handwerker
22 gehen auch **nicht zur Schule**. Sie **müssen** auf den
23 Feldern oder im Haushalt **mitarbeiten**.

[4] **Senet – ein beliebtes Brettspiel**
Das Spiel funktioniert ähnlich wie unser heutiges Brettspiel „Mensch-ärgere-dich-nicht". Ein wesentlicher Unterschied besteht darin, dass Senet auch den Jenseitsglauben der Ägypter widerspiegelt. Die Spieler betreten die Felder in einer bestimmten Reihenfolge, diese sind die „Häuser der Götter". Senet bedeutet so viel wie „vorbeigehen" oder „passieren".
Die Spieler sollen ihre Spielsteine sicher über das Brett führen, um sich „das ewige Leben" zu sichern. Man sagte dazu auch „das Spiel des Lebens".

[5] Ein Senet-Spiel aus Elfenbein. Ägyptisches Museum in Kairo. *Foto, 2007.*

Tipps für die Erarbeitung
Ihr könnt beim Lesen die Schritte des Textknackers anwenden.
Was habt ihr über die Kindheit im Alten Ägypten erfahren?

Tipps für die Präsentation
– Spiele (Sport) von Jungen und Mädchen vorführen
– euch über das Spiel „Senet" informieren und es in der Klasse vorstellen.

WEBCODE: MZ648917-068

Wahlseite — Vom Leben im Jenseits

[1] Mumiensarg einer unbekannten Frau in einem Doppelsarg. *Foto.*

1. Informiert euch anhand der Texte und der Bilder über die Vorbereitung auf das Leben im Jenseits und über das Totengericht.
2. Präsentiert eure Ergebnisse in geeigneter Form vor der Klasse.

Vorbereitung auf das Leben im Jenseits
Nach der Vorstellung der Ägypter war mit dem Tod eines Menschen nur das Leben im Diesseits zu Ende. Die Seele kehrte beim Begräbnis in den Körper zurück. Deshalb war es wichtig, dass der Körper erhalten blieb. Um den natürlichen Verfallsprozess aufzuhalten, wurde der Leichnam mumifiziert. Dazu legte man die Leiche auf einen Einbalsamierungstisch und entfernte das Gehirn und die Eingeweide. Jetzt reinigten die Balsamierer den Körper mit Salben, Palmwein und Duftstoffen. Danach wurde der Leichnam 70 Tage in Natronsalz gelegt, damit er vollkommen austrocknete. Nun konnte der Körper mit Sägespänen und wohlriechenden Materialien ausgefüllt werden. Er wurde mit Harzen eingerieben und mit Leinenbinden umwickelt. Zum Schluss wurde der Verstorbene in einen körpergeformten Sarg gelegt.

Ich habe nicht Unrecht getan
Ob ein Verstorbener nach dem Tod im Jenseits weiterleben durfte, wurde von den Göttern im Totengericht entschieden. Wie die Ägypter sich den Ablauf vorstellten, zeigt das Bild [2] aus dem Totenbuch des Schreibers Hunefer:
Der Verstorbene kniet vor 14 Göttern und erzählt aus seinem Leben (oben). Im Hauptteil des Bildes ist zu sehen, wie der Totengott Anubis den Verstorbenen zur Waage der Gerechtigkeit führt. Dort wiegt er das Herz gegen eine Feder. Die Feder steht für Wahrheit und Gerechtigkeit. Wenn das Herz schwerer ist als die Feder, wird Hunefer von dem krokodilköpfigen Totenfresser verschlungen. Aber der vogelköpfige Schreibergott Thot kann aufschreiben, dass die Feder schwerer ist, und deshalb wird Hunefer von dem falkenköpfigen Gott Horus vor Osiris geführt. Der grüngesichtige Gott des Totenreiches entscheidet nun über das Weiterleben nach dem Tod. Hinter ihm stehen Isis und ihre Schwester Nephtys. Aber erst, wenn der Verstorbene sein Unschuldsbekenntnis abgelegt hatte, wurde er in das Reich der Toten aufgenommen. So musste der Tote z. B. versichern: „Ich habe nicht Unrecht getan gegen die Menschen. Ich habe nicht hungern lassen. [...] Ich habe nicht getötet. Ich habe gegen niemanden schlecht gehandelt..."

[2] Das Totengericht. *Papyrus aus dem Grab des Hunefer.*

Tipps für die Präsentation
– Bild Totengericht kopieren und Vorgang mit Stichworten erläutern, Szene spielen.

Wahlseite — **Wie lebten die Handwerker?**

[1] Handwerker. *Aus dem Grab des Beamten Rechmire, um 1450 v. Chr.*

1. Informiert euch anhand des Erzähltextes und der Bilder über das Leben der Handwerkerfamilien.
2. Präsentiert eure Ergebnisse in geeigneter Form vor der Klasse.

[3] Bierbrauerin. *Figur, um 2300 v. Chr.*

[2] **Das könnte ein Junge erzählt haben:**
Mein Vater ist Handwerker, genauer gesagt Steinmetz. Er arbeitet seit vielen Jahren an den Gräbern im Tal der Könige. Er meißelt Statuen oder arbeitet an den Wandbildern in den Gräbern von Königen oder hohen Beamten. Wir wohnen in einer Arbeitersiedlung nahe der Baustelle. Unser Haus ist klein und aus Lehmziegeln gebaut. In der Siedlung leben noch viele andere Handwerker, z. B. Töpfer, Bäcker, Bierbrauer oder Tischler. Hitze und Staub machen die Arbeit meines Vaters sehr schwer, und ständig sind die Aufseher in der Nähe. Wenn die Handwerker nicht schnell oder gut genug arbeiten, setzt es Prügel. Mein Vater bekommt täglich Dinkel – das ist eine Weizenart – und Gerste für seine Arbeit. Daraus macht meine Mutter Brot und Bier. Außerdem erhalten die Handwerker Wasser, Fisch, Gemüse, Obst, Töpferwaren und Brennmaterial als Entlohnung. Mein Vater ist froh und stolz, dass er an den Gräbern der Mächtigen arbeiten darf. Er hofft, dass er so im Jenseits ein gutes Leben haben wird. Eine Schule können wir Kinder nicht besuchen. Meine Brüder wollen auch Handwerker werden. Was aus mir einmal wird, weiß ich nicht.

Verfassertext (nach Quellen zusammengestellt)

[4] Arbeit an einem Königsgrab. Mit Stricken und Rollen wird später der Sarg ins Grab transportiert (1). Der Gang (2) und ein Vorraum (3) sind schon dekoriert. In der ersten Säulenhalle arbeiten Handwerker an den Wandbildern (4), während in einer Seitenkapelle bereits ausgemalt wird (5). *Rekonstruktionszeichnung.*

Tipp für die Erarbeitung
– Was sagen Text und Bilder über die Arbeit der Handwerker und über das Leben in der Arbeitersiedlung aus?

Tipp für die Präsentation
– Szene spielen (ein Aufseher führt den Pharao durch die Baustelle).

WEBCODE: MZ648917-070

Wahlseite — Wie lebten die Schreiber?

[1] Haus einer vornehmen Familie. *Rekonstruktionszeichnung.*

1. Informiert euch anhand des Erzähltextes und der Bilder über das Leben in den Familien der Schreiber.
2. Präsentiert eure Ergebnisse in geeigneter Form vor der Klasse.

[2] Schreibschule. *Rekonstruktionszeichnung.*

[3] Vornehme Damen beim Fest. *Aus dem Grab des Nebamun, um 1400 v. Chr.*

[4] **Das könnte ein Mädchen erzählt haben:**
Mein Vater ist ein Schreiber des Pharaos, also ein Beamter. Er muss das Land vermessen lassen, teilt die Arbeiten ein, zahlt Löhne aus und schlichtet Streitigkeiten der Bauern. Mein Vater nimmt die Steuern ein und sorgt dafür, dass die Kornspeicher immer gut gefüllt sind, damit die Menschen nicht hungern müssen, wenn die Ernte einmal schlecht ist. Er lässt das Vieh zählen und trägt alles mit Bildzeichen (Hieroglyphen) in Papyrusrollen ein. Die einfachen Menschen achten und fürchten ihn. Wir leben in einem schönen Haus am Nil. Meine Mutter überwacht die Arbeiten im Haus, die von Sklavinnen und Sklaven verrichtet werden. Manchmal werden Feste gefeiert. Dann trägt meine Mutter ihr schönstes Kleid, schminkt sich und legt ihren teuren Goldschmuck an. Lustig sieht der Salbkegel auf ihrem Kopf aus. Die duftenden Harze schmelzen während des Festes und tränken ihre Perücke und das Kleid mit herrlichem Parfümgeruch. Es gibt Fleisch und Fisch, Obst und Gebäck zu essen, und die Männer trinken Wein. Danach tanzen unsere Sklavinnen.
Mein Bruder ist 5 Jahre alt und geht schon in die Schreibschule. Er muss ungefähr 700 Schriftzeichen lernen, Diktate und Briefe schreiben, laut vorlesen und rechnen. Die Lehrer sind sehr streng. Sie sagen oft: „Das Ohr des Schülers muss am Fußboden liegen, denn er hört am besten, sobald er geschlagen wird." Trotzdem will ich auch gern lesen und schreiben lernen, denn ich möchte einmal Ärztin werden.

Verfassertext (nach Quellen zusammengestellt)

Tipp für die Präsentation
– Eine kleine Szene „In der Schreibstube" entwerfen und in der Klasse vorspielen.

WEBCODE: MZ648917-071

Fenster zur Welt — Mesopotamien

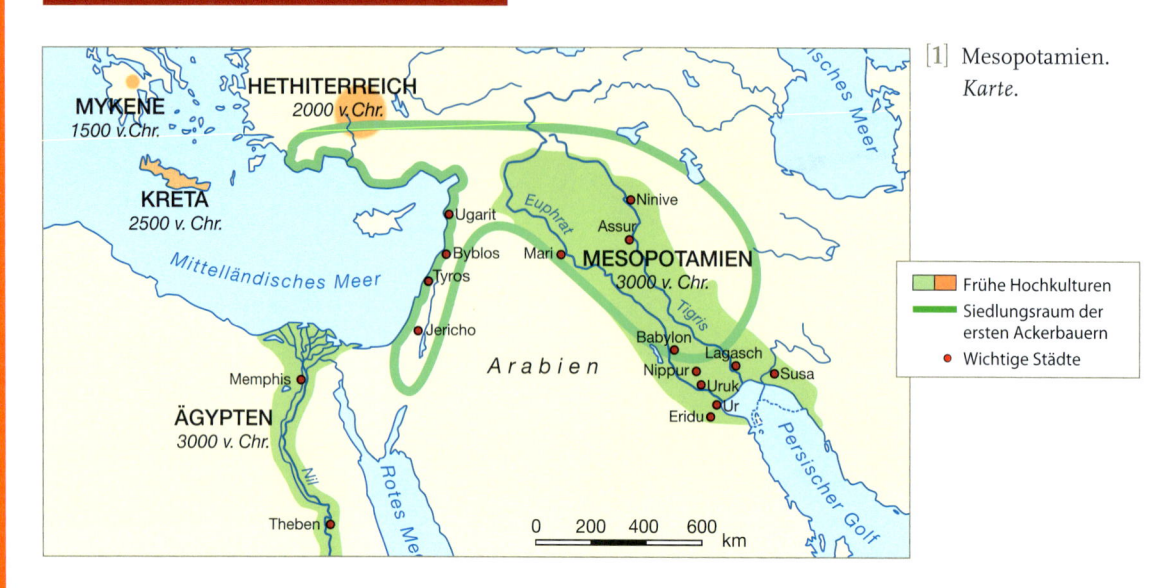

[1] Mesopotamien. *Karte.*

1. Wertet die Karte [1] aus: Lage, Flüsse, Städte, Siedlungsraum.

Das Zweistromland

Zwischen den Flüssen Euphrat und Tigris entstand etwa zur gleichen Zeit wie in Ägypten die Hochkultur Mesopotamien (das heißt: „Land zwischen den Flüssen"). Im 4. Jahrtausend v. Chr. wurde das Land von dem Stamm der Sumerer besiedelt. Um das Wasser der Flüsse für die Landwirtschaft nutzbar zu machen, wurden Dämme und Kanäle gebaut. Die Sumerer erfanden Hebevorrichtungen, um das Wasser auf die Felder zu schöpfen. Das erforderte die Zusammenarbeit vieler Menschen, die in Siedlungen zusammenlebten. Anders als in Ägypten entstand kein zusammenhängender Flächenstaat, sondern die Menschen lebten in einzelnen Stadtstaaten zusammen. Das Zusammenleben wurde in Gesetzen geregelt. Die Städte waren zum Schutz vor Feinden mit dicken Mauern umgeben. Im Zentrum der Stadt stand ein Tempel für eine Gottheit. Die Menschen gehorchten einem Priesterkönig. Um die Stadt regieren und verwalten zu können, wurde eine Schrift entwickelt, die aus keilförmigen Strichen bestand. Die Keilschrift wurde von Schreibern mit Griffeln in Tontafeln eingedrückt, die man später brennen und haltbar machen konnte.

2. Schreibt Gemeinsamkeiten und Unterschiede zwischen Ägypten und Mesopotamien auf.

Hammurabi – König von Babylon

Durch zahlreiche Kriege und geschickte Verhandlungen gelang es König Hammurabi von Babylon (Regierungszeit von 1792 bis 1750 v. Chr.), die Stadtstaaten des Zweistromlandes unter der Vorherrschaft von Babylon zu einem großen Staat zu vereinigen. Hammurabi regierte sein Reich mithilfe von schriftkundigen Beamten und einem Soldatenheer. Der Stadtgott Marduk wurde zum obersten Reichsgott erhoben. Berühmt geworden ist Hammurabi vor allem durch eine Gesetzessammlung, die in 282 einzelnen Rechtssätzen (Paragraphen) Regelungen für das Zusammenleben der Menschen erließ. Die Gesetzessammlung wurde aufgeschrieben und allen Menschen in Babylon bekannt gemacht.

[2] Rest der Tempelanlage in der sumerischen Stadt Ur um 2250 v. Chr. Auf der obersten Terrasse befand sich der Tempel des Gottes. *Foto.*

Die Gesetze des Königs Hammurabi

1902 fand man in der Stadt Susa eine merkwürdige Steinsäule. Sie ist 2,25 m hoch. Im oberen Teil der Bildsäule [3] ist der König Hammurabi dargestellt, der in ehrfürchtiger Haltung den Herrscherstab als Symbol der Macht aus der Hand des Sonnenkönigs Schamasch in Empfang nimmt. Im unteren Teil der Säule sind 282 Gesetze in Keilschrift in den Stein eingeschlagen. Heute ist die Steinsäule im Louvre in Paris ausgestellt.

[3] Hammurabis Gesetzessäule, aus schwarzem Diorit-Stein um 1700 v. Chr. Im oberen Teil zeigt die Steinsäule Hammurabi (links) in ehrfurchtsvoller Haltung vor dem Gott Schamasch (rechts). *Foto.*

[4] Keilschrifttafel aus dem Zweistromland. *Foto.*

[5] **Aus den Gesetzen des Königs Hammurabi (18. Jahrhundert v. Chr.):**

1. Wenn ein Bürger einen Bürger bezichtigt und ihn mit Mordverdacht belastet, es ihm aber nicht beweist, so wird derjenige, der ihn bezichtigt hat, getötet.

22. Wenn ein Bürger Raub begangen hat und er daraufhin ergriffen wird, so wird dieser Bürger getötet.

53. Wenn ein Bürger bei der Befestigung seines Felddeiches die Hände in den Schoß gelegt und den Deich nicht befestigt hat, in seinem Deich eine Öffnung entsteht, er gar die Flut vom Wasser wegschwemmen lässt, so ersetzt der Bürger, in dessen Deich die Öffnung entstanden ist, das Getreide, das er vernichtet hat.

148. Wenn ein Bürger eine Frau zur Ehe genommen hat und sie krank wird, er eine andere zu nehmen sich vornimmt, so kann er sie nehmen; von seiner Ehefrau, die die Krankheit ergriffen hat, kann er sich nicht scheiden; in einem Hause, das er gebaut hat, wohnt sie, und solang sie am Leben ist, unterhält er sie.

196. Wenn ein Bürger das Auge eines Bürgersohnes zerstört, so zerstört man sein Auge.

200. Schlägt ein Bürger den Zahn eines ihm ebenbürtigen Bürgers aus, so schlägt man seinen Zahn aus.

Wilhelm Eilers, Gesetzesstele Chammurabis, Leipzig 1932, S. 16 f. (vereinfacht).

3. Schreibt auf, warum Hammurabi seinem Land Gesetze gab, warum sie aufgeschrieben und öffentlich bekannt gegeben wurden.

Wählt einen der folgenden Arbeitsaufträge aus:

- Beschreibt und bewertet die Gesetze mit eigenen Worten: Sind sie klug, streng, gerecht...?

- Den Ausspruch „Auge um Auge, Zahn um Zahn" gibt es auch heute noch. Erklärt anhand von [5], was er bedeutet.

- Beurteilt das Gesetz 148 über die rechtliche Stellung von Frauen aus heutiger Sicht.

Fenster zur Welt — Die Jungsteinzeit

Fundorte von Pfahlbauten aus der Jungsteinzeit
1 Wangen-Hinterhorn
2 Hornstaad-Hörnle
3 Allensbach-Strandbad
4 Wollmatingen-Langenrain
5 Konstanz-Hinterhausen
6 Litzelstetten-Krähenhorn
7 Bodman-Schachen/Löchle
8 Sipplingen-Osthafen
9 Unteruhldingen-Stollenwiesen
10 Schreckensee
11 Olzreute-Enzisholz
12 Siedlung Forschner
13 Alleshausen-Grundwiesen
14 Ödenahlen
15 Ehrenstein

[1] Süddeutsches Siedlungsgebiet. *Karte.*

Siedlungsraum und Klima

Seit etwa 8000 v. Chr. wurde das Klima wärmer. Eismassen gingen allmählich zurück und die Lebensbedingungen verbesserten sich. Menschen konnten aufgrund eines reichhaltigeren Pflanzenwachstums besser an einem Ort bleiben. Das Gebiet zwischen offenem Wasser und Ackerland war für die Menschen der Jungsteinzeit ein sehr günstiger Siedlungsraum. Seit dem 5. Jahrtausend wurden im Niedermoor immer wieder Häuser gebaut. Die Bauern legten Bohlenwege durchs Moor und fuhren bereits mit Karren.

Werkzeuge und Geräte für den Fischfang

[2] Fischereizubehör. *Foto.*

Der Fischfang war eine wichtige Ernährungsgrundlage. Im Laufe der Zeit wurden Geräte und Hilfsmittel wie z. B. Reusen, Angelhaken oder Harpunen entwickelt, die den Fischfang erleichterten. Die Reuse ist eine der ältesten Fangmethoden und kann als eine Art „Fischfalle" bezeichnet werden. Sie bestand aus einem Geflecht (meist aus Weidenruten) und hatte eine große, trichterförmige Öffnung. Wenn ein Fisch durch diese Kehle hineinschwamm, fand er den Ausgang nicht mehr und blieb so in der Reuse stecken.

Gesellschaft

Die Menschen lebten in Großfamilien und Sippen in kleinen Siedlungen zusammen. Diese lagen meist an Bächen, Teichen, Seen oder im Niedermoor. Ein Erdwall, Zaun oder Graben schützte die Bewohner vor Angreifern oder wilden Tieren. Die Familien bestellten Äcker, hüteten das Vieh und fertigten Werkzeug und Kleidung. Es lebten meist mehrere Familien in einem Haus zusammen. Kleine Kinder sahen den Erwachsenen bei der Arbeit zu, ehe sie begannen zunehmend mitzuarbeiten. Alte Menschen halfen mit, soweit sie es konnten und wurden von den jüngeren mitversorgt. Ob es verschiedene Gesellschaftsschichten, politische oder religiöse Gruppen gab, verraten uns die archäologischen Quellen nicht.

[3] Siedlungsmodell. *Foto.*

Selbstversorgung

Funde, die sich in Mooren erhalten haben, spiegeln die Vielfalt der verfügbaren Gebrauchsgegenstände: z. B. Textilien aus Gehölzbasten, Leinen oder Wolle, Einbäume und frühe Räder, aber auch Speisereste, die Hinweise auf die Wirtschaftsweise und Ernährung liefern.

Mit der Landwirtschaft konnten zunehmend Überschüsse erwirtschaftet werden. Dies ermöglichte, dass die Arbeit in der Sippe besser untereinander aufgeteilt werden konnte. Wenn jemand z. B. ein besonders geschickter Jäger war, dann hat er nicht nur für sich gejagt, sondern auch für andere. Ein anderer, der handwerklich begabt war, hat dann Werkzeuge für die anderen hergestellt. So entstand Zug um Zug eine Arbeitsteilung und Spezialisierung.

Der Anbau und die Verarbeitung von Flachs waren weit verbreitet. Auch die Wolle der Tiere spielte bei der Herstellung der Kleidung eine wichtige Rolle.

[4] Webstuhl. *Foto.*

Jungsteinzeitliche Siedlung „Taubried" auf dem Freigelände des Federseemuseums:
Reste von mehr als 20 vorgeschichtlichen Pfahlbaudörfern sind im Gebiet des Federseemoores konserviert und rekonstruierbar. Der Federsee ist seit dem Ende der Eiszeit stark verlandet. Das Interesse an diesem Gebiet lag in der vorgeschichtlichen Zeit vor allem an der günstigen Lage am See.
In der Zeitspanne zwischen dem Ende des 5. Jahrtausends und dem 7. Jahrhundert v. Chr. wurden hier die jungsteinzeitlichen Siedlungen angelegt. Zahlreiche Funde, darunter Keramikgefäße, Bronzewerkzeug oder Teile von Rädern geben ein Bild von der Lebensweise der Menschen in diesem Gebiet.

[5] Freilichtmuseum. *Foto.*

[6] **Marie erzählt von ihrem Besuch im Federseemuseum.**

„Ein Archäologe hat uns berichtet, dass nur verfaulte Reste der Häuser im Boden zu sehen waren. Aus der Beschaffenheit des Bodens konnte man erkennen, wie die Lage der Balken war. Daraus ließen sich die Grundrisse der Gebäude rekonstruieren. Lehmbrocken, die in der Nähe der Balkenreste gefunden wurden, deuteten darauf hin, dass die Häuser ähnlich wie Fachwerkhäuser gebaut waren. Sie hatten eine rechteckige Form. Die Gebäudereste stammen aus unterschiedlichen Zeiten. Im Gelände des Museums gibt es verschiedene Nachbauten, die uns heute einen Eindruck von der Siedlung vermitteln."

Schülerbeitrag

Wählt einen der folgenden Arbeitsaufträge aus:

- Beschreibt einen Tag im Leben eines Menschen, der in einer jungsteinzeitlichen Siedlung lebte.

- Gestaltet ein Bild von einer jungsteinzeitlichen Siedlung an einem See.

- Vergleicht das Leben der jungsteinzeitlichen Menschen in Europa mit dem Leben im Alten Ägypten. Erstellt dazu eine Tabelle und tragt Stichworte ein.

Geschichte aktiv

Diese Seite richtet sich an alle, die das Thema „Ägypten – eine frühe Hochkultur" besonders interessiert, die gern etwas lesen, recherchieren, konstruieren, modellieren, zeichnen, malen …
Ihr könnt die Aufgaben in oder außerhalb der Schule, allein, zu zweit oder in der Gruppe anpacken und mit den Ergebnissen eine kleine Ausstellung organisieren. Denkt auch daran, euer Portfolio zu führen:

- schöne Ergebnisse in Text und Bild sammeln,
- Lernerfahrungen zum Thema „Ägypten – eine frühe Hochkultur" aufschreiben.

1. Modellbau

▶ Fertigt kleine Modelle (z. B. Pyramiden, Tempel, Obelisken) aus Tonpapier, Holz, Gips oder anderen Werkstoffen an.
▶ Baut eine Nil-Landschaft.
Diese Materialien und Werkzeuge werden benötigt:
Brett (ca. 1 m × 0,50 m), Bleistift, Wasserfarben, Pinsel, Gips, Sand, Modellbau-Grün, Spachtel, Gipstopf, Messerchen, Knetgummi, Holz, Kleister, etwas Draht.

So wird es gemacht:
▶ Nil und angrenzendes Mittelmeer von einer Karte auf das Modellbrett übertragen.
▶ Fluss und Meer mit blauer Wasserfarbe aufmalen.
▶ Mit angerührtem Gips Wüste und Gebirge modellieren und auftragen.
▶ Fruchtbare Uferzone mit Kleister bestreichen und mit Modellbau-Grün bestreuen.
▶ Kleine Pyramiden, Tempel, Häuser, Palmen, Wasserschöpfgeräte modellieren und in das Modell an passender Stelle kleben (dazu Bilder im Buch als Vorlagen benutzen).

2. Schminken

Das Badezimmer einer vornehmen Frau im Alten Ägypten war übersät mit Kosmetikartikeln, Schminkpaletten, Kämmen und Spiegeln. Für die Augen benutzten sie den grünen Malachit und das rote Hämatit. Die farbigen Mineralien wurden fein zermahlen und das Pulver als Lidschatten benutzt. Später setzte sich mehr und mehr die schwarze Farbe durch, die aus Bleiglanz hergestellt wurde. Die Schminke wurde mit dem Finger oder mit dünnen Stäbchen aufgetragen.
Oft wurde die Farbe bis zu den Schläfen gezogen, damit die Augen größer wirkten. Für die Gesichtshaut und die Lippen benutzte man Ocker-Rot. Henna-Rot färbte die Haare, Handflächen und Fußsohlen.

Schminktipps:
- Grünen oder blauen Lidschatten mit dem Finger oder Wattestäbchen auf das Oberlid auftragen,
- Schwarze Linie mit einem Kajalstift um das Auge ziehen und in Richtung Ohr verlängern, Augenbrauen mit schwarzem Augenbrauenstift nachziehen.
- roten Lippenstift auftragen, Gesicht mit Rouge pudern.

WEBCODE: MZ648917-076

Das kann ich!

[1] Begriffe und ihre Bedeutung

Pharao	Totengott
Papyrus	griechischer Geschichtserzähler
Osiris	Gesellschaftsordnung von oben nach unten
Hieroglyphe	König in Ägypten
Hierarchie	Pflanze, Grundlage für Schreibmaterial
Herodot	Heilige Zeichen, Einkerbungen

[2] **Querschnitt durch das Niltal.** *Illustration.*

[3] **Vornehme Familie bei der Jagd.** Grabmalerei um 1380 v. Chr.

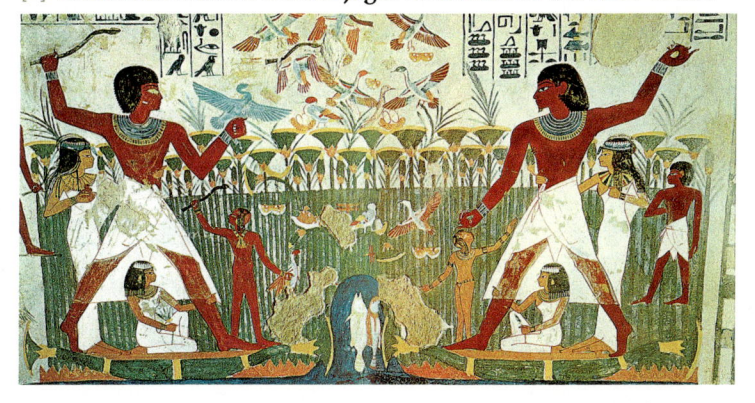

[4] Lückentext

Als sich vor etwa 7000 Jahren das Klima veränderte und sich die ... in Nordafrika immer mehr ausbreitete, zogen viele Menschen in das fruchtbare Tal zu beiden Seiten des Nils. Sie wurden ... und lebten von der Landwirtschaft. Der Nil überschwemmte das Land regelmäßig mit Wasser und fruchtbarem .... Um das Nilhochwasser zu bändigen, bauten die Menschen ... und Kanäle. Mit einfachen Schöpfgeräten wurde das Wasser auf höher gelegene Felder befördert. Getreideüberschüsse wurden in Speichern gesammelt und in Jahren mit schlechter Ernte verteilt. Die Menschen, die die Höhe der Nilflut berechnen oder die Felder vermessen konnten, übernahmen die ... in den Dörfern. Etwa 3000 v. Chr. wurden die Landesteile Unter- und Oberägypten zu einem ... vereinigt. An der Spitze stand ein König, der ... genannt wurde.

Fragekompetenz

1. Vergleicht eure Fragen vom Anfang des Kapitels mit dem jetzigen Wissenstand und notiert Dinge, die noch geklärt werden müssen.

Sachkompetenz

2. Ordnet den Begriffen aus Übersicht [1] die jeweils passende Erklärung zu.
3. Erläutert den Querschnitt des Niltals (Abbildung [2]).
4. Nennt Insignien (Herrschaftszeichen), an denen der ägyptische Pharao erkennbar war.
5. Schreibt den Lückentext [4] ab und fügt die folgenden Begriffe an der richtigen Stelle ein:

> sesshaft Dämme Pharao
> Wüste Staat
> Schlamm Herrschaft

Methodenkompetenz

6. Beschreibt das Bild [3] mithilfe der Methode „Wir untersuchen Bildquellen" (siehe S. 66).

Reflexionskompetenz

7. Beurteilt, ob Herodot Recht hatte, wenn er meinte, dass in Ägypten „... die Früchte des Bodens so mühelos gewonnen werden wie hier". Nehmt das Bild [1] auf Seite 54 zu Hilfe.

Orientierungskompetenz

8. Charakterisiert die Bedeutung des Rechts am Beispiel der Herrschaft Hammurabis (Fenster zur Welt: S. 72–73).
9. Vergleicht die Lebensumstände der Menschen im Alten Ägypten mit denen der Menschen in dem jungsteinzeitlichen Europa.

78

Antikes Griechenland

Olympia
Die Tradition der Olympischen Spiele geht auf die Griechen zurück. Seit 776 v. Chr. trafen sie sich zu Sportwettkämpfen in Olympia, um damit ihren obersten Gott Zeus zu ehren.

1. Beschreibt die Gebäude und Sportstätten auf dem Bild.
2. Tragt zusammen, was ihr schon über die Olympischen Spiele wisst.
3. Worüber möchtet ihr noch mehr erfahren? Formuliert Fragen zum Thema.

Schauplatz Olympia

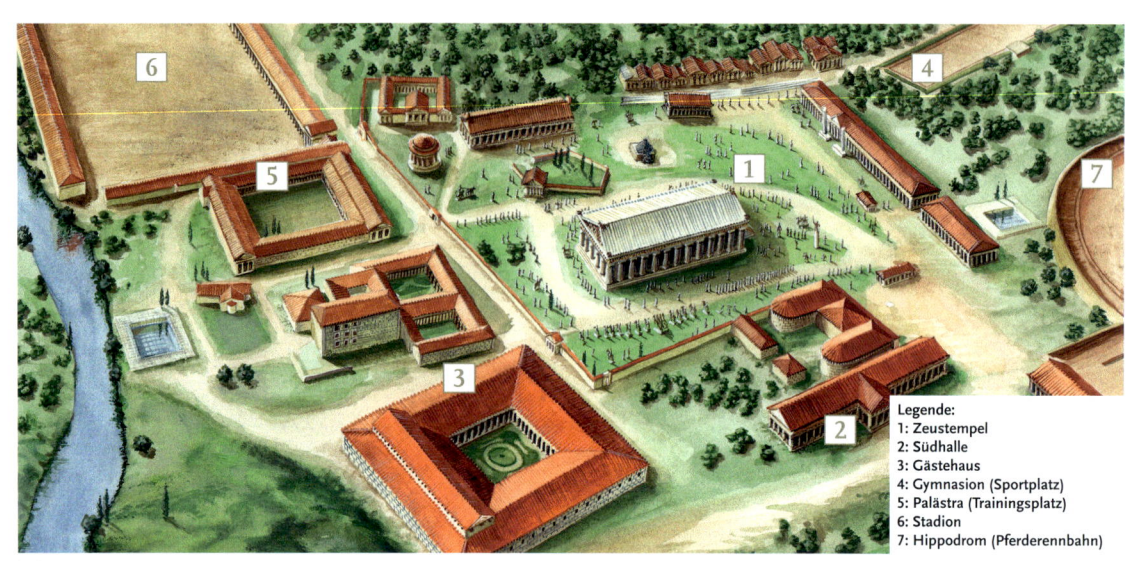

[1] Der heilige Bezirk von Olympia. *Rekonstruktionszeichnung.*

Legende:
1: Zeustempel
2: Südhalle
3: Gästehaus
4: Gymnasion (Sportplatz)
5: Palästra (Trainingsplatz)
6: Stadion
7: Hippodrom (Pferderennbahn)

1. Beschreibt die Abbildung [1].
2. Erkundet die Anlage und überlegt, welchem Zweck die einzelnen Gebäude dienen konnten.

Hallo, ich heiße Lycos. Ich bin Läufer und komme aus dem weit entfernten Taormina. An den Olympischen Spielen zu Ehren von Zeus dürfen nur Männer teilnehmen. In meinem Tagebuch könnt ihr alles über die Spiele hier in Olympia nachlesen.

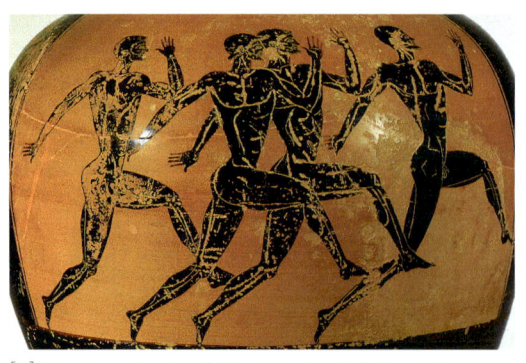

[2] Langstreckenlauf. *Vasenmalerei, 5. Jh. v. Chr.*

Heilige Spiele
Schon viele Monate vor Beginn der Olympischen Spiele zogen Boten durch alle griechischen Städte, um die freien Männer zur Teilnahme einzuladen. Für die Zeit der Spiele wurde der „Gottesfriede" verkündet: Alle Kampfhandlungen waren einzustellen.
Die Sportler trafen 30 Tage vor Festbeginn ein. Sie trainierten unter Aufsicht der Kampfrichter.

Auszüge aus einem erfundenen Tagebuch
1. Tag
In einer großen Prozession zogen wir heute hinter den Kampfrichtern her zum Heiligtum. Dort mussten wir vor dem Zeusbild schwören, dass wir nicht gegen die Regeln verstoßen und uns zehn Monate lang sorgfältig vorbereitet haben. Die Spiele wurden feierlich eröffnet, und noch am selben Nachmittag fanden Wettlauf, Ring- und Faustkampf der Jugendlichen statt.

2. Tag
Heute begannen die Wettkämpfe im Wagenrennen mit Zwei- und Viergespannen und das Reiten im Hippodrom. Bei den Zweigespannen kam es leider zu einem Unfall. Nachmittags war dann der Fünfkampf: Ringen, Diskuswerfen, Springen, Speerwerfen und der Lauf über eine Stadionlänge.

[3] Wagenrennen. *Vasenmalerei, 6. Jh. v. Chr.*

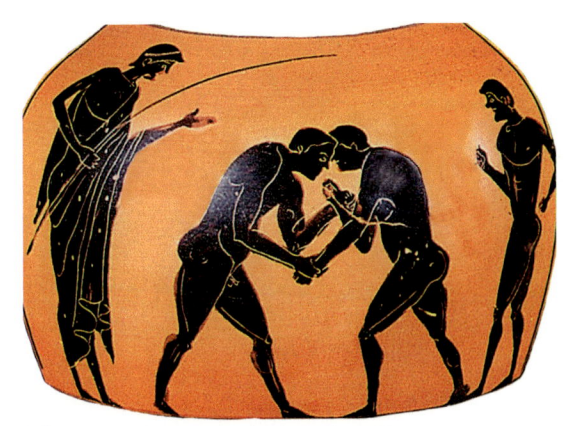

[4] Allkampf. *Vasenmalerei, 6. Jh. v. Chr.*

3. Tag
Ganz früh am Morgen versammelten sich schon alle und zogen feierlich zum großen Zeusaltar. Außer den kleineren Tieren wurden hier 100 Stiere geopfert!
Nachmittags dann war es endlich so weit: Alle Mühe hatte sich gelohnt, ich siegte beim Langlauf über 24 Stadien*. Höhepunkt des Tages war für mich neben meinem Sieg das große Kultmahl, bei dem am Abend die Opfertiere gemeinsam verzehrt wurden.

3. Beschreibt, was in den ersten drei Tagen in Olympia geschehen ist.
4. Sucht die im Tagebuch erwähnten Orte auf der Abbildung [1] auf S. 80.
5. Beschreibt die Abbildungen [2] bis [4] und vergleicht mit heutigen Sportarten.

4. Tag
Heute waren die Schwerathleten an der Reihe: Ring-, Faust- und Allkämpfer*. Das Los bestimmt hier die Gegner ohne Rücksicht auf Größe und Gewicht. Die Kämpfer auf dem Sandplatz reiben sich mit Öl ein. Mit schonungsloser Härte und ohne Rücksicht auf Verletzungen wird da gekämpft. Vor allem der Allkampf ohne Regeln ist brutal. Ein paar Knochenbrüche waren daher heute fällig! Dann folgte noch der Waffenlauf über zwei Stadien.

eine „Stadie": 192,28 m
Allkampf: altgriechische Sportart, eine Mischung aus Ringen und Boxen

5. Tag
Am letzten Tag der Spiele war Siegerehrung. Heute wurde ich im Zeustempel mit dem Zweig vom heiligen Ölbaum bekränzt. In der Heimat brauche ich mein Leben lang keine Steuern mehr zu bezahlen, bestimmt ist auch ein toller Empfang fällig! Nach der Siegerehrung fand dann noch einmal ein großes Dankopfer am Zeusaltar statt, bevor es zum Empfang mit Festessen ging.

[5] Ehrung eines Olympiasiegers. *Briefmarke von 1960.*

6. Tragt in einer Tabelle zusammen, welche Ereignisse und Spiele an den fünf Tagen stattfanden.

Wählt einen der folgenden Arbeitsaufträge aus:

- Zeichnet einen Comic: Lycos bei den Olympischen Spielen.

- Schreibt nach dem Tagebuch einen zusammenfassenden Zeitungsbericht.

Orientierung

> Vielleicht werden in fernen Jahrhunderten noch Menschen nach Hellas* und in unsere Heimatstadt Athen kommen. Voller Staunen stehen sie dann vor unseren Tempeln und bewundern die Statuen unserer Helden. Wir könnten euch viele Künste lehren. Im Theater mögt ihr unsere Dramen* aufführen oder ihr übt euch in Freundschaft und Verständigung bei den Olympischen Spielen. Die Weisheit unserer Philosophen* schafft eine gute Grundlage für rücksichtsvolles Denken und Handeln. Und wie mag es später zugehen ohne unsere Demokratie*!

[1] Die Welt der Griechen um 500 v. Chr. *Karte.*

1. Findet auf der Karte das Heimatland der Familie.
2. Findet heraus, in welchen heutigen Staaten die Griechen damals siedelten (Karte, Atlas).
3. Notiert, welche Dinge der griechischen Familie bemerkenswert erschienen.
4. Sammelt Fragen mit dem „Fragenbaum" zum Thema „Antikes Griechenland". Was interessiert euch? Worüber wollt ihr mehr erfahren?

Was ihr noch tun könnt …
- Weiteres Bildmaterial aus der Zeit des alten Griechenlands sammeln.
- Herausfinden, wo überall man heute noch Reste griechischer Bauwerke besichtigen kann (Reisebüro, Internet, Bibliothek …).

Hellas: Griechenland
Drama: Schauspiel, Theaterstück
Philosoph(en): griech.: für Weisheitssuchende; sie fragen nach dem Sinn des Lebens und stellen Lebensregeln auf.
Demokratie: griech.: Volksherrschaft

[2] Griechische Familie. *Illustration.*

Die Welt der Griechen

Warum entstanden voneinander unabhängige Stadtstaaten?
Wo überall siedelten sich Griechen an?
Welche Staatsformen gab es?
Was unterscheidet die griechische Demokratie von der heutigen?
Wie lebten die Menschen in Athen und Sparta?

Wichtige Kompetenzen in diesem Kapitel

Fragekompetenz
- neugierig auf Vergangenes sein und entsprechende Fragen stellen bzw. Hypothesen bilden

Methodenkompetenz
- Geschichtskarten auswerten
- Schaubilder analysieren

Reflexionskompetenz
- die jeweilige Lebensweise in Athen und Sparta aus der Sicht verschiedener Bewohner bewerten
- die Möglichkeiten der politischen Teilhabe verschiedener Bevölkerungsgruppen in der athenischen Demokratie beurteilen

Orientierungskompetenz
- den Einfluss der griechischen Kultur auf die eigene Lebenswelt beurteilen

Sachkompetenz
- zentrale Aspekte des Alltags in der griechischen Polis beschreiben (z. B. Wirtschaft, Gesellschaft, Religion, Kultur)
- die Gesellschaften von Sparta und Athen vergleichen
- Staatsformen kennenlernen sowie zwischen der griechischen und der heutigen Demokratie unterscheiden

---

Zeit vor Christi Geburt

- **Ab 2500 v. Chr.:** Beginn griechischer Hochkulturen
- **776:** Erste Olympische Spiele
- **Ab 750:** Griechen gründen Kolonien.
- 700 v. Chr.
- 600 v. Chr.
- **594:** Solon führt in Athen Reformen ein. Beginn der Demokratie
- 500 v. Chr.
- **490:** Sieg der Athener über die Perser bei Marathon
- **Um 430:** Athen auf dem Höhepunkt der Macht unter Perikles, kulturelle Blüte
- 400 v. Chr.
- **Seit 336:** Herrschaft Alexanders des Großen
- **333:** Alexander besiegt die Perser bei Issos. Ausbreitung der griechischen Kultur
- 300 v. Chr.
- 200 v. Chr.
- **148:** Griechenland wird Teil des Römerreichs.
- 100 v. Chr.
- Christi Geburt

Zeit nach Christi Geburt

- 100 n. Chr. Ausbreitung des Christentums
- 200 n. Chr.
- 300 n. Chr.
- **393:** Verbot der Olympischen Spiele als heidnischer Kult
- 400 n. Chr.

[3] Zeittafel Griechenland.

Methode — Arbeiten mit Karten

[1] Siedlungsraum der Griechen bis um 750 v. Chr. *Karte*.

Karten, wie ihr sie aus dem Erdkundeunterricht kennt, bieten auch für die Geschichte wichtige Informationen.
– Durch unterschiedliche Farben vermittelt die physische Karte eine Vorstellung von den Landschaftsformen.
– Die Legende (= Zeichenerklärung) erklärt die Bedeutung der Farben und Symbole.
– Mit dem Maßstab lassen sich Entfernungen und Größenverhältnisse berechnen.

1. Beschreibt anhand von Karte [1] typische Merkmale der griechischen Landschaft.
2. Vermutet, welche wirtschaftliche Nutzung an den Küsten und im Landesinnern jeweils möglich ist.
3. Begründet, warum sich die Griechen an bestimmten Orten ansiedelten.

Was ihr noch tun könnt ...
- Kopiert Karte [2] auf eine OHP-Folie. Vergrößert sie mit dem Projektor auf ein großes Blatt und zeichnet die Umrisse nach. Klebt im Laufe der Unterrichtsreihe Bilder und kurze Texte zu Griechenland darauf.

Spezialisten für Vergangenes

Geschichtskarten sind Spezialkarten. Sie zeigen Forschungsergebnisse und informieren über Ereignisse, Abläufe und Veränderungen in bestimmten Gebieten zu einem festen Zeitpunkt oder in angegebenen Zeiträumen.
Beim Lesen und Verstehen von Geschichtskarten helfen die folgenden Schritte:

1. Schritt: Grundinformationen sammeln

- Thema, Zeitraum, Entwicklung oder Ereignis im Titel der Karte feststellen.
- Dargestelltes Gebiet bestimmen.

2. Schritt: Detailinformationen erschließen

- Bedeutung der Farben und Symbole aus der Legende einprägen.

3. Schritt: Auswertung

- Aussagen zu einzelnen Punkten machen.
- Gesamtaussage der Karte mit eigenen Worten formulieren und festhalten.
- Offene Fragen festhalten.

4. Erprobt die Arbeitsschritte an der Karte [2].
5. Erfasst die Siedlungsbewegungen der Griechen in einer Tabelle:

Ausgangsgebiet	Zielgebiet
...	...

6. Vergleicht Karte [2] mit einer physischen Atlaskarte und beschreibt die Unterschiede.
7. Macht mithilfe der Atlaskarte eine Liste der heutigen Staaten auf dem Gebiet von Karte [2].
8. Findet in Karte [2] Städte, die es heute noch gibt.

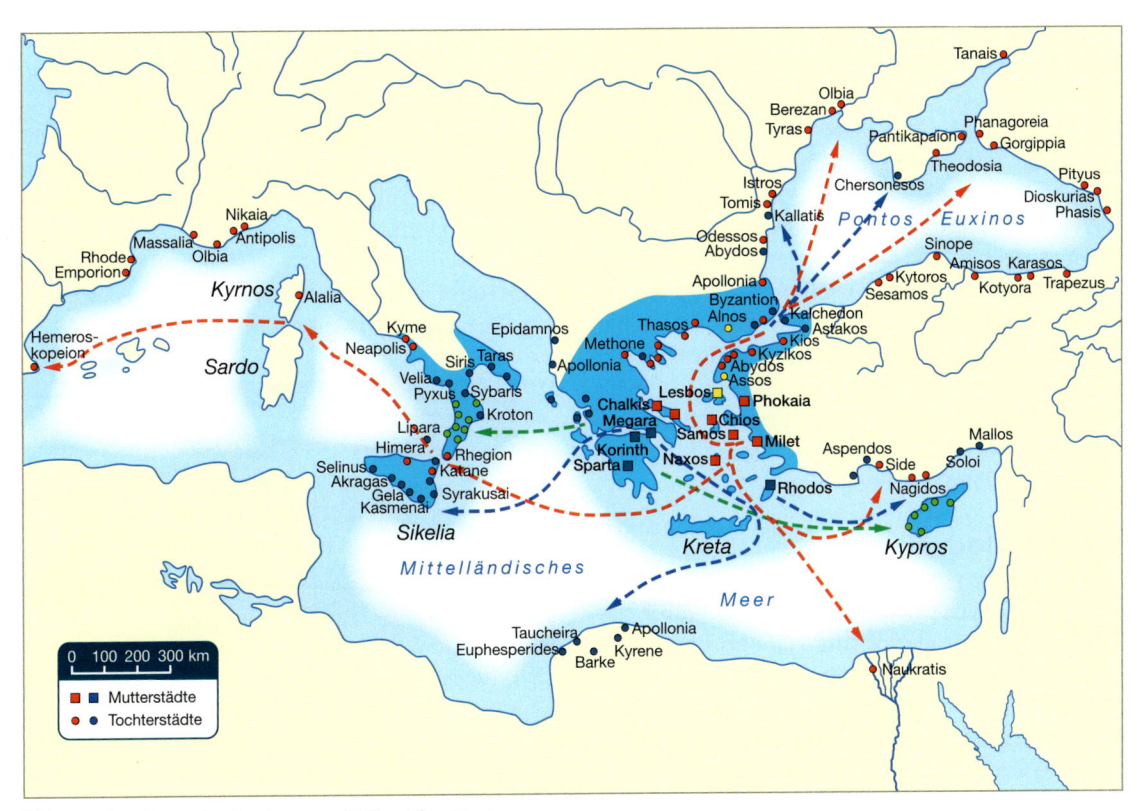

[2] Griechische Kolonisation um 700 v. Chr. *Karte.*

Ein Volk – viele Stadtstaaten

Warum entstanden unabhängige Stadtstaaten?

[1] Siedlung im Gebirge. *Foto.*

1. Beschreibt das Bild. Vermutet, welche Schwierigkeiten es bei der Entstehung von Siedlungen gab.

Griechenland
Erste Siedlungen entstanden in Flusstälern, an den Küsten und auf den Inseln. Hier konnten die Bewohner von der Landwirtschaft oder vom Fischfang leben. Das Meer und die hohen Gebirgszüge bildeten natürliche Grenzen zu den Nachbarn. Aus diesem Grund entwickelten sich die Gemeinden unabhängig voneinander. Im antiken Griechenland konnte kein einheitlicher Staat wie in Ägypten entstehen. Stattdessen bildeten die einzelnen Gemeinden politisch selbstständige Stadtstaaten (= Polis, Mehrzahl: Poleis*).
Die einzelnen Poleis lagen weit voneinander entfernt. Dennoch herrschte unter den Griechen ein Gefühl von Zusammengehörigkeit.

Sprache und Schrift
Vor allem die gemeinsame Sprache und Schrift einte alle Griechen. Händler und Seefahrer hatten im 8. Jahrhundert v. Chr. von den Phöniziern das Alphabet übernommen. Man konnte mit 20 Buchstaben beliebige Texte schreiben. Viele Bewohner lernten lesen. Dichter und Denker hielten ihre Gedanken und Gefühle in ihren Werken fest.

2. Beschreibt die Landschaft Griechenlands. Erkläre, welche Bedeutung die Landschaft für die Entstehung der Poleis hatte.

Religion und Kult
Eine weitere Gemeinsamkeit war der Glaube. Man stellte sich eine Reihe von Göttern in menschlicher Gestalt vor, mit Eigenschaften wie Liebe oder Hass, aber sie besaßen übermenschliche Kräfte.
Sprache und Religion bildeten auch die Grundlage für gemeinsame Feste, Sitten und Gebräuche. Und alle vier Jahre reiste man zu den Olympischen Spielen. Aus der gesamten griechischen Welt kamen junge Männer, um die Götter durch Sportwettkämpfe zu ehren.

3. Erläutert, wodurch das Gefühl von Zusammengehörigkeit aller Griechen zustande kam.

[2] Theseustempel (Theseion) in Athen. *Foto.*

> **Polis (Mehrzahl: Poleis)**
> Als Polis bezeichnet man einen selbstständigen griechischen Stadtstaat in der Antike. Jede Polis hatte eine eigene Regierung und eigene Gesetze.

[3] Überreste des griechischen Theaters in Taormina (auf Sizilien). *Foto.*

Aufbruch zu neuen Ufern

In der Heimat war die Bevölkerung seit dem 8. Jh. v. Chr. stark angewachsen, sodass die Versorgung zu einem Problem wurde. Viele wanderten ab in andere Gebiete (vgl. Karte [2] auf Seite 83). Rings um das Mittelmeer trifft man daher auf Städte, die von Griechenland aus gegründet worden sind. Diese neu gegründeten Siedlungen nennen wir Kolonien. Bald entstanden viele Kolonien vor allem in Süditalien und auf Sizilien. Dieses Gebiet wurde später von den Römern „magna graecia" (= Großgriechenland) genannt.

Wählt einen der folgenden Arbeitsaufträge aus:

- Gestaltet ein Werbeplakat: Es werden noch Mitfahrer für das Auswandererschiff nach Sizilien gesucht.

- Entwerft Rollenkarten und spielt kleine Diskussionen, die die Siedler [4] vor Verlassen der Heimat geführt haben könnten.

- Charakterisiert das antike Griechenland. Geht dabei insbesondere auf die Gemeinsamkeiten in der Kultur und Religion ein.

Meine Familie wäre fast verhungert. Auf den steinigen kleinen Äckern wächst nicht genug, und mehr Land konnte ich mir nicht leisten.

Ich hatte Ärger wegen meiner politischen Ansichten, hier will ich ganz neu anfangen.

Ich bin unverheiratet und daher in unserer Heimat durch das Los zum Auswandern bestimmt worden.

Als Handwerker kann ich hier bestimmt gut verdienen!

Ich bin Geschäftsmann. Ob Mutterland oder Kolonien, alle müssen mit Waren versorgt werden.

[4] Siedler auf dem Marktplatz (= Agora) in Syrakusa.

Leben in der Polis: Athen und Sparta

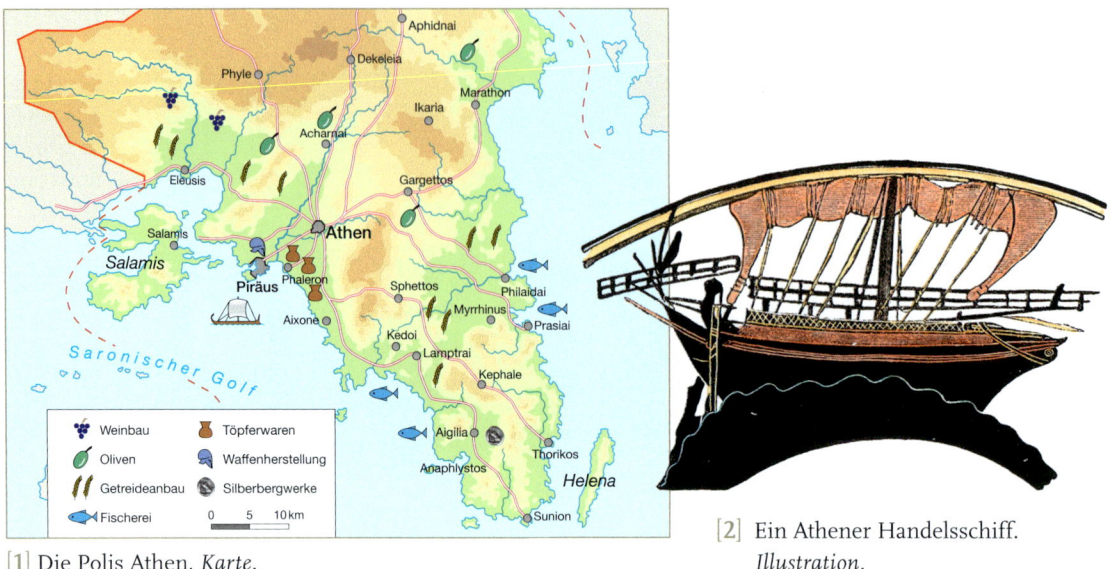

[1] Die Polis Athen. *Karte.*

[2] Ein Athener Handelsschiff. *Illustration.*

1. Seht euch die Karte genau an.
   a) Beschreibt, welche landwirtschaftlichen Produkte angebaut wurden.
   b) Wo lagen die Silberbergwerke?
   c) Nennt noch weitere wichtige Handelsprodukte.

Die Polis Athen

Die größte griechische Polis war Athen. Im 5. Jahrhundert v. Chr. war Athen die führende Handelsmacht am Mittelmeer. Ihren Reichtum verdankte die Polis den Silberbergwerken im Umland und dem Handel mit Olivenöl, Töpferwaren und anderen hochwertigen Handelsprodukten.

Aufstieg zur Handels- und Seemacht

Die Athener waren tüchtige Schiffsbauer und Seefahrer. Mit ihrer Flotte konnten die Athener die Angriffe der Perser abwehren. Die größte Seeschlacht fand im Jahr 470 v. Chr. bei der Insel Salamis statt. Mit dem Sieg über die Perser konnte sich Athen seine Macht auf der Halbinsel Attika festigen. Um künftigen Bedrohungen entgegenzuwirken, schlossen sich die Küstenstädte und Inseln unter der Führung Athens zusammen. Mit diesem Bündnis konnte sich Athen die wichtigsten Seehandelswege im Mittelmeer sichern.

2. Erklärt, wie Athen sich zur größten und reichsten Polis entwickeln konnte.

So lebten die Menschen in Athen

Wir Handwerker sind zwar nicht besonders angesehen, doch die vornehmsten Familien lassen bei mir arbeiten. So bin ich im Laufe der Zeit sehr wohlhabend geworden. Als Familienvater darf ich über alles in meinem Haus bestimmen. Über meine Frau, meine Kinder und über die Hausklaven.

Ich führe den Haushalt und erziehe unsere Kinder. Das muss ich alles ordentlich machen, denn ein Mann kann sich jederzeit von seiner Frau trennen und dann würde ich unversorgt dastehen! Als wir heirateten, bekam mein Mann als Mitgift ein kleines Grundstück. Darauf steht jetzt die Werkstatt.

[3] Menschen aus Athen könnten berichten. *Illustration.*

3. Beschreibt die Arbeitsteilung in der antiken griechischen Familie.

Die Polis Sparta

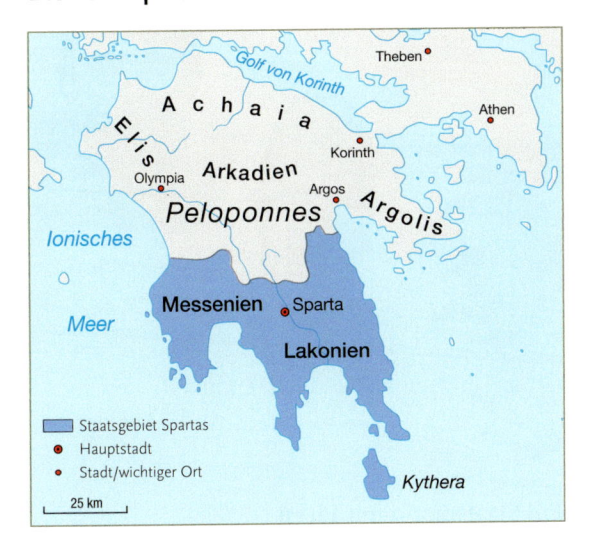

So lebten die Menschen in Sparta

Sobald unsere Jungen 7 Jahre alt sind, nimmt der Staat sie an sich und teilt sie in einzelne Rudel ein. Sie wachsen ohne ihre Familie auf. Lesen und Schreiben lernen sie nur so viel, wie sie brauchen. Sobald sie 12 Jahre alt sind, müssen sie Schilf für ihr Nachtlager selbst am Fluss holen. Ihr Essen ist knapp. Sie sollen gezwungen werden, selber dafür zu sorgen.

Die Frauen in Athen kann ich nur bedauern. Die wagen sich doch kaum aus dem Haus. Und über unsere Kleidung mit den kurzen Röcken zerreißen sie sich die Mäuler. Unsere Mädchen bekommen Gesangs- und Tanzunterricht. Und sie lernen wie die Jungen Laufen, Springen und Kämpfen, sogar Diskus- und Speerwerfen.
Bei uns entscheiden die Ältesten über die Aufzucht der Kinder und nicht die Ehemänner!

Ein Kriegerstaat entsteht

Sparta liegt auf der Halbinsel Peloponnes. Unter den Stadtstaaten spielte Sparta eine besondere Rolle: es war ein Kriegerstaat.
Im Gegensatz zu anderen griechischen Stadtstaaten gründete Sparta keine Tochterstädte (Kolonien). Es sicherte seinen Machbereich auf der Peloponnes in südlicher und westlicher Richtung.
Das eroberte Land verteilten die Krieger unter sich, und die Bevölkerung wurde versklavt.
Um 450 v. Chr. herrschten ca. 9 000 Spartaner über mehr als 200 000 Sklaven, die „Heloten" genannt wurden.
Die Bürger von Sparta waren hauptsächlich Krieger. Die Arbeit auf dem Feld wurde ausschließlich von den Heloten verrichtet. Sie mussten die Hälfte ihrer Ernte abliefern. So sicherte sich Sparta die Versorgung mit Nahrungsmitteln.

[4] **Der griechische Schriftsteller Plutarch schrieb über Sparta:**
... Niemand durfte leben, wie er wollte; in der Stadt hatten die Spartaner wie in einem Feldlager eine genau festgelegte Lebensweise und eine Beschäftigung, die auf das öffentliche Wohl ausgerichtet war, [...] da sie dachten, sie gehörten ganz dem Vaterland und nicht sich selbst.

4. Beschreibt mit eigenen Worten den Kriegerstaat Sparta.
5. Untersucht die Quelle [4] und erläutert die Aussagen von Plutarch.

Wählt einen der folgenden Arbeitsaufträge aus:

- Führt zu zweit ein Interview mit einem spartanischen Krieger. Notiert zuvor die Fragen und mögliche Antworten.

- Ein Junge aus Sparta trifft auf einen gleichaltrigen Athener: Entwerft ein Gespräch zwischen den beiden. Entscheidet zum Schluss, ob ihr lieber in Sparta oder Athen gelebt hättet.

WEBCODE: MZ648917-089

Wie entstand die Demokratie?

Athen – von der Monarchie zur Demokratie

[1] Volksversammlung, *Zeichnung*.

[2] Solon.

[3] Perikles.

Lena und Finn informieren ihre Klasse in einem Kurzreferat über die politische Entwicklung in Athen:

Lena: „Anfangs herrschten in Athen und in den übrigen Stadtstaaten Könige. Das nennt man **Monarchie**. Gegen Ende des 8. Jahrhunderts verloren sie ihren Einfluss."

Finn: „Jetzt übernahm eine Gruppe von Adeligen (= **Aristokraten**) die höchsten Ämter als Priester, Richter oder Heerführer. Immer häufiger kam es vor, dass sich einzelne als **Tyrannen** an die Spitze stellten und alleine regierten. Im Laufe des 6. Jahrhunderts verschwand auch diese Herrschaftsform allmählich."

L: „Es kam dann zu Auseinandersetzungen zwischen denjenigen, die eine stärkere Beteiligung des Volkes (= **Demokratie**) in der Politik wünschten, und denen, die eine kleine ausgewählte Gruppe (= **Oligarchie**) an der Spitze haben wollten."

F: „**Solon** verbesserte 594 v. Chr. in Athen die Lage der einfachen Leute und begrenzte die Macht der Aristokraten: Verschuldete Bauern wurden aus der Sklaverei freigekauft, erhielten ihr Land zurück, die Schulden wurden erlassen und es wurde verboten, dass künftig jemand wegen seiner Schulden in die Sklaverei verkauft wird. Politische Ämter und Rechte richteten sich nach dem Einkommen."

L: „Ab 443 v. Chr. war dann **Perikles** der führende Mann in Athen. Er ließ den Verdienstausfall zahlen, damit alle Männer von Athen jede Woche einmal an der Volksversammlung teilnehmen konnten."

Ein Staatsmann mit Ideen

Perikles wurde ab 443 bis 429 v. Chr. ununterbrochen in das höchste Staatsamt gewählt. Neben seinen politischen Reformen blieb Perikles durch großartige Baumaßnahmen für seine Heimatstadt Athen in guter Erinnerung.

Das Scherbengericht

Wenn die Athener einen Politiker absetzen wollten, schrieben sie seinen Namen auf eine Tonscherbe und stimmten dann durch das „Scherbengericht" ab. Der meistgenannte Politiker musste dann für 10 Jahre die Stadt verlassen.

1. Erstellt eine Liste mit den neuen Begriffen, schlagt in einem Lexikon nach und erklärt sie.
2. Erläutert die Leistungen von Solon und Perikles.
3. Erläutert mithilfe des Textes und des Schaubildes [1] auf Seite 91 die Möglichkeiten der Athener, die Politik mitzubestimmen.

Wählt einen der folgenden Arbeitsaufträge aus:

- Notiert in Stichworten die politische Entwicklung im antiken Athen.

- Entwerft ein Gespräch: Dimitrios (aus der Schuldknechtschaft entlassen) trifft den reichen Kaufmann Nikos; sie unterhalten sich über die neuen Gesetze des Solon.

Methode — Ein Schaubild auswerten

mit politischen Rechten
40 000 Bürger

ohne politische Rechte
130 000 Frauen und Kinder
30 000 Mitbewohner (Metöken)
100 000 Sklaven und Sklavinnen

[1] Die Gesellschaft der Polis Athen um 430 v. Chr. *Schaubild.*

War die Bevölkerung in Athen gleichberechtigt?

Um diese Frage beantworten zu können, hilft das Schaubild oben weiter. Schaubilder sind anschauliche Darstellungen über zeitliche Abläufe oder schwierige Zusammenhänge. Oft sind die Inhalte in einem Schaubild einfacher und verständlicher dargestellt als in einem Erklärungstext.
Die folgenden Schritte helfen, ein Schaubild zu deuten:

1. Schritt: Thema
- Klären, worum es inhaltlich geht.
- Herausfinden, ob ein zeitlicher Ablauf oder eine „Momentaufnahme" einer Sache dargestellt ist.
- Überschrift lesen, Thema und Zeit feststellen.

2. Schritt: Darstellungsform
- Wurden Stichworte, Zahlen oder Bildsymbole verwendet?
- Zusammenhänge finden (z. B. Pfeile als Hilfe).
- Gibt es einen Ablauf (Ausgangspunkt, Verlauf)?

3. Schritt: Interpretation
- Ablauf und Aussage des Schaubildes mit eigenen Worten wiedergeben.
- Zusammenhang mit dem Text herstellen.

4. Schritt: Bewertung
- War die Darstellung verständlich?
- Waren Zusatzinformationen nötig?

- Thema: Gesellschaft der Polis Athen
- Momentaufnahme um 430 v. Chr.
- es werden Balken, Zahlen und Bildsymbole verwendet
- zwei große Gruppen:
1. oben stehen die Bürger von Athen (40 000), die politische Rechte hatten;
2. unten stehen die Menschen ohne politische Rechte. Dazu gehören Frauen und Kinder (130 000); Metöken (Mitbewohner ausländischer Herkunft, 30 000) und die Sklaven (100 000).
- das Wort „Metöken" musste ich nachschlagen, sonst war das Schaubild für mich verständlich …

[2] Notizen von Fatma.

1. Wertet das obige Schaubild mithilfe der vier Schritte aus. Benutzt dabei auch Fatmas Notizen. Ihr könnt so beginnen: *„Das Schaubild gibt einen Überblick über die Gesellschaft in Athen um 430 v. Chr. …"*

Was ihr noch tun könnt…
- Informiert euch über die heutige Demokratie.
- Vergleicht die politischen Rechte der Frauen damals und heute.

Wahlseite — Essen und Trinken

1. Informiert euch auf dieser Seite über die Essgewohnheiten im antiken Griechenland.
2. Präsentiert eure Ergebnisse in geeigneter Form in der Klasse.

Spitzenköche

Im alten Griechenland galt Kochen niemals als niedrige Arbeit. Selbst Könige bereiteten Mahlzeiten für ihre Gäste zu. Nur die Superreichen konnten sich einen ständigen Spitzenkoch leisten. Normalerweise mietete man einen bei Bedarf. Um die **Kochkunst** zu beherrschen, musste ein Junge bei einem angesehenen **Küchenchef** zwei Jahre lernen und zusätzlich eine Menge **Lehrbücher** studieren.

Der Wein steht schon für das Symposion bereit, aber ich muss noch die Plätze herrichten.

[2] Vorbereitungen. *Vasenmalerei, 5. Jh. v. Chr.*

Mahlzeiten

Nach dem Frühstück und einem kleinen Imbiss gegen Mittag wurde **am frühen Abend** die **Hauptmahlzeit** eingenommen, zu der auch einfache Leute gerne **Gäste** einluden. An diesen Essen nahmen in der Regel **nur Männer** teil. In reicheren Häusern gab es zuerst Appetithäppchen, dann verschiedene Fleisch-, Fisch- und Gemüsegerichte. Nach dem Mahl trug man die Tische hinaus. Da **keine Bestecke** benutzt wurden, brachten die Diener zum Schluss Wasser und Tücher. Auf kleinen Tischchen wurden süße Desserts zurechtgestellt. Oft folgte das **Symposion**, ein Trinkgelage mit künstlerischen Darbietungen und gebildeter Unterhaltung.

Spartanisch

Die Spartaner lehnten jeglichen Luxus beim Essen ab. Die **Abendmahlzeit** war dort **öffentlich**. Jeder, auch Frauen und Kinder, musste teilnehmen und dafür monatlich eine Abgabe leisten.

3. Berichtet über die Ausbildung der Köche; vergleicht mit heute.

[1] Symposion. *Rekonstruktionszeichnung.*

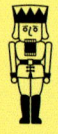

Tipp für die Erarbeitung
Ihr könnt beim Lesen die Schritte des Textknackers anwenden.
Was habt ihr über die Essgewohnheiten im alten Griechenland erfahren?

Tipp für die Präsentation
– Ein Abendessen aus der Sicht eines Gastes [1] beschreiben;
– Ein Symposion darstellen und mit heutigen Veranstaltungen vergleichen.

Wahlseite — Bauen und Wohnen

1. Informiert euch auf dieser Seite über Bauen und Wohnen im alten Griechenland.
2. Präsentiert eure Ergebnisse in geeigneter Form in der Klasse.

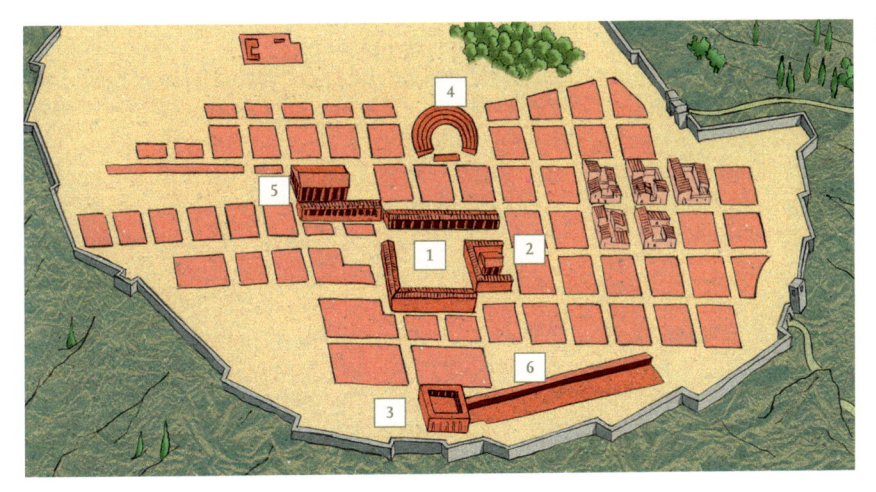

[1] Stadtplan von Priene:
1 Markt
2 Rathaus
3 Gymnasion
4 Theater
5 Tempel
6 Stadion.
Rekonstruktionszeichnung.

Wohnen im Einklang mit der Natur

Wenn es bei uns im Sommer mal wieder unerträglich heiß ist, freuen wir uns über jeden kleinsten Luftzug. Damit hatten auch die Griechen als Bewohner heißer Gegenden ihre Erfahrung. Neu gegründete Städte, vor allem in den Kolonien, wurden nach einem raffinierten Plan errichtet. Zum Beispiel Priene: Die Stadt entstand im 4. Jahrhundert v. Chr. an einem zum Meer abfallenden Berghang. Sie hatte etwa 5000 Einwohner und lag in der heutigen Türkei. Alle Straßen kreuzten sich im rechten Winkel. Sie wurden nach den Hauptwindrichtungen angelegt. Alle großen Gebäude waren zum Meer (Süden) hin offen. So konnte der Wind vom Meer her die Stadt wie eine natürliche Klimaanlage durchlüften. Von den Berghängen leitete man das Wasser in die öffentlichen Brunnen der Stadt.

Wohnungsbau

Die Häuser im Mittelmeerraum hatten zum Schutz gegen die Sommerhitze dicke, fensterlose Außenmauern. Wasserbecken und Pflanzen in den Innenhöfen sorgten für Kühlung. In einigen Häusern wurden bei Ausgrabungen kleine Badezimmer mit Sitzwannen entdeckt, die meistens neben der Küche lagen.

[2] Nach Ausgrabungen rekonstruierte Wohnhäuser aus dem Handwerkerviertel in Athen (etwa 5. Jh. v. Chr.).

Tipps für Erarbeitung und Präsentation
– Modell [1] beschreiben und erklären, warum die Straßen so regelmäßig verlaufen,
– mit modernen Wohnvierteln vergleichen.
– Reiseführer spielen und einen Rundgang durch Priene machen.
– Die Häuser [2] genau beschreiben.
– Zusätzliches Material im Internet oder aus Büchern beschaffen.

Wahlseite — Von Göttern und Geistern

1. Informiert euch auf dieser Seite über die Glaubensvorstellungen im antiken Griechenland.
2. Präsentiert eure Ergebnisse in geeigneter Form in der Klasse.

[1] **Lara und Robert haben sich im Internet über frühe Formen von Religion informiert:**

In der Frühzeit verehrten die antiken Völker auffallende Naturerscheinungen. Deren Wirkung konnten sie täglich erleben. Auch die Verehrung der Ahnen war wichtig. Man gab den Verstorbenen Gebrauchs- und Wertgegenstände mit ins Grab.

Im Laufe der Zeit glaubte man, dass göttliche Wesen in menschenähnlicher Gestalt die unerklärbaren Naturgewalten lenken. Diese Götter ehrte man mit prächtigen Tempeln und Standbildern. Auch mit Kulthandlungen nach genauen Vorschriften, deren Einhaltung Priesterinnen und Priester überwachten. Für Opfer erwartete man eine Gegenleistung der Götter. Umgekehrt musste man ihre Rache fürchten, wenn man religiöse Pflichten vernachlässigt hatte.

Verfassertext

Die Olympischen Götter

Nach den Vorstellungen der Griechen herrschte Zeus als Göttervater auf dem heiligen Berg Olymp. Alle übrigen Gottheiten gehörten zu seiner Familie und waren ihm untergeordnet. Die Götter hatten übermenschliche Kräfte, waren unsterblich, verfügten jedoch auch über alle guten und schlechten menschlichen Eigenschaften. Die Gottheiten hatten ihre ‚Spezialgebiete'. So galt z.B. Hera, die Gemahlin des Zeus, als Beschützerin der Ehe. Athena war die Göttin der Weisheit, Ares der Kriegsgott, Apollo der Gott des Lichtes, der Dichtkunst und Musik, Aphrodite verlieh Schönheit und Liebe. Gerne mischten sich die Götter in menschliche Angelegenheiten ein. Hieraus entstanden zahlreiche Götter- und Heldensagen, die uns heute noch viel über die Glaubensvorstellungen der antiken Menschen verraten können.

[2] Teil eines Altars mit Opferszene. *2. Jh. Foto.*

[3] Parthenon. Haupttempel auf der Akropolis von Athen. Innen war früher ein Standbild der Athene. *Foto.*

Apollo — Dionysos — Hera — Ares — Zeus — Athene

Tipps für Auswertung und Präsentation:
– Frühe Glaubensvorstellungen anhand von Beispielen für „auffallende Naturerscheinungen" erklären,
– herausfinden, wofür die abgebildeten Gottheiten zuständig waren – Götter- und Heldensagen recherchieren und vortragen.
– Quizfragen für die Klasse formulieren.

WEBCODE: MZ648917-094

Wahlseite   **Antikes Theater**

1. Informiert euch auf dieser Seite über das antike Theater.
2. Präsentiert eure Ergebnisse in geeigneter Form in der Klasse.

[1] Dionysostheaters in Athen. Die Sessel in den vorderen Reihen hatten Lehnen und waren mit Kissen gepolstert. *Foto*.

[2] Bühne des Dionysostheaters in Athen. In vielen antiken Theatergebäuden finden im Sommer heute noch Aufführungen der alten Dramen statt. *Foto*.

[3] Schauspieler in einem antiken Theaterbau. *Foto*.

Theater für die Massen

Im frühen 5. Jahrhundert v. Chr. führte man bei Festen zu Ehren des Gottes Dionysos Spielszenen auf. Hier liegen die Anfänge des Theaters. So ist denn auch das Dionysostheater in Athen der älteste Theaterbau. Er fasste rund 17 000 Zuschauer.

Theater gab es in jeder größeren Stadt. Die hohe Bühnenwand (Szenengebäude) enthielt Kulissen, die beliebig gedreht werden konnten; ein Kran sorgte für überraschende Auftritte oder Abgänge. Die Schauspieler trugen Masken. Daran konnte jeder auch auf große Entfernung erkennen, ob es eine tragische oder lustige Figur sein sollte.

Theateraufführungen dauerten den ganzen Tag; es wurden mehrere Stücke hintereinander gezeigt. Sie handelten meistens von großen Helden, enthielten kluge Erkenntnisse und wirkten erzieherisch. Deshalb wurde in Athen den ärmeren Bürgern das Eintrittsgeld geschenkt. Für Frauen waren die hinteren Reihen bestimmt. Sklaven hatten keinen Zutritt.

Tipps für die Präsentation
– Die Fotos beschreiben und mit heutigen Freilichtbühnen vergleichen.
– Kleine Szene spielen: die Schauspielerin [3] begrüßt einen Helden.
– Grundriss eines antiken Theaters zeichnen.
– Masken herstellen und in selbst geschriebenen Spielszenen einsetzen.
– Beispiele für antike Theaterstücke und ihre Dichter suchen (Lexikon, Internet).

WEBCODE: MZ648917-095

Wirtschaft und Umwelt

Was weiß man über Technik, Handwerk und Handel?

Vom Wert der Arbeit

Körperliche Arbeit war in der Antike wenig angesehen. Wer es sich leisten konnte, ließ Sklaven für sich arbeiten.

> Wir sind als Kriegsgefangene in die Sklaverei geraten. Nun müssen wir im Bergwerk schuften, zusammen mit Verbrechern. Doch die Sklaven auf den Schiffen sind auch nicht besser dran. Dagegen haben es die Hausklaven so richtig gut!

[1] Sklaven.

In Athen standen Handwerk und Kunsthandwerk in hoher Blüte. Keramik und Schmiedeprodukte galten als begehrte Handelsgüter. Die Werkstätten waren leistungsfähig durch konsequente Arbeitsteilung.

[2] **Der Geschichtsschreiber Xenophon berichtet um 400 v. Chr.:**

„… der eine macht Schuhe für Männer, der andere für Frauen. Bisweilen lebt der eine bloß vom Nähen der Schuhe, der andere vom Zuschneiden … notwendigerweise muss also der, dessen Teilarbeit die geringste Zeit erfordert, in der Lage sein, sie am besten auszuführen …"

Zit. nach Xenophon, Die Erziehung des Kyros, hg. u. übers. v. Rainer Nickel, Darmstadt (BW)1992, S. 67.

Geldgeschäfte

Die Athener benutzten seit dem 6. Jh. v. Chr. Münzgeld. Die Vorderseite aller Münzen zierte der Kopf der Athene, die Rückseite ihr heiliges Tier, die Eule. Abbildungen von Gottheiten sollten den Wert garantieren. Erst ab etwa 300 v. Chr. findet man Herrscherbildnisse auf Münzen.

1. Beschreibt das Bild [1] und berichtet über die Sklavenarbeit.
2. Erklärt die Arbeitsteilung [2] und vergleicht mit heute.
3. Vergleicht heutiges Geld mit dem aus dem alten Athen.
4. Wertet die Karte [4] aus und schreibt auf, woher welche Handelsgüter nach Athen kamen.

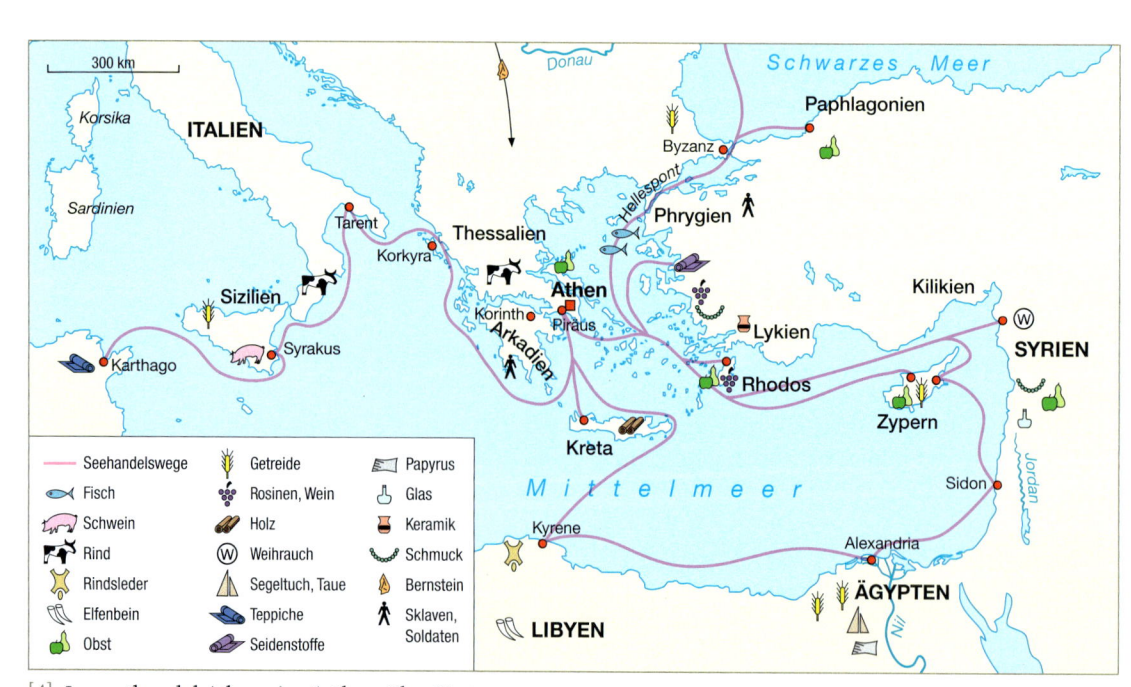

[3] Heutige Euromünze aus Athen. *Foto.*

[4] Importhandel Athens im 5. Jh. v. Chr. *Karte.*

[5] Überreste eines Bergwerkes auf der Insel Milos. *Foto.*

[6] Auf den Böden der abgeholzten Gebiete finden nur noch Schafe und Ziegen Nahrung. *Foto.*

Bergbau

Eine wichtige Einnahmequelle der Athener war der Silber- und Bleiabbau. Im 5. Jahrhundert v. Chr. verwandelte sich die Gegend nördlich von Kap Sunion in ein Bergwerksrevier. Mehr als 2 000 Schächte und rund 200 Anlagen zur Aufbereitung und Verhüttung der Erze wurden betrieben. Dazu gab es noch Siedlungen für die Bergwerkssklaven.

Die Stollen waren im Schnitt 40 m lang, manche hatten aber auch eine Länge von 100 m. Die Schächte waren meistens etwa 50 m tief, es ging jedoch auch bis zu 120 m in die Tiefe.

Zur Aufbereitung der Erze waren große Waschanlagen notwendig, die das ‚taube' Gestein ausspülten. Um Wasser zu sparen, wurden sie kreisförmig untereinander angeordnet. Manchmal leitete man das Wasser zum Schluss wieder in die Brunnen zurück. Dabei war schon damals bekannt, dass Blei giftig ist!

5. Beschreibt, wie im Altertum Bergbau betrieben wurde.

6. Erklärt mithilfe des Textes, wieso es heute im Mittelmeerraum nur noch wenige Waldgebiete gibt.

Die Wälder sterben

Wo Siedlungen und Felder angelegt wurden, mussten die Wälder weichen. Doch auch darüber hinaus hatten Kulturvölker wie die Griechen einen enormen Holzbedarf.

Holz war jahrtausendelang der einzige Energielieferant. Alle Haushalte heizten und kochten damit, warmes Wasser für die Bäder wurde mit Holz bereitet. Gewerbebetriebe wie Ziegeleien, Töpfereien, Gießereien oder Schmiede verbrauchten große Mengen davon. Um Erze zu schmelzen oder Kalk zu brennen, werden sehr hohe Temperaturen benötigt, die sich nur mit Holzkohle erreichen lassen. Für deren Herstellung wiederum brauchte man ein Vielfaches an Holz. Auch verschlangen Tempel-, Haus- und Schiffbau ganze Wälder, die im trockenen Mittelmeerklima nur schlecht nachwuchsen.

Wählt einen der folgenden Arbeitsaufträge aus:

- Listet Ursachen und Folgen der Umweltprobleme in einer Tabelle auf.

- Entwerft eine Spielszene: Ein Reporter besucht Bergarbeiter bei Athen.

- Erläutert die Wirtschaftsweise im antiken Griechenland und vergleicht mit heute.

WEBCODE: MZ648917-097

Fenster zur Welt — Die Kelten

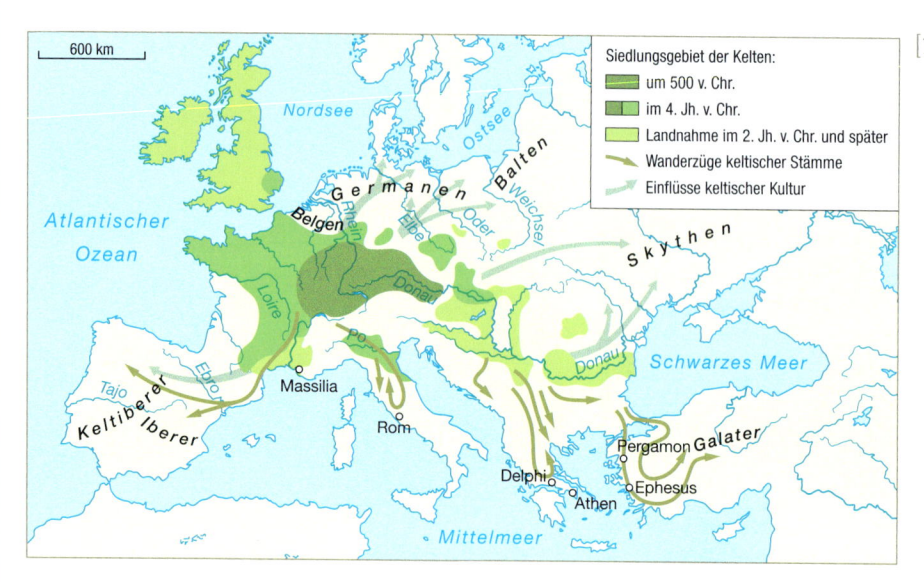

[1] Siedlungsgebiet. *Karte.*

Siedlungsgebiet

Mitteleuropa war von den Kelten besiedelt, noch lange bevor die Römer zur Weltmacht aufstiegen. Die Autoren der Antike nannten sie auch Gallier oder Galater. Gebiete des heutigen Frankreichs, die britischen Inseln, Gebiete in Spanien, bis hin zu Regionen in Kleinasien gehörten zu Kerngebieten der Kelten. Immer wieder fielen sie in Italien ein und versetzten die Römer in Angst und Schrecken.

Die Kelten gründeten städtische Siedlungen mit mächtigen Steinmauern, Toreingängen und einer geplanten Bebauung. Sie waren Zentren einzelner Stämme mit Versammlungsstätten und Märkten, aber auch Zufluchtsorte für die umliegende Bevölkerung.

Eisenzeit in Europa

Die Anfänge der Kelten reichen zurück in die Bronze- und Eisenzeit. Seit etwa 2000 v. Chr. verbreitete sich in Mitteleuropa über Fernhandelswege das vielseitig einsetzbare Metall Bronze. Eisen ist diesem Metall in seinen Eigenschaften überlegen. Es ist härter und lässt sich besser bearbeiten. Ab dem achten Jahrhundert setzte es sich durch.

[2] Pfeilspitzen aus Eisen. *Foto.*

Die neuen Werkzeuge und landwirtschaftlichen Geräte aus Metall ermöglichten eine Intensivierung der Landwirtschaft.

Keltische Gesellschaft

Über die Lebensweise der Kelten können Archäologen vor allem aus Grabbeigaben Rückschlüsse ziehen.

Die keltischen Stämme hatten alle eine ähnliche gesellschaftliche Ordnung. Im Wesentlichen können zwei Gruppen unterschieden werden: die Freien (Fürsten, Häuptlinge, Druiden oder Barden) und die Unfreien (Händler, Handwerker oder Bauern).

Es gab ein hohes Maß an Arbeitsteilung bei den Kelten. Händler bezahlten die Waren zum Teil mit Münzen, zum Teil wurde auch getauscht. Die Fürsten und Adeligen versammelten Gefolgschaften um sich. Sie boten ihnen Schutz. Die Kelten verehrten mehrere Götter. So hatten sie Kriegs- und Jagdgötter, Göttinnen für Fruchtbarkeit, Heilung und gute Ernten. Darüber hinaus hatten sie einen engen Bezug zur Natur, der sich in der Verehrung von Wäldern, Bergen, Seen, Flüssen, und Tieren zeigte.

Kelten und ihre Nachbarn

Die gute Lebenssituation der Kelten führte zu einem Bevölkerungswachstum. Sie verbreiteten sich über ganz Europa bis Kleinasien. Den Römern fügten sie im Zuge ihrer Ausdehnung im 4. Jh. v. Chr. eine schwere Niederlage zu. Doch die benachbarten Reiche und Völker wehrten sich. Im Norden drohte Gefahr von den Germanen, im Osten von den Drakern und von Süden drangen römische Legionen in die vormals keltischen Gebiete ein. In unseren Gebieten erinnern zuweilen noch Namen von Städten oder Flüssen an die Kelten: Mainz, Bonn, Rhein und Neckar.

[3] Keltisches Kreuz aus Irland. *Foto.*

Die Heuneburg

Die Kelten errichteten große befestigte Höhensiedlungen. Sie lagen erhöht auf Hügeln. Die Heuneburg bei Hundersingen ist ein typisches Beispiel. Die ca. 600 m langen keltischen Befestigungsmauern und Häuser sind noch in Resten erhalten.

[4] Keltische Festung Heuneburg. *Diorama.*

Das Fürstengrab von Hochdorf

In den Fürstengräbern wird deutlich, dass die Kelten ihren Verstorbenen ihre Habe mitgaben. So offenbarte das Fürstengrab von Hochdorf eine Schatzkammer, in der neben einer verzierten Bronzeliege mit dem Verstorbenen, ein reich geschmückter Wagen mit kostbaren Gegenständen, ein großer Bronzekessel, Jagdhörner und vieles mehr gefunden wurden.

[5] Aus dem Fürstengrab von Hochdorf. *Foto.*

[6] **Der römische Geschichtsschreiber Diodor (1. Jh. v. Chr.) beschrieb die Kelten:**
„... Sie haben einen hohen Wuchs, einen kraftvollen Körper und eine weiße Haut. Ihre Haare sind nicht bloß von Natur gelb, (...). Sie salben nämlich das Haar beständig mit Kalkwasser und streichen es von der Stirn zurück...Sehr auffallend ist ihre Kleidung ... Sie tragen bunte Röcke, mit allerlei Farben geblümt, und lange Hosen. Darüber tragen sie gestreifte, mit zahlreichen vielfarbigen Würfeln besäte Mäntel..."

Keltische Goldmünzen

Die Kelten stellten ein Zahlungsmittel aus Gold her. Die nach ihrer gewölbten Form benannten „Regenbogenschüsselchen" hatten ihren Namen nach der Vorstellung, dass am Fuße des Regenbogens solche Goldstücke lägen. Ihr Wert entsprach dem Materialwert.

[7] Regenbogenschüsselchen. *Foto.*

1. Fasst mit eigenen Worten zusammen, was ihr über die Kelten erfahren habt.
2. Gestaltet ein Lernplakat über die Lebensweise und Errungenschaften der Kelten.
3. Verfasst einen Bericht aus der Sicht eines Römers über die Besonderheiten der Kelten.

WEBCODE: MZ648917-099

Geschichte aktiv

Weil im Unterricht meist die Zeit für eine weitergehende Beschäftigung mit einem Thema fehlt, finden besonders Interessierte hier noch einige Vorschläge. Sollten gar Projekttage anstehen, braucht ihr nicht lange nach Themen zu suchen. Bei der Ausführung hilft die Zusammenarbeit mit anderen Fächern wie Kunst, Werken, Deutsch, Sport, Religion …

Denkt auch daran, euer Portfolio zu führen:
– schöne Ergebnisse in Text und Bild sammeln,
– Lernerfahrungen zum Thema „Antikes Griechenland" notieren.

Miniprojekte für Spezialisten

Keramik war die Handelsware Nummer eins der Griechen.
Sie wurde in alle Welt exportiert. Beschafft euch Vorlagen, z. B. aus dem Internet oder Bildbände aus der Bibliothek.
▶ Einfache Formen selber töpfern.
▶ Gefäßmalereien (Vasen, Teller) als Vorlagen nehmen, nach Themen sortieren (z. B. Sport, Religion, Arbeit …) und kopieren.
▶ Kleine Geschichten oder Abläufe daraus zusammenstellen, evtl. durch Texte ergänzt als Wandzeitung aufbereiten.

Sportlich Interessierte sammeln Material zu den Olympischen Spielen.
▶ Tabelle aller Spiele mit Austragungsort seit der Wiederaufnahme im Jahre 1896 anfertigen; Kartenskizze zur Orientierung dazu zeichnen oder kopieren.
▶ Großen Vergleich antike Spiele – moderne Spiele anstellen: Dauer, Organisation, Teilnehmer, Zuschauer, Sportarten (Welche sind heute noch vertreten? Welche gibt es zwar noch, nicht aber bei den Olympischen Spielen? Welche gibt es gar nicht mehr? Welche sind neu hinzugekommen?).

Auch das griechische Theater wäre lohnend für kleine Projekte.
▶ Einfache Szenen aus Originalstücken (Internet, Bibliothek) aufführen. Selbst z. B. eine Heldengeschichte schreiben und inszenieren.
▶ Dazu Kulissen malen, Kostüme improvisieren (Tücher, alte Vorhänge …).
▶ Einen kleinen Familienkonflikt, evtl. auch aus der Götterfamilie (siehe S. 94), darstellen.

„Von Alpha bis Omega" – Schreiben wie die Griechen
Viele Wörter, die wir heute benutzen, stammen aus der griechischen Sprache. In der Schule lernen wir im Fach Deutsch über **Dramen** und **Grammatik**, in der Geschichte sprechen wir oft über **Chronologie**. Aber auch in der Alltagssprache finden wir Wörter, die einen griechischen Ursprung haben: **Technik**, **Logik**, **Idee**, **Kino** oder **Theater** … Und im Sport halten wir uns mit **Gymnastik** fit.
Ihr könnt:
▶ die blauen Wörter aus dem Text in griechischen Buchstaben aufschreiben,
▶ eure Namen in griechischen Buchstaben auf bunte Kärtchen schreiben und mit den Namenskärtchen ein Ratespiel in der Klasse spielen.

Das kann ich!

[1] Lückentext

Mehr als 1000 Jahre lang reisten alle ... Jahre Griechen nach .... Sie kamen sogar aus den entfernten ... dorthin. Freie ... Bürger Griechenlands trugen hier zu Ehren des ... Zeus ... aus. Auch an anderen heiligen Stätten fanden ... Wettkämpfe statt, um die verschiedensten ... zu ehren. Doch die Spiele in ... waren das höchste ... Fest. ... hatten hier keinen Zutritt, auch nicht unter den Zuschauern. Es gab jedoch an anderen Orten auch ... für Frauen zur Verehrung meist ... Gottheiten.

vier / Götter / Sportwettkämpfe / männliche / Olympia / Göttervaters / Kolonien / sportliche / Olympia / weiblicher / religiöse Sportspiele / Frauen

[2] Olympische Götter: Zeus, Poseidon, Athene. Illustrationen.

[3] Der griechische Schriftsteller Plutarch (um 45–120 n. Chr.) berichtete über das Bauprogramm von Perikles 450 v. Chr.:

Perikles legte dem Volk großartige Pläne für Unternehmungen und Bauten vor, welche viele Handwerker für lange Zeit beschäftigen konnten. Auf diese Weise wollte er den Bürgern, die zu Hause blieben, genauso wie den Schiffsmannschaften ... und den Truppen im Felde die Möglichkeiten bieten, aus dem Bundesschatz Nutzen und Vorteil zu ziehen. Vielerlei Materialien wurden benötigt, Steine, Erz, Elfenbein, Gold, Eben- und Zypressenholz, und zu ihrer Bearbeitung brauchte es mancherlei Handwerker, so Zimmerleute, Bildhauer, Kupferschmiede, Steinmetze, Färber, Goldarbeiter, Elfenbeinschnitzer ...
Die Transporte zur See brachten den Matrosen und Steuerleuten Beschäftigung, diejenigen zu Lande den Wagenbauern, Pferdehaltern und Fuhrleuten, Straßenbauern und Bergknappen.

Zit. nach: Plutarch, Leben des Perikles, Kap. 12, übers. v. Walter Wuhrmann, München, 1981, S. 310 f.

Fragekompetenz
1. Vergleicht eure Fragen vom Anfang des Kapitels mit dem jetzigen Wissensstand und notiert Dinge, die noch geklärt werden müssen.

Sachkompetenz
2. Schreibt den Lückentext [1] ab und fügt die fehlenden Begriffe an der richtigen Stelle ein.
3. Stellt die Vertreter der griechischen Götterfamilie in [2] genauer vor.
4. Erklärt die Begriffe: Demokratie – Monarchie – Oligarchie.
5. Beschreibt die unterschiedliche Lebensweise in Athen und Sparta.

Methodenkompetenz
6. Erläutert die Schritte zur Auswertung von Schaubildern; nehmt dazu S. 91 zu Hilfe.
7. Stellt den Ablauf der Olympischen Spiele als Schaubild dar; Beispiel: 1. Tag: ... – 2. Tag:

Reflexionskompetenz
8. Lasst folgende Personen über ihre Rechte und Pflichten sprechen: Familienvater – Tochter – Handwerker – Haushaltshilfe/Sklavin. Vergleicht diese mit der heutigen Situation.
9. Im alten Griechenland waren Menschen oftmals gezwungen, ihre Heimat zu verlassen, um in den Kolonien neu anzufangen. Stellt verschiedene Ursachen zusammen und beurteilt die jeweilige Situation (siehe dazu auch S. 87)
10. Äußert euch in Leserbriefen zu dem Bauprogramm von Perikles in [3]; arbeitet dabei heraus, welche Absichten hinter den Planungen standen.

Orientierungskompetenz
11. Nennt Unterschiede zwischen der griechischen und unserer heutigen Demokratie. (z. B.: *Wer darf wählen?*)
12. Notiert Stichworte für ein Gespräch zwischen einem heutigen und einem damaligen Teilnehmer an Olympischen Spielen.

Legende:
1 Tiber – **2** Circus Maximus – **3** Thermen – **4** Forum Romanum – **5** Kolosseum – **6** Kaiserpaläste auf dem Paladin – **7** Kapitol mit Jupitertempel – **8** Wasserleitungen

Das Römische Weltreich

Die Stadt Rom
Im Jahre 330 n. Chr. hatte die Stadt Rom rund 1 Million Einwohner. Hier lebte ein buntes Völkergemisch aus allen Teilen des Reiches. Es gab dort prächtige Tempel und Paläste, Theater und Sportstätten, große Verwaltungsgebäude, öffentliche Bäder (Thermen), Wasserleitungen und ausgedehnte Wohn- und Geschäftsviertel. Vor etwa 2000 Jahren haben die Römer auch im Rheinland gelebt und Städte gegründet.

1. Betrachtet den Plan und sucht alle in der Legende genannten Punkte.
2. Macht einen Rundgang durch die Stadt Rom. Was interessiert euch? Worüber wollt ihr noch mehr erfahren?

Schauplatz Die Stadt Rom

Wie sah die Hauptstadt des Römerreiches aus?

[1] Forum Romanum. *Gemälde von J. Bühl und F. v. Thiersch, 1901.*

1. Beschreibt die Bilder dieser Seite und sucht sie im Plan von Rom (S. 100–101).

Rom – das große Vorbild

Die Stadt war durchzogen von gepflasterten Straßen und großen Plätzen. Die bebauten Flächen dazwischen wirkten wie Inseln (lat. = *Insulae*). Hier drängten sich jeweils Wohn- und Geschäftshäuser oder der gesamte Platz wurde von einem prachtvollen öffentlichen Gebäude eingenommen. Tempel für die Hauptgottheiten und wichtige Verwaltungsgebäude lagen im Stadtzentrum, laute oder übel riechende Handwerksbetriebe an den Rändern. Wasserleitungen führten Frischwasser in die Stadt. Überall in den Straßen gab es Brunnen. Die Häuser der Reichen hatten eigene Wasseranschlüsse. Die Abwässer flossen durch unterirdische Kanäle in den Tiber.

Öffentliche Plätze

Die ausgedehnten Plätze von Rom, die so genannten Foren, waren Mittelpunkte des städtischen Lebens. Ringsum standen Tempel, Verwaltungs- und Regierungsgebäude oder auch Geschäftshäuser. Der älteste und wichtigste Platz war das Forum Romanum. Dort wurde jahrhundertelang große Politik gemacht. Von hier aus schickte man die Soldaten in die Schlacht, und die siegreichen Helden wurden hier nach einem Eroberungszug geehrt. Gleichzeitig war es das wirtschaftliche, religiöse und kulturelle Zentrum der Stadt, ja sogar des gesamten Römerreiches.

[2] Circus Maximus. *Rekonstruktionszeichnung.*

[3] Kolosseum in Rom. *Foto.*
Das 188 × 156 m große Oval ist 45 m hoch und wurde im 1. Jahrhundert n. Chr. für ca. 50 000 Zuschauer erbaut. Ein riesiges Sonnensegel spendete damals Schatten.

Nach dem Muster der Hauptstadt wurden auch die übrigen römischen Städte erbaut. Überall wohnte ein buntes Völkergemisch von Händlern, Handwerkern und Verwaltungsbeamten mit ihren Familien und den Sklaven aus allen Teilen der römischen Welt. Von hier aus wurde das jeweilige Umland verwaltet.

2. Beschreibt die römische Straßenszene [5]. Was fällt euch alles auf?

[5] Straßenszene in Rom. *Zeichnung.*

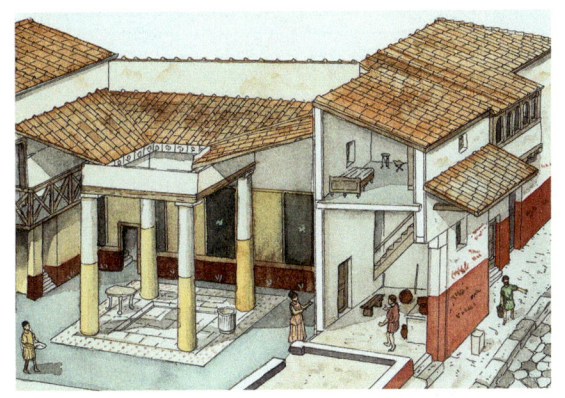

[4] Römisches Haus. *Rekonstruktionszeichnung.*

Was ihr noch tun könnt ...
▶ Informiert euch über die Wohnformen und die Wohnverhältnisse im alten Rom. Berichtet darüber in der Klasse.
▶ Ihr könnt einen „virtuellen Spaziergang" durch das antike Rom machen. Benutzt dazu den Webcode auf dieser Seite.

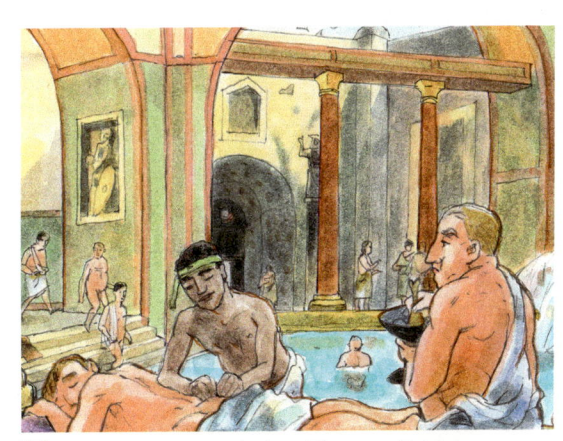

Thermen
Ein starker Anziehungspunkt für die Bürger waren die öffentlichen Bäder der Stadt, die Thermen. Allein in Rom gab es elf große Bäder. Hier traf man sich nicht nur zur Reinigung und Entspannung, sondern man besprach Geschäfte, tauschte Nachrichten aus oder trieb Sport.

[6] **Der Schriftsteller Lucius Seneca (4 v. Chr.–65 n. Chr.) beschrieb das so:**
„Da sind die starken Männer, die ihre Übungen machen und mit Ächzen und Stöhnen schwere Bleigewichte schwingen. Dann die Faulen, die sich einer billigen Massage unterziehen – ich höre, wie jemand Klapse auf die Schultern bekommt. Dann ist da der Mann, der den Klang seiner eigenen Stimme im Bad so gern hört. Und die, die ins Becken springen, dass es platscht."

Mike Corbishley: Das Buch vom alten Rom. Arena Verlag, Würzburg, 1990.

3. Beschreibt die römische Therme [7].
4. Vergleicht die Thermen mit einem Besuch im Spaßbad heute.

[7] Gäste in einer römischen Therme. *Zeichnung.*

Wählt einen der folgenden Arbeitsaufträge aus:

▪ Gestaltet ein Plakat über die Sehenswürdigkeiten im antiken Rom.

▪ Ein Kind vom Land darf zum ersten Mal mit den Eltern auf den Markt in Rom gehen. Am Abend erzählt es von seinen Erlebnissen. Schreibt einen Erlebnisbericht.

WEBCODE: MZ648917-105

Orientierung

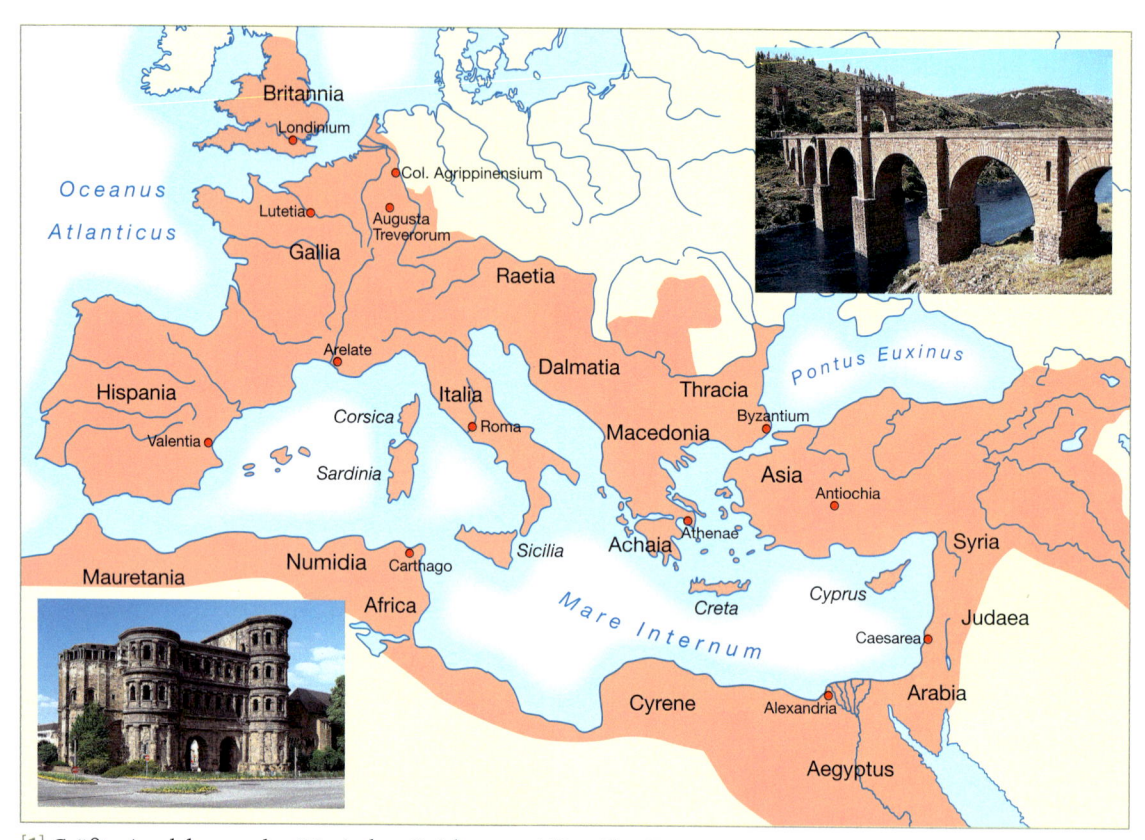

[1] Größte Ausdehnung des Römischen Reiches um 117 n. Chr. *Karte.*

So groß und bedeutend ist unser Imperium Romanum* gewesen, hervorgegangen aus dem Land, das ihr heute Italien nennt! Wir Römer waren praktisch veranlagte und zupackende Leute. Wir haben nicht lange gezögert, wenn es darum ging, das Reich zu vergrößern. Deswegen findet ihr auch heute noch überall unsere Spuren: in eurer Sprache, im Ursprung eurer Städte und in vielen Dingen eures Alltags. Und dann hatten auch wir schon damals eine Staatsform, die ihr heute noch kennt, die Republik*!

[2] Römische Familie. *Illustration.*

Imperium Romanum
Lat.: Römisches Reich.

Republik
Lat.: „öffentliche Angelegenheit", Staatsform ohne König.

1. Vergleicht die Karte [1] mit einer Atlaskarte und stellt fest, welche heutigen Staaten zur Welt der Römer gehört haben.
2. Lest die Sprechblase: Auf welche Dinge ist die römische Familie besonders stolz?
3. Ihr habt im vorigen Kapitel viel über die Griechen erfahren. Vergleicht die Aussagen der griechischen Familie (siehe S. 82) mit denen der römischen. Gibt es Gemeinsamkeiten oder Unterschiede?

Die Welt der Römer

Wie sah es in einer römischen Stadt aus?
Wie wurde aus einem kleinen Dorf eine Supermacht?
Wie wurde das Römische Reich regiert?
Welche Bedeutung hatte die römische Familie?
Wie lebten die Leute in Rom und den Provinzen?
Welche Veränderungen führten zum Ende der Römerherrschaft?

Wichtige Kompetenzen in diesem Kapitel

Fragekompetenz
▶ Fragen an die Vergangenheit stellen und vorgegebene historische Fragestellungen nachvollziehen

Methodenkompetenzen
▶ Quellentexte auswerten
▶ Informationen zu einem historischen Thema beschaffen

Reflexionskompetenz
▶ die politische Herrschaft im Imperium Romanum erläutern,
▶ über die Motive römischer Expansion nachdenken

Orientierungskompetenz
▶ die Auswirkung des Imperiums auf eroberte Gebiete bis in die heutige Zeit beschreiben
▶ den Einfluss der römischen Kultur auf die eigene Lebenswelt beurteilen

Sachkompetenzen
▶ großstädtisches und multikulturelles Alltagsleben am Beispiel der antiken Weltstadt Rom beschreiben,
▶ die römische Familie in ihrem Aufbau kennenlernen,
▶ die Ausbreitung Roms vom Stadtstaat zum Weltreich beschreiben
▶ die Folgen der Romanisierung in den römischen Provinzen beschreiben

---

Zeit vor Christi Geburt

Gründung Roms: 753 v. Chr. (nach der Sage)

▶ 700 v. Chr.

▶ 600 v. Chr.

Um 500 v. Chr.: Rom wird Republik.

▶ 400 v. Chr.

▶ 300 v. Chr.

▶ 200 v. Chr.

Um 150: Römer beherrschen weite Teile des Mittelmeergebietes.
▶ 100 v. Chr.

Um 50: Römer erobern das Rheinland.

35 v. Chr.–14 n. Chr.: Augustus, Beginn der Kaiserzeit
Christi Geburt
9: Römer scheitern in Germanien (Varusschlacht).

▶ 100 n. Chr.
Um 117: größte Ausdehnung des Römerreichs, Ausbreitung des Christentums
▶ 200 n. Chr.

Zeit nach Christi Geburt

275: Angriffe der Germanen am Rhein
▶ 300 n. Chr.

391: Christentum wird Staatsreligion.
395: Teilung des Römischen Reiches
▶ 400 n. Chr.
407: Römer ziehen vom Rhein ab.
476: Ende des Römerreiches im Westen

[3] Zeittafel der Römerzeit.

Rom: Vom Dorf zum Weltreich

Wie wurde aus einem kleinen Dorf eine Supermacht?

[1] Römische Münze. 4. Jh. v. Chr.

Romulus und Remus
Eine Sage berichtet: Die Zwillinge Romulus und Remus wurden als Säuglinge in der Wildnis ausgesetzt. Eine Wölfin entdeckte die Kleinen und ernährte sie mit ihrer Milch. Später nahm ein Hirte die beiden mit nach Hause. Als sie groß waren, beschlossen sie, an der Stelle, wo man sie fand, eine Stadt zu gründen. Romulus zog mit dem Pflug einen Kreis. Er warnte davor, das Innere zu betreten. Sein Bruder Remus lachte und sprang hinein. Daraufhin wurde er von Romulus erschlagen. Den Umstehenden erklärte er: „So soll es jedem ergehen, der versucht, meine Stadt Rom zu erobern."
Einige Zeit später raubten Romulus und seine Freunde die Töchter der Sabiner, eines benachbarten Volkes. Sie gründeten mit den Frauen Familien und besiedelten Rom.
Nach dieser Sage soll die Entstehung Roms im Jahr 753 v. Chr. stattgefunden haben.

1. Erzählt die Sage nach.
2. Setzt sie in Beziehung zu Bild [1].
3. Beschreibt Bild [2] und vergleicht mit Siedlungen aus der Jungsteinzeit.

[2] Modell der ältesten Siedlung in Rom. Um 1000 v. Chr.

Forschungsergebnisse
Archäologen fanden auf einem Hügel in Rom die Reste von einfachen Häusern aus dem 10. Jahrhundert v. Chr. Sie waren mit einem Wall umgeben. Wenig später entstanden weitere kleine Siedlungen in der Nähe.
Zum Schutz vor Eroberungen bildeten die Bewohner ein Bündnis. Sie kontrollierten schon bald den einzigen Transportweg der Gegend. So vergrößerten sie schnell ihren Einfluss, und Rom wurde zu einem wichtigen Marktort.

4. Vergleicht Forschungsergebnisse und Sage.

In den folgenden Jahrhunderten eroberten die römischen Truppen Griechenland, Kleinasien, Gallien, einen Teil von Germanien und Britannien. Aus den eroberten Ländern brachten die römischen Soldaten Sklaven und große Reichtümer nach Rom.

[3] **Der Legionär Lucius könnte uns Folgendes erzählen:**
„Wir Römer nehmen es mit jedem Feind auf und sorgen für Ordnung. Darum sind wir Legionäre auch für das Reich sehr wichtig. Früher bestand unsere Armee aus wehrpflichtigen Bauern. Jetzt haben wir längst eine Berufsarmee. Sie kann sofort eingreifen, wenn irgendwo Unruhen drohen. Aber wir kämpfen nicht nur, oft müssen wir als Handwerker arbeiten: Ziegeleien, Wasserleitungen, Straßen und die Militärlager werden von uns selbst erbaut. Gute Straßen sind nicht nur für uns Soldaten wichtig, auch für Handel und Verwaltung werden sie dringend gebraucht.
Manchmal habe ich Heimweh. Anfangs, in Britannia, habe ich das Regenwetter verflucht. Dann war ich in Africa und stöhnte über die Hitze. Mein Großvater ist mit Julius Caesar an den Rhein marschiert. Jetzt bin ich hier in Aquae Villae (= Badenweiler), wo unsere Leute eine große, neue Therme bauen."

1 Legion = 6 000 römische Soldaten (Legionäre).

5. Erklärt die Bedeutung des Militärs für Rom.

Der Südwesten Deutschlands wird römisch

Nach der Ausbreitung im gesamten Mittelmeerraum überschritten die Römer um das Jahr 15 v. Chr. die Alpen. Sie gründeten die Provinz Raetia (Rätien) mit der Hauptstadt Augusta Vindelicorum (Augsburg).

Nachdem die römischen Soldaten bis zum Rhein gekommen waren, drangen sie weiter zur Elbe vor. Um das Jahr 9 n. Chr. rief Arminius, ein Germanenfürst, zum Widerstand auf. Im Osten Westfalens wurden drei römische Legionen vernichtet. Daraufhin verzichteten die Römer auf weitere Eroberungen im Germanenland. Die Rheinlinie wurde nach der Niederlage als Grenze ausgebaut. Im Jahre 85 n. Chr. entstand die Provinz Germania Superior (Obergermanien) mit der Hauptstadt Mogontiacum (Mainz).

Um diese Zeit verlief die Provinzgrenze entlang des Mains, quer durch den Odenwald und am Neckar entlang. Sie wurde jedoch ab 150 n. Chr. nochmals um ca. 30 km nach Osten vorgeschoben.

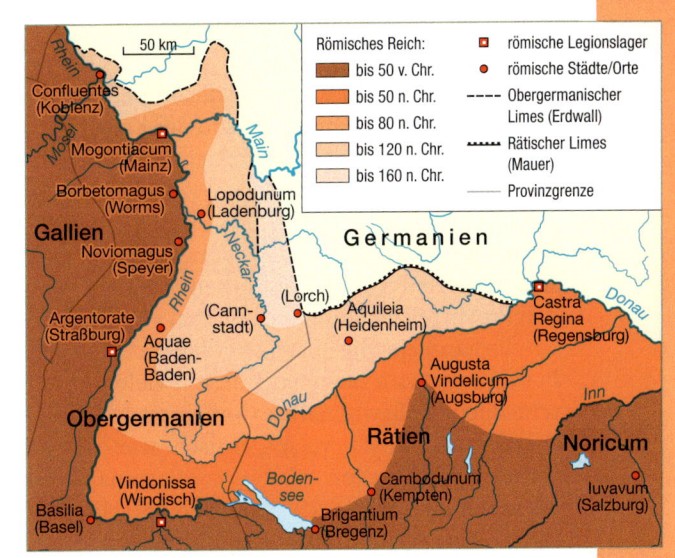

[5] Grenzverlauf (Limes) der römischen Provinzen Obergermanien und Rätien. *Karte.*

6. Beschreibt das Vordringen der Römer in Baden-Württemberg mit Hilfe der Karte [5].
7. Fasst den Ablauf der römischen Eroberung zusammen.
8. Beschreibt die Grenzbefestigungen in der Abbildung [6].

Wählt einen der folgenden Arbeitsaufträge aus:

- Skizziert den ungefähren Verlauf des Limes in euer Heft.

- Zeichnet eine der beiden Limesanlagen auf ein großes Blatt und erklärt den Unterschied in der Bauweise. Warum gab es nur am rätischen Limes eine Steinmauer?

[4] So könnten römische Legionäre ausgesehen haben (nach Originalbefunden). *Foto.*

[6] Obergermanischer (links) und Rätischer Limes (rechts) als Grenze zum freien Germanien. *Illustration.*

WEBCODE: MZ648917-109

In der römischen Provinz

Wie lebten die Menschen im Römischen Reich?

1. Macht euch die Ausdehnung des Imperium Romanum noch einmal anhand der Karte S. 106 klar; findet die Provinz der Abbildungen [1] und [2] auf der Karte.

Provinzbevölkerung
Alle eroberten Gebiete außerhalb Italiens wurden Provinzen genannt. Sie reichten vom Norden Großbritanniens bis nach Nordafrika und von Portugal bis zum heutigen Irak mit vielen unterschiedlichen Bewohnern. Gemeinsame Amtssprache für dieses Völkergemisch war Latein. Daraus entwickelten sich später romanische Sprachen wie Italienisch, Spanisch oder Französisch. Auch in unserer Sprache gibt es viele Begriffe lateinischen Ursprungs. Diese Wörter nennen wir Lehnwörter.

Während zunächst nur „echte" Römer das römische Bürgerrecht besaßen, wurde es ab 212 n. Chr. allen freien Bewohnern des Reiches verliehen.

Gute Nachbarschaft
Durch die Lage in der Randzone des Römerreichs ist Baden-Württemberg geprägt vom Limes, dem Grenzbereich mit seinen Wachtürmen und Kastellen.

[1] Limestor Porta Praetoria, Kastell Welzheim. *Foto.*

Der Limes war nie eine undurchdringliche Verteidigungsanlage. Er war zwar die sichtbare Markierung der römischen Außengrenze, aber er diente auch dazu, den Personen- und Warenverkehr zu überwachen und Zölle zu erheben. In den Siedlungen vor den Kastellmauern lebten Händler, Handwerker und die Familien der Soldaten.

Überall wurden auf fruchtbaren Böden Gutshöfe zur Versorgung mit Nahrungsmitteln angelegt. Manche waren an einheimische Kelten verpachtet, andere gehörten ehemaligen Soldaten.

2. Sucht eine Begründung für das friedliche Zusammenleben der Ur- und Grenzbevölkerung mit den Römern.

[2] Grenzübergang am rätischen Limes, *Diorama aus dem Limesmuseum Aalen.*

Den Römern auf der Spur

[3] Römische Villa (= villa rustica) in Hechingen-Stein. *Rekonstruktion auf Originalfundamenten.*

Die 1973 entdeckte **villa rustica** entstand gegen Ende des 1. Jh. n. Chr. Sie wurde mehrfach erweitert. Das Haupthaus hatte einen quer liegenden Säulengang auf der Vorderseite. Um einen Innenhof herum gruppierten sich verschiedene Zimmer, u. a. Räume mit Fußbodenheizung und Küchen sowie eine Badeanlage.

[4] Teile einer Fußbodenheizung. *Foto.*

Eine **Hypokaustenheizung** ist eine Warmluftheizung. Von einem außen liegenden Heizraum mit offenem Holzfeuer aus wurde die heiße Luft unter den Fußboden geleitet. Der Boden ruhte auf dicht stehenden Ziegeltürmchen (Hypokausten). Die Abgase wurden durch Hohlziegel in den Wänden nach oben abgeleitet und konnten aus Öffnungen unter dem Dach ausströmen.

[5] Römische Therme in Aquae Villae (Badenweiler).

Die **Thermen** entstanden in verschiedenen Bauabschnitten etwa ab der ersten Hälfte des 1. Jahrhunderts. Es gab neben der eigentlichen Badeanlage Empfangs- und Umkleideräume, besondere Schwitzräume und eine Terrasse. Um die Badeanlage herum entstand eine größere städtische Siedlung.

[6] Sandale eines Legionärs. *Rekonstruktion.*

Die Römer hatten, je nach Verwendungszweck, **Sandalen**, die nur im Haus getragen wurden, geschlossene Schuhe für draußen und Stiefel aus verschiedenen Lederqualitäten. Die kräftigen Sohlen waren mit Eisennägeln beschlagen.

3. Notiert zu jedem der Bilder eine kurze Beschreibung in eurem Heft.

Was ihr noch tun könnt:
- Euch im Internet über die genannten Orte informieren.

WEBCODE: MZ648917-111

Die römische Familie

[1] Eheleute mit Kind. Mann und Frau sind durch das Reichen der Hände als Eheleute gekennzeichnet. *Grabdenkmal aus Neumagen, Mitte 3. Jh. n. Chr.*

> Ich bin Aemilius, der älteste Sohn von Marius. Mit Frau und Kindern lebe ich selbstverständlich hier auf dem Landsitz meines Vaters.

> Wir Feldsklaven müssen von früh bis spät hart arbeiten. Unser Aufseher ist Valerius, ein getreuer Freigelassener unseres Herrn. Er führt die Geschäfte schon seit Jahren ganz selbstständig, denn unser Herr ist ein hoher Verwaltungsbeamter und nur selten zu Hause.

> Ich bin Antonius, Töpfer von Beruf. Früher war ich Sklave bei Marius, einem wichtigen Beamten. Aus Anlass seiner Ernennung zum Prätor, das ist ein hohes Amt als Richter, hat er mich zusammen mit einigen anderen Sklaven freigelassen. Bei all seinen Klienten, also den Kleinbauern und Handwerkern hier in der Nachbarschaft, ist er sehr beliebt. Er hilft uns mit Rat und Tat. Dafür geben wir ihm gerne unsere Stimmen bei den Wahlen. Schließlich gehören ja auch wir zu seiner „familia"!

Familienangelegenheiten
Die Hochzeit römischer Paare war meistens mit einer religiösen Zeremonie verbunden. Zusammen mit ihrem Erbteil ging im Allgemeinen die Frau in den Besitz ihres Mannes über. Ärmere Leute konnten auch ohne Zeremonie heiraten: Schon ein Jahr des Zusammenlebens galt als Eheschließung. Wenn ein Kind zur Welt kam, wurde es vom Vater durch Aufheben anerkannt. Ließ er es liegen, durfte es ausgesetzt werden, was vor allem mit kranken oder schwächlichen Kindern geschehen konnte.

Die römische Frau stand ganz unter der Gewalt ihres Vaters oder Ehemannes. Es gibt jedoch auch Beispiele für tatkräftiges öffentliches Auftreten römischer Frauen oder über Klagen der Männer über zänkische und verschwenderische Ehefrauen.
Bei der Ehescheidung wurde das Täfelchen mit dem Ehevertrag vor sieben Zeugen und in Anwesenheit eines Beamten zerbrochen. Einfacher war die Verstoßung, bei der sinngemäß folgende Worte für die Auflösung der Ehe genügten: „Leb wohl, nimm dein Vermögen, gib mir das meine."

Ich bin Marius Secundus Pompeius. Als „pater familias" habe ich die Hausgewalt und damit weitreichende Rechte: Verfügung über Tätigkeiten und Vermögen meiner Ehefrau; Anerkennung, Erziehung, Berufswahl und Eheschließung der Kinder; Gebot über Einsatz und Leben meiner Sklaven; Gerichtsbarkeit in der Familie bis hin zur Todesstrafe bei schweren Vergehen. Ich bin aber auch verantwortlich für die Versorgung aller mit dem Lebensnotwendigen und für Schutz von Leib und Leben sowie Abwehr von Unheil durch Wahrnehmen aller religiösen Pflichten.

Mein Name ist Livia. Damals bei der Hochzeit war ich 15 Jahre alt. Die Eltern hatten meine Heirat mit Marius angeordnet. Drei Söhne und zwei Töchter habe ich ihm im Laufe der Jahre geboren. Außer der verheirateten Cornelia leben sie alle noch in unserem Haus. Zu meinen Aufgaben gehört die Überwachung der Haussklaven. Das macht in so einem großen Haushalt sehr viel Arbeit.

Ich heiße Gajus und bin der jüngste Sohn von Marius und Livia. Morgens muss ich immer ganz früh aufstehen, denn unser griechischer Lehrer wartet schon auf die Jungen unseres Nachbarn, den begabten Sohn einer Haussklavin und auf mich. Nächstes Jahr werde ich 17, dann hat die Qual ein Ende! Endlich darf ich dann die Männertoga tragen und werde respektvoller behandelt. Vater würde es gerne sehen, wenn ich mich später um die Landwirtschaft kümmere, aber das ist nichts für mich. Ich will lieber zum Militär und werde vielleicht mal ein berühmter Feldherr.

[2] Die römische Familie. *Illustration.*

[3] Szenen aus dem Leben eines römischen Kindes. *Relief, 3. Jh. n. Chr.*

1. Erläutert Abbildung [2] zur römischen „familia". Erklärt die einzelnen Bereiche mithilfe der Texte dieser Doppelseite.
2. Beurteilt die Rechte und Pflichten des „pater familias" und vergleicht mit heute.
3. Beschreibt die Stellung der Frauen in der römischen Gesellschaft und in der Familie.
4. Berichtet über Eheschließung und Scheidung bei den Römern; vergleicht mit heute.
5. Entwerft eine Spielszene und führt sie vor: Gajus teilt dem Vater seine Wünsche für die Zukunft mit.

Wählt einen der folgenden Arbeitsaufträge aus:

- Malt Abbildung [3] in euer Heft und schreibt dazu einen kurzen erklärenden Text.

- Antonius sitzt am Abend mit Valerius zusammen und diskutiert über die Behandlung der Sklaven. Entwerft und spielt diese Szene.

WEBCODE: MZ648917-113

Von der Republik zum Kaiserreich

[1] **Ein Königreich wird Republik.**
- Um 1000 v. Chr. lassen sich Latiner und Sabiner im Gebiet der späteren Stadt Rom nieder.
- Um 700 v. Chr. beherrschen etruskische Einwanderer die Gegend und errichten eine Königsherrschaft.
- Patrizier (= Adelsfamilien) gewinnen immer mehr Einfluss und stürzen um 500 den letzten etruskischen König; sie nennen die neue Staatsform „res publica" (= öffentliche Sache).
- Von 450 bis ca. 250 v. Chr. erkämpfen sich die Plebejer (= Handwerker, Händler, freie Bauern) zunehmend Rechte der Mitbestimmung in der Regierung.

Wer hat im Staat das Sagen?
Die Oberhäupter der angesehenen Patrizierfamilien waren Senatoren. Der Senat war das Zentrum der Macht. Die Regierungsgeschäfte wurden von den Beamten (= Magistrate) ausgeführt. Doch kein Magistrat wagte es, die Ratschläge von Senatoren zu missachten.

Wohlhabende Plebejer interessierten sich sehr für den Posten als Volkstribun, denn auf diesem Weg konnten sie in den Senat aufsteigen. Ursprünglich hatten sie keinerlei politische Rechte; erst nach langen Kämpfen und einem Streik wurde ihnen die Mitbestimmung in der Politik erlaubt. Erst dann wurde eine Reihe neuer Gesetze gemacht, um ihre Situation zu verbessern.

1. Erklärt die Begriffe „Plebejer" und „Patrizier" mithilfe von Beispielen.
2. Erläutert das Schaubild [3].
3. Begründet, warum wohl alle Ämter doppelt besetzt waren und die Wahl nur für ein Jahr galt.
4. Äußert euch zu den Rechten römischer Frauen in der Politik.

„Wir Frauen und die Sklaven haben in der Politik nichts zu sagen!"

[2] Personengruppen ohne politische Rechte. *Illustration.*

Senat
300 ehemalige Magistrate, auf Lebenszeit gewählt

Aufgaben:
- Beratung der Regierung
- Leitung der Außenpolitik
- Oberaufsicht über Staatseigentum
- Berufung eines Diktators in Notzeiten

Magistrat (Regierung)
Alle Ämter sind doppelt besetzt, für 1 Jahr gewählt

2 Konsuln
- Staatslenkung
- Heerführer

38 weitere Beamte
- Finanzverwaltung
- Polizei und Gerichte
- Aufsicht über öffentliche Angelegenheiten

10 Volkstribunen
Nur von den Plebejern gewählt, sie können:
- Einspruch (Veto) erheben und alle Beschlüsse der Magistrate verhindern.

Volksversammlung
Das Stimmrecht hängt vom Vermögen ab, sodass die reichen und vornehmen Patrizier mehr Einfluss haben als die einfachen Plebejer.
- Das Wahlvolk wählt die Regierung, beschließt die Gesetze und entscheidet über Krieg und Frieden.

[3] Verfassung der Römischen Republik. *Schaubild.*

Mord im Senat
Zum Tode von Gaius Julius Caesar

Rom. Als König wollte er die Senatssitzung verlassen, doch seine Mörder waren schneller: 60 Anhänger der Republik, darunter auch sein Freund Brutus, hatten sich gegen den sieggewohnten Julius Caesar verschworen. Er wurde am 15. März mit 23 Stichen erdolcht!

Seine Karriere hatte als Statthalter in Spanien begonnen, dann eroberte er ganz Gallien bis zum Rhein. Zurück in Rom gewann er schnell Ansehen und Verehrung; sogar Münzen mit seinem Porträt wurden geprägt. Dem Vernehmen nach richtete sich die Bluttat auch weniger gegen die Person Caesars, sondern sie geschah aus politischen Gründen, um zu verhindern, dass der Diktator Mitbestimmung und Freiheit der Römer für alle Zeiten unterdrücken würde …

Gaius Julius Caesar – Staatsmann und Feldherr, 100–44 v. Chr.

[4] Nachgestellte Zeitungsmeldung, *44 v. Chr.*

[5] Kaiser Augustus. Die Figuren auf dem Brustpanzer zeigen einen besiegten Gegner. Barfüßigkeit bedeutet eine gottähnliche Stellung. *Marmorstatue um 20 n. Chr., Höhe 2,03 m.*

Mit Gewalt an die Macht

Octavian, der Adoptivsohn Caesars, eilte nach dem Mord (am 15. März 44 v. Chr.) sofort nach Rom. Der Senat wollte verhindern, dass er sein Erbe antritt. Doch Octavian verständigte sich mit seinen wichtigsten Gegnern und sie übernahmen zu dritt mit Gewalt die Herrschaft: 130 Senatoren und 2000 Anhänger der Senatspartei ließen sie töten. Dann teilten sie das Reich untereinander auf.

Doch bald schon kam es zu Streitigkeiten, bei denen sich Octavian um 30 v. Chr. als Alleinherrscher durchsetzte. Er erhielt vom Senat die Titel Princeps (= der die erste Stelle innehat) und Augustus (= der Erhabene). Jahrzehnte dauernde Unruhen und Bürgerkriege waren damit vorbei und eine fast 200-jährige Friedenszeit begann. Bei vielen Wissenschaftlern gilt Augustus deshalb als Friedensstifter. Der Preis dafür war jedoch das Ende der Republik. Augustus und seine Nachfolger regierten als Alleinherrscher, denen kein Senat mehr reinreden konnte. Deshalb spricht man ab der Regierungszeit des Augustus von der Kaiserzeit oder vom Prinzipat.

5. Berichtet über Leben und Sterben von Julius Caesar.
6. Arbeitet den Grund für Caesars Ermordung deutlich heraus.
7. Zeigt auf, wie es Augustus verstanden hat, die Macht an sich zu reißen.
8. Beschreibt Abbildung [5] und vermutet, wie die Darstellung auf die Betrachter wirkte.

Wählt einen der folgenden Arbeitsaufträge aus:

- Die emanzipierte Römerin Livia fordert auf einem Plakat politische Rechte; macht einen Entwurf.

- „Augustus – ein Friedenskaiser": Notiert Argumente, die dafür oder dagegen sprechen.

- Erläutert den Begriff „Prinzipat" und bewertet diese Herrschaftsform.

Methode: Informationen sammeln

Ein Teil der Klasse hat sich für das Referat zum Thema „Rom" gemeldet. Die Gruppe teilt sich zur Informationsbeschaffung auf. Sven und Yasmin wollen in einer Bibliothek die „Römer am Rhein" aufspüren. Lea möchte mit dem Thema „Rom heute" ins Reisebüro gehen. Ahmed hat in der Wochenendbeilage der Zeitung einen Artikel über Gladiatoren entdeckt und will auch noch in einigen Zeitschriften nachsehen. Samira erinnert sich, dass im Landesmuseum eine Römerabteilung existiert; sie will sich dort zum römischen Alltag umsehen und nachfragen. Tim schließlich macht eine Internetrecherche zum römischen Militär. In einer Woche wird man sich treffen und die Ergebnisse zusammentragen.

Begleitet nun Sven und Yasmin in eine Bibliothek:

1. Schritt: Thema eingrenzen

- Macht euch klar, was genau ihr wissen wollt, und notiert einige Stichpunkte.

2. Schritt: Anlaufstelle suchen

- Erkundigt euch nach Büchereien in der Nähe und stellt die Öffnungszeiten und Ausleihbedingungen fest.

3. Schritt: Katalog befragen

- Alle vorhandenen Bücher sind in Verzeichnissen festgehalten. In kleineren Bibliotheken oft noch auf Karteikarten, in größeren im Computer. Blättert die alphabetisch geordneten Karteikarten durch bzw. gebt euer Stichwort ein. Als Ergebnis erhaltet ihr eine Signatur (= Ziffern und/oder Buchstaben). Notiert sie und geht zu den Bücherregalen.

4. Schritt: Buch ausleihen

- Hinweistafeln an den Regalen zeigen den Weg zu eurer Signatur. Ihr könnt das Buch entnehmen und nachsehen, ob es Informationen zu eurem Thema enthält. Vielleicht stehen weitere brauchbare Bücher daneben. Ist das gesuchte Buch bereits ausgeliehen, könnt ihr es bei der Aufsicht vorbestellen.

5. Schritt: Thema auswerten

- Macht schon beim Lesen Notizen oder Fotokopien einzelner Seiten, schreibt den Namen des Autors und den Titel des Buches dazu. Denkt an die Rückgabe!

Sven und Yasmin entscheiden sich für die Stadtbücherei. Sie geben Suchbegriffe wie **Römer am Rhein – Limes – Germanen – Legionslager – Ulpia Traiana – Köln zur Römerzeit** … in den Computer ein und gehen mit den notierten Signaturen zu den Regalen. Hier finden sie weitere brauchbare Titel und schöne Bildbände. Einiges stellen sie wieder zurück, weil es zu speziell für ihre Zwecke ist. Dann gehen sie mit ihrem Stapel zur Ausleihe.

[1] Informationen sammeln im Museum. *Foto.*

[2] Informationsbeschaffung in der Bibliothek. *Foto.*

[3] Internetrecherche. *Foto.*

Methode — Textquellen erschließen

Sven hat Bücher aus der Bibliothek entliehen. Darin hat er interessante Texte gefunden, die er nun auswerten möchte.
Als Hilfe dienen ihm die folgenden Schritte:

1. Schritt: Fragen zum Text

- Worum geht es? (Wer? Wann? Wo? Was? Wie?)
- Um welche Textsorte handelt es sich? (Brief, Urkunde, Roman, Gedicht, Tagebuch …)?
- An wen ist der Text gerichtet?
- Wann und wo ist er erschienen?
- Wie ist der Text gegliedert?
- Welche Begriffe sind zu klären?

2. Schritt: Fragen zum Verfasser

- Was weiß man über die Person (Lebensdaten, Herkunft, Amt/Stellung)?
- Welche Einstellungen oder Interessen sind erkennbar?
- Ist der Verfasser Zeitzeuge, ist der Bericht/Text „aus zweiter Hand" oder erst später zusammengestellt?

3. Schritt: Deutung und Bewertung

- Was ist vorher und nachher passiert?
- Gibt es zum selben Ereignis andere Berichte (zum Vergleich)?
- Sind Übertreibungen erkennbar?
- Könnte etwas verschwiegen worden sein?
- Welche Schlüsse lassen sich insgesamt aus dem Text ziehen?

Es können nicht immer alle Schritte vollständig angewandt werden.

… die Leistungen von …

Nachschlagen: Rotte, Triumphator …

Inschrift

… 13 n. Chr. von Augustus selbst geschrieben … für die Nachwelt? …

… römischer Kaiser …

… Tatsachen oder Angeberei?

---

[1] Aus Svens Notizblock.

[2] **Kaiser Augustus hinterließ 16 Monate vor seinem Tod im Jahr 14 n. Chr. Schriftstücke mit Verzeichnissen seiner Taten. Hier ist ein Auszug daraus:**

… Ich war erst 19 Jahre alt, da stellte ich aus eigenem Entschluss [als Privatmann] und mit eigenem Geld ein Heer auf. Mit ihm machte ich der Gewaltherrschaft einer [politischen] Partei ein Ende und brachte dem Staat die Freiheit …

Kriege habe ich in der ganzen Welt geführt, zu Wasser und zu Lande, gegen Landsleute wie gegen fremde Völker. Alle Bürger, die um Gnade baten, habe ich verschont; fremde Völker, denen man mit Sicherheit verzeihen konnte, habe ich lieber erhalten als vernichten wollen.

Fünfmal zog ich als Triumphator in Rom ein […]. Bei meinen Triumphen wurden neun Könige oder Königskinder vor meinem Wagen geführt …

Ich nahm während meiner Amtszeit mehrere Schätzungen des Volkes [Volkszählung] vor. Die Zahl der römischen Bürger stieg [im Jahr 14 n. Chr.] auf 4 937 000.

Der Senat, der Ritterstand und das römische Volk verliehen mir in einer übereinstimmenden Willensentscheidung den Ehrennamen „Vater des Vaterlands" …

Quellentext bearbeitet und vereinfacht mit freundlicher Unterstützung von Prof. Ekkehard Weber, in Anlehnung an: Augustus, Meine Taten, hrsg. von Ekkehard Weber: Heimeran, München 1970, S. 11 ff.

1. Wendet die Schritte auf Text [2] an.
2. Alle Texte werden mit einer bestimmten Absicht geschrieben. Bildet Beispiele und gebt an, an wen sie sich richten und was sie bezwecken sollen.
3. Blättert euer Geschichtsbuch durch, wählt einen weiteren Quellentext aus und erschließt ihn mithilfe der Arbeitsschritte.

[3] Die Taten des Augustus, eingemeißelt in die Seitenwände eines Tempels in Ankara. *Foto.*

Wahlseite — Essgewohnheiten

1. Informiert euch auf dieser Seite über die Essgewohnheiten.
2. Präsentiert eure Ergebnisse in geeigneter Form vor der Klasse.

> Morgens und mittags gibt es nur Brot oder Brei. Dazu vielleicht noch etwas Obst. Unsere **Hauptmahlzeit** ist das **Abendessen**. Zuerst essen wir eine gemischte Vorspeise, z. B. Salat oder gefüllte Oliven. Als Hauptgang gibt es verschiedene Fleisch- und Fischgerichte und zum Abschluss Kuchen, Süßigkeiten und Früchte.

> Zur **Abendmahlzeit** laden wir öfters **Gäste** ein. Sie bringen ihre Sklaven mit, die helfen dann bei der Bedienung. Musikanten und Tänzer sorgen für **Unterhaltung**. Alle Speisen werden schon in der Küche zerteilt, denn wir essen mit den Fingern. Die wischen wir an den Servietten ab. Gäste bringen ihre eigenen mit, denn darin tragen sie ja auch die Speisereste nach Hause!

Cucurbitas frictas (gebratene Zucchini)
Zucchini der Länge nach aufschneiden und in heißem Öl braten. Scheiben abtropfen lassen. Mit Pfeffer und Orenagarum (= Wein mit Salz vermischt) servieren. Schmeckt kalt und warm!

Dulcia domestica
Datteln entsteinen und mit Nüssen aller Art, Mandeln, Pinienkernen oder gemahlenem Pfeffer füllen. Kurz in Salz wälzen und anschließend in Honig braten (Honig vorher in der Pfanne zum Kochen bringen). Heiß servieren!

[1] Rezepte der römische Küche.

[2] Sklavenjunge in einer römischen Küche, *Mosaikbild*.

[3] Abendessen in der Villa einer reichen Familie. *Illustration.*

Fast-Food römisch
Die Wohnungen der einfachen Leute in den Mietshäusern der Städte hatten keine eigenen Küchen. Die Leute aßen in den zahlreichen kleinen Gasthäusern billige Schnellgerichte.

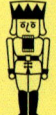

Tipp für die Erarbeitung
– Was sagen Text und Bilder über die Essgewohnheiten und über das Leben der Römer aus?

Tipp für die Präsentation
Ihr könnt
– die Speiseszene nachstellen.
– die beiden Rezepte (Text [1]) zubereiten und servieren.

WEBCODE: MZ648917-118

Wahlseite — Töten als Unterhaltung

1. Informiert euch auf dieser Seite über die Gladiatoren.
2. Präsentiert eure Ergebnisse in geeigneter Form vor der Klasse.

Amphitheater gab es in jeder größeren Stadt, auch in den Provinzen. Dieses in El Djem wurde im Jahre 238 für 35 000 Zuschauer gebaut. Die reichen Einwohner der Stadt haben es selbst finanziert. Es ist das drittgrößte Amphitheater im Römerreich.

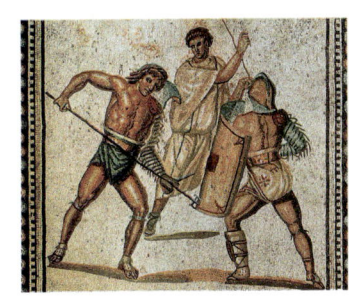

[1] Amphitheater von El Djem, Provinz Africa (heute Tunesien). *Foto.*

[2/3] Gladiatorenkämpfe. *Fußbodenmosaik, 3. Jh.*

[4] **Blutiges Spektakel**

Sven und Yasmin haben im Lexikon einen Artikel über Gladiatorenkämpfe gefunden. Sie notierten:
- **Ursprung:** Begräbnissitten reicher Römer – man opferte Kriegsgefangene oder Sklaven
- bald allgemein beliebt – religiöser Hintergrund geriet in Vergessenheit
- **Politiker bezahlten Spiele:** beim Volk einschmeicheln, Wählerstimmen gewinnen, von Problemen im Staat ablenken
- **Gladiatoren** wurden Profis – lange Ausbildung – selten Kämpfe auf Leben und Tod – Kampf beendet, wenn einer ernsthaft verletzt war
- in der Arena auch öffentliche Hinrichtungen zum Tode Verurteilter
- an Spieltagen morgens Tierhetzen, um die Mittagszeit Hinrichtungen und am Nachmittag Gladiatorenkämpfe

Verfassertext

3. Schreibt aus Text [4] einen für Jugendliche verständlichen Lexikonartikel.

Vor dem Kampf treten wir vor den Kaiser und rufen: „Heil dir, die Todgeweihten begrüßen dich!" Besonders erfolgreiche Gladiatoren wie ich werden als Stars gefeiert und erhalten Gold zur Belohnung. Manch einer konnte sich so schon die Freiheit erkaufen; noch zwei Siege und ich bin auch so weit!

[5] Gladiatoren. *Illustration.*

Tipp für die Erarbeitung
- Erklärt Ursprung sowie Sinn und Zweck der Spiele.
- Beschreibt die Kampfszenen in Abbildung [2]/[3].

Tipp für die Präsentation
- Stellt euch vor, die Arena füllt sich allmählich mit Zuschauern ... Schreibt eine anschauliche und spannende Reportage.

WEBCODE: MZ648917-119

Wahlseite

Götterwelt der Römer

1. Informiert euch auf dieser Seite über die Götterwelt der Römer
2. Präsentiert eure Ergebnisse in geeigneter Form vor der Klasse.

Die römische Glaubenswelt

Wie die Griechen verehrten die Römer ebenfalls eine Reihe von Gottheiten. Dazu gehörten auch Schutzgeister. Am wichtigsten war hierbei der Genius, ein zu jedem Menschen gehörender Schutzgeist.

Auch die Götter und Glaubensvorstellungen eroberter Völker bereicherten die römische Religion, denn es war wichtig, alle Gottheiten versöhnlich zu stimmen. Meist erhielten sie römische Namen. So wurde beispielsweise aus dem griechischen Meeresgott Poseidon der römische Neptun. Die Formen der Verehrung wurden angepasst. So erhielten keltische Fruchtbarkeitsgöttinnen, die Matronen, nun von ihren Verehrern Weihesteine als Dank für erfüllte Bitten. Nach römischer Sitte waren sie kunstvoll behauen und beschriftet.

Römische Bürger durften ihre Religion im Grunde frei wählen, vorausgesetzt dass sie neben ihren persönlichen Vorlieben die Staatsgötter Jupiter, Juno und Minerva sowie den Genius des Kaisers verehrten – eine Bedingung, die den Christen später zum Verhängnis werden sollte.

[2] Weihestein für keltische Göttinnen (Matronen). Noch heute liegen immer wieder Früchte und frische Blumen auf dem alten Stein. *Foto.*

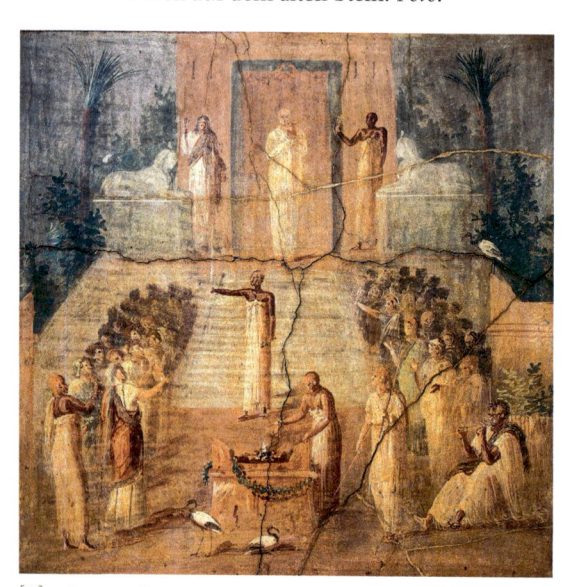

[1] Die „Götter des Kapitols": Jupiter, Juno und Minerva. *Foto*

[3] Ehrung der Göttin Isis. Den Isiskult hatten die Römer in Ägypten kennengelernt. *Gemälde.*

Tipp für die Erarbeitung
– Arbeitet die Besonderheiten der römischen Religion heraus.

Tipp für die Präsentation
– Schildert die Szene in Abbildung [3].
– Diskutiert in einer „Expertenrunde" die Frage: War die römische Religion tolerant?

WEBCODE: MZ648917-120

Wahlseite — Wirtschaft und Technik

1. Informiert euch auf dieser Seite über die Wirtschaft und Technik der Römer.
2. Präsentiert eure Ergebnisse in geeigneter Form vor der Klasse.

Sklaverei als Grundlage antiker Wirtschaft

[1] **Ein Sklavenhändler könnte uns erzählen:**
„Ich bin Plautus, der Sklavenhändler. Bei uns in Rom ist Sklaverei allgemein üblich. Sie bilden die Grundlage unserer gesamten Arbeitswelt. Sklaven sind unfrei und werden wie Gegenstände behandelt. Sie haben ihren Preis und können beliebig verkauft werden. Die meisten Sklaven sind Kriegsgefangene und kommen aus allen gesellschaftlichen Schichten. Sie werden nach ihrer Bildung und ihren Fähigkeiten eingesetzt. Auch Sträflingen droht der Einsatz als Sklave, dann aber als Ruderer oder im Bergwerk. Haussklaven gelten als Teil der Familie und werden in der Regel gut behandelt. Auch in vielen Handwerksbetrieben arbeiten Sklaven, sie erhalten sogar oft einen kleinen Lohn. Sklavinnen, die bei Festen tanzen oder Musik machen, dürfen mit einem Trinkgeld rechnen. So ist es möglich, dass sich Sklaven ihre Freiheit erkaufen. Begüterte Familien schenken ihren Sklaven oftmals die Freiheit."

Verfassertext

Geldgeschäfte

Zahlreiche Münzfunde können uns viel über römisches Leben erzählen. Auf den Münzen der Kaiserzeit war auf der Vorderseite stets der aktuelle Herrscher zu finden. Die Rückseiten informierten über wichtige Ereignisse oder feierten die Größe des Imperiums. Die Bilder reichen vom Brückenbau über am Boden liegende, gefesselte Feinde bis hin zum Kaiser, der von Gott Jupiter die Weltkugel erhält.

[2] Römische Münzen aus der Kaiserzeit. *Foto.*

Techniker der Antike

Im Laufe der Zeit hatten die Römer ein herausragendes technisches Wissen entwickelt. Großbauten wie **Wasserleitungen**, öffentliche **Bäder**, Paläste oder das **Straßennetz** erforderten ausgeklügelte Berechnungen und raffinierte Hilfsmittel wie Baukräne oder Beton. Gut erhaltene Überreste liefern bis heute die Beweise.

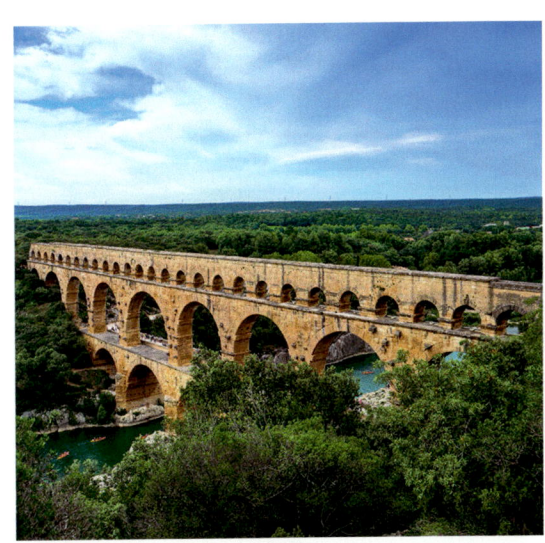

[3] Pont du Gard (Frankreich). Die unterste Etage war eine normale Straßenbrücke und im oberen Teil war die Rinne für eine Wasserleitung untergebracht. *Foto.*

Tipp für die Erarbeitung
– Erläutert die Sklaverei in der Antike.
– Stellt die Sklaverei der heutigen Arbeitswelt gegenüber (listet Rechte und Pflichten von Arbeitnehmern und Arbeitgebern auf).

Tipp für die Präsentation
Ihr könnt eine Spielszene verwirklichen: Gespräch zwischen Julia (langjährige Haussklavin) und Laertes (griechischer Kriegsgefangener, frisch vom Sklavenmarkt).

WEBCODE: MZ648917-121

Die antike Welt wandelt sich

Was führte zum Ende der Römerherrschaft?

[1] Ruinen des Obergermanischen Limes. Limestor in Dalkingen-Aalen. *Foto, 2006.*

Der Obergermanische Limes fällt

Bereits um das Jahr 200 n. Chr. herum bedrohten Alemannen und Markomannen den Limes. 231 n. Chr. wurden Truppen aus dem Limesgebiet abgezogen, um im Osten des Reiches gegen die Perser zu kämpfen. Alemannen und Markomannen nutzten die Schwäche, überrannten den Limes und stießen bis in den Moselraum vor.

Fünf Jahre später startete von Mainz aus ein Gegenangriff. Die Eindringlinge konnten aus dem Limesgebiet vertrieben werden und die zerstörten Befestigungsanlagen wurden wiederhergestellt.

Dieser erste Germaneneinfall führte dazu, dass Zivilsiedlungen und Gutshöfe nicht oder nur teilweise wieder aufgebaut wurden und die Bevölkerung im Limesraum insgesamt zurückging. Auch die Wirtschaftsbeziehungen mit den germanischen Gebieten litten darunter. Weitere Vorstöße der Alemannen fielen mit inneren Unruhen im Römerreich zusammen. Der Obergermanische Limes musste um 260 n. Chr. aufgegeben werden. In Baden-Württemberg gehörten nur noch die Lager Isny (Vemania) und Breisach (Brisiacum) zum Römerreich. Die heutige Landesgrenze deckt sich im Westen, Süden und Südosten ungefähr mit der damaligen römischen Reichsgrenze.

1. Sucht den hier besprochenen Raum auf der Karte [2].
2. Gebt mit eigenen Worten die Gründe an für den Rückzug der Römer bis zum Rhein.
3. Nennt den Zeitraum, in dem das Rasthaus von Claudius und seiner Frau [3] bestand.

[2] Obergermanien und Rätien nach dem Limesfall um 260 n. Chr. *Karte.*

> Mein Mann Claudius und ich haben jetzt hier an der Straße nach Mogontiacum ein Rasthaus eröffnet. Die früheren Bewohner sind nicht mehr da. Die villa rustica war bei den schrecklichen Überfällen der Alemannen teilweise zerstört worden. Wir haben vieles wieder hergerichtet und mussten außerdem umbauen, zum Beispiel eine größere Küche und Toiletten für die vielen Reisenden.

[3] Eine Wirtin erzählt. *Illustration.*

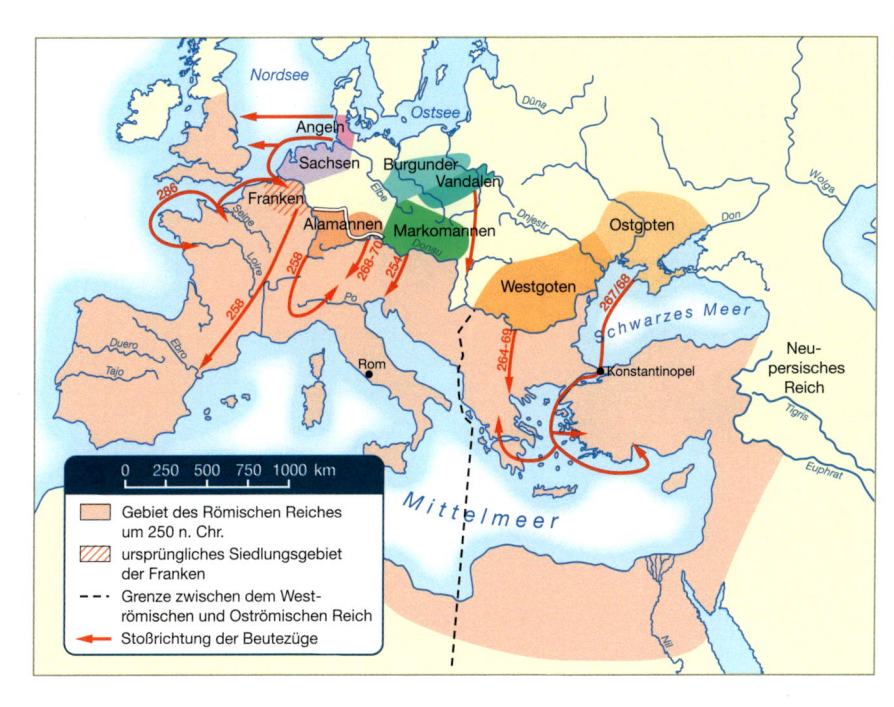

[4] Germanische Völker im 3. Jahrhundert. *Karte.*

[5] Die vier Kaiser, die das Römische Reich von 300 bis 305 regierten: Diokletian, Maximinianus, Galerius und Constantinus. *Skulptur.*

4. Wertet Karte [4] aus; listet auf, welche Völker wann in das Römerreich vorstießen.

Innen- und außenpolitische Probleme

Im 4. Jh. n. Chr. häuften sich Überfälle und blutige Auseinandersetzungen an allen Grenzen. Das hatte innenpolitische Schwierigkeiten zur Folge. Hohe Ausgaben für stärkere Grenzbefestigungen und mehr Truppen bedeuteten höhere Steuern für die Bevölkerung. Große Unzufriedenheit, Geldentwertung und Wirtschaftskrisen waren die Folge.

Einer der Versuche, das Reich zu stabilisieren, war die Aufteilung der Herrschaft auf bis zu vier Kaiser. Kaiser Konstantin, der von 324 bis 337 regierte, stellte vorübergehend die Alleinherrschaft wieder her. Im Jahre 395 wurde das Imperium dann endgültig aufgeteilt in das Weströmische Reich mit der Hauptstadt Rom und das Oströmische Reich mit Konstantinopel als Hauptstadt.

Der Druck mehrerer von außen heranstürmender germanischer und slawischer Völker war im 5. Jahrhundert nicht mehr aufzuhalten. Der letzte weströmische Kaiser Romulus Augustus wurde 476 abgesetzt. Das Oströmische Reich bestand dagegen noch bis 1453.

5. Beschreibt den Zerfall des Römerreichs.
6. Beurteilt die Ursachen des Zusammenbruchs.

Was blieb?

Die Provinzen waren nach dem Abzug der Römer keine menschenleeren Gebiete. Nur die Verwaltungsspitzen, das Militär und reiche Leute, die für ihre Zukunft fürchteten, zogen sich zurück. Die einfache Bevölkerung blieb und versuchte, sich mit den nachdrängenden Germanenvölkern zu arrangieren. Nicht zuletzt dadurch blieben viele Orts- und Personennamen, Bezeichnungen für Gegenstände, bestimmte Techniken und sogar Gebietsgrenzen bis heute erhalten.

Wählt einen der folgenden Arbeitsaufträge aus:

◾ **Wortliste:** 1. mare – 2. familia – 3. strata – 4. plastrum – 5. porta – 6. camera – 7. pater – 8. vinum – 9. fenestra – 10. murus – 11. persicum – 12. oleum – 13. moneta

Das könnte heißen: Öl – Mauer – Fenster – Pfirsich – Wein – Pforte – Geld/Moneten – Kammer – Pflaster – Meer – Straße – Familie – Vater

◾ Schreibt einen zusammenfassenden Zeitungsbericht über Aufstieg und Fall des Römischen Reiches.

WEBCODE: MZ648917-123

Fenster zur Welt — Das Kaiserreich China

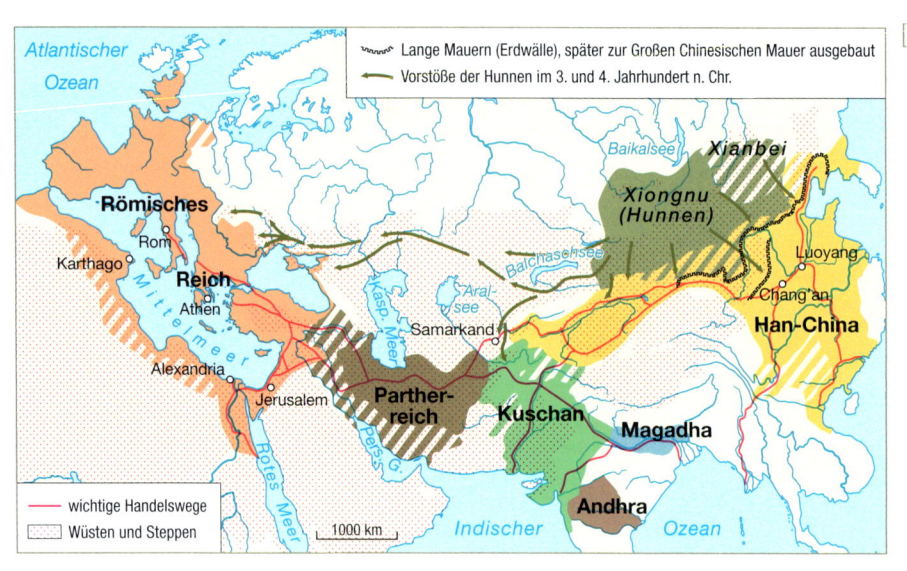

[1] Im Altertum bekannte Gebiete und wichtige Handelswege. *Karte.*

China gehört zu den ältesten Hochkulturen der Welt. Verbindungen zwischen China und Europa hat es seit Beginn der Bronzezeit gegeben. Sie dienten zum Austausch von Handelsgütern und beförderten auch das Wissen über die jeweils andere Kultur und Religion.

Erster Kaiser und die Terrakotta-Armee

König Qin hat das Großreich China 221 v. Chr. vereinigt und bekam dafür den Kaisertitel „erster Erhabene": Shi Huangdi. Bereits kurz nach der Vereinigung begannen im Auftrag des Kaisers militärische Aktionen zur Vergrößerung des Reiches.

[2] Terrakotta-Armee in der Grabanlage. *Foto.*

Unter seiner Herrschaft erfolgte die Vereinheitlichung der chinesischen Schrift, die Gesetzgebung wurde reformiert und man begann mit dem Bau von kaiserlichen Fernstraßen.

Sein Grabmal gehört zu den größten Grabmälern auf der Welt.
Die ca. 2 km lange und 900 m breite Grabanlage ist von rechteckigen Mauern umschlossen. Im Innern ist ein Berg mit dem Grab des Kaisers aufgeschüttet. Daneben sind in Gruben mehr als 7 000 lebensgroße Terrakottafiguren aufgestellt. Die Anlage ist prunkvoll mit Gold, Silber und Edelsteinen ausgestattet. Die Bauarbeiten haben etwa 36 Jahre angedauert.

Das weiße Gold: Porzellan

[3] Porzellan – ein kostbares Handelsgut. *Foto.*

Das weiße, hart gebrannte Porzellan wurde höchstwahrscheinlich im 6. Jahrhundert in China erstmals hergestellt. Den Weg nach Europa fand das Porzellan erst im Mittelalter als unbezahlbare Kostbarkeit. Die Chinesen hielten das Herstellungsverfahren lange Zeit streng geheim.

Papierherstellung

Chinesisches Papier wurde von Hand geschöpft und hatte eine seidenartige Beschaffenheit. Es wurde aus verschiedenen Abfällen (z. B. vom Bast, Hanf, Reste von alten Fischernetzen) gewonnen. Die Fasern wurden zerkleinert, in Wasser aufgelöst und zu einem „Papierbrei" verarbeitet. Aus diesem Brei schöpfte man schichtweise Papierbögen. Die Bögen wurden gepresst, getrocknet und geglättet. So entstand eine feste Oberfläche, die man beschriften konnte. Das Wissen um die Papierherstellung gelangte durch Kaufleute in die arabische Welt und später auch nach Europa.

[5] Die Große Mauer, *Foto*.

[4] Papierfächer aus handgeschöpftem Papier. *Foto*.

Schießpulver

Es waren wohl die Chinesen, die schon vor über tausend Jahren als Erste eine Mischung aus Salpeter, Holzkohle und Schwefel als Sprengstoff, Feuerwerk und Raketentreibstoff entzündeten. Sicher ist, dass die Europäer erst im 14. Jahrhundert dazu kamen.

Die chinesische Mauer

Die chinesische Mauer wird auch als Große Mauer bezeichnet. Sie entstand im 3. Jh. v. Chr. und diente zum Schutz gegen nördliche Grenzvölker. Dieser Schutzwall ist mit dem römischen Limes vergleichbar. Beim Bau dieser riesigen Befestigungsanlage wurden ältere Mauerreste einbezogen. Immer wieder wurde sie erweitert und verändert. In ihrer heutigen Erscheinung ist sie das größte Befestigungswerk der Erde. Sie hat eine Länge von mehr als 7 000 km, war aber wohl zeitweilig sogar über 10 000 km lang. Die durchschnittliche Höhe beträgt 6–8 m und ihre Breite ist an der Basis ebenfalls bis zu 8 m, an der Krone 5–6 m. Heute gehört die Mauer zum UNESCO-Weltkulturerbe.

Seidenraupenzucht

Die Zucht von Seidenraupen wird in China seit ca. 3000 v. Chr. betrieben. Die Weibchen des in China beheimateten Schmetterlings (Seidenspinner) legen in wenigen Tagen 300 bis 700 Eier an den Zweigen des Maulbeerbaumes ab. Aus den Eiern entwickeln sich die Raupen, die ausschließlich die Blätter des Maulbeerbaumes fressen. In 30–35 Tagen ist es soweit: die Raupen fangen an, einen Kokon zu spinnen. Aus diesem Kokon werden die Seidenfasern gewonnen.

[6] Hofdamen glätten Seide. *Buchmalerei*.

Wählt einen der folgenden Arbeitsaufträge aus:

- Nennt wichtige chinesische Erfindungen und erklärt, wie sie nach Europa gelangten.

- Wählt zwei chinesische Erfindungen aus und beschreibt ihre Herstellung.

- Charakterisiert das Kaiserreich China als Großreich und vergleicht es mit dem Imperium Romanum (Herrschaftsform, Machtbefugnisse der Kaiser, Grenzanlagen).

Geschichte aktiv

Vielleicht habt ihr Lust, etwas aus dem Alltag der Römer nachzustellen.
Dazu hier auf dieser Seite ein paar Anregungen.
Denkt auch daran, euer Portfolio zu führen:

- schöne Ergebnisse in Text und Bild sammeln
- Lernerfahrungen zum Thema „Römisches Weltreich" und zum Thema „Was die Menschen im Altertum voneinander wussten" notieren.

1. Wachstäfelchen herstellen

Auch die meisten kleinen Römer gingen zur Schule. Schreibübungen erledigten sie mit angespitzten Stäbchen auf Wachstäfelchen. Man konnte die Oberfläche nach Gebrauch mit einem Spachtel immer wieder glatt streichen. Deshalb wurden sie auch im Alltag für Notizen oder Berechnungen genutzt.

▶ Seht euch die Anleitung [1] genau an, beschafft das nötige Material und stellt selber Wachstäfelchen her.

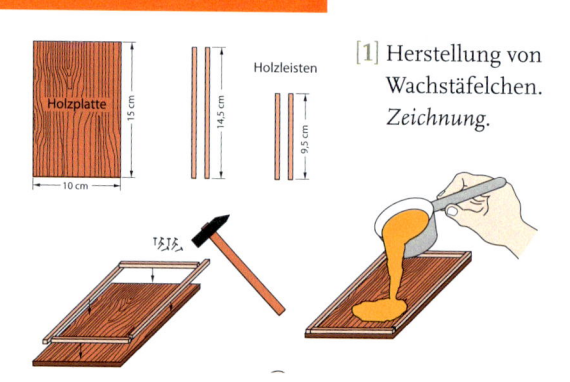

[1] Herstellung von Wachstäfelchen. *Zeichnung.*

2. Römische Kleidung tragen

Römische Kleidung lässt sich leicht aus Bettlaken oder altem Vorhangstoff nachahmen. Es braucht nichts genäht zu werden, die richtige Wickeltechnik reicht. Aber die erfordert einige Übung!
Versucht, nach der Zeichnung [2] eine Toga anzulegen. Beschafft euch weitere Vorlagen für römische Kleidung und probiert sie aus.

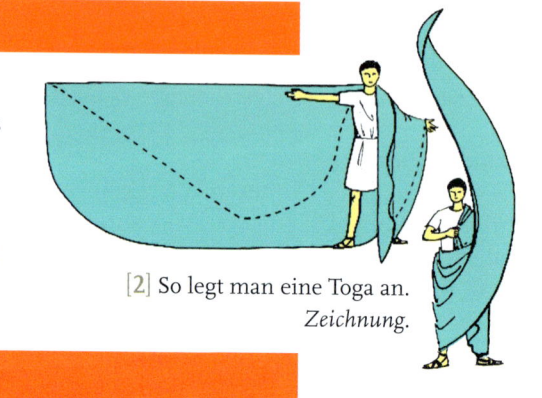

[2] So legt man eine Toga an. *Zeichnung.*

3. Ein Römerfest veranstalten

Ihr könnt ein kleines Römerfest in der Klasse veranstalten.
Dazu muss der Klassenraum „römisch" aussehen.
▶ Besorgt Tapetenrollen, auf deren Rückseiten die Gestaltungsvorschläge gemalt werden.
▶ Drapiert Vorhänge.
▶ Legt Matratzen als „Speisesofas" in eine Ecke, dort ruht abwechselnd eine passend gekleidete römische Familie.
▶ Stellt Wachstäfelchen vor Publikum her.
▶ Führt Kleidung vor.
▶ Lasst einen „Zeitreisenden" Typisches aus der Römerzeit erklären.

[3] Römerfest in der Klasse. *Illustration.*

WEBCODE: MZ648917-126

Das kann ich!

[1] Größte Ausdehnung des Römerreiches. *Karte.*

[2] Kaiser Augustus. *Münzbild.*

[3] **Begriffe und ihre Bedeutung**

Völkerwanderung	Römische Soldaten
Limes	Oberhaupt der Familie
Legionäre	massenhaftes Eindringen von Fremden in das Römerreich
pater familias	Befestigte Grenze zum freien Germanien
Thermen	Adelsfamilien
Patrizier	Staatsform ohne König
Plebejer	einfache Bürger
Republik	öffentliche Bäder

Fragekompetenz
1. Vergleicht eure Fragen vom Anfang des Kapitels mit dem jetzigen Wissensstand und notiert Dinge, die noch geklärt werden müssten.

Sachkompetenz
2. Erzählt die Gründungssage Roms und vergleicht mit den archäologischen Ergebnissen.
3. Schildert die weitere Ausdehnung des Reiches und nennt heutige Staaten, die damals römisch waren [1].
4. Erläutert einen der folgenden Sachverhalte: Die römische Familie – Leben in der Provinz – Gladiatoren – Götter und Glauben
5. Berichtet über den Zerfall des Römischen Weltreiches und nennt Gründe.
6. Ordnet den Begriffen aus [3] die jeweils passende Erklärung zu.

Methodenkompetenz
7. Nennt wichtige Schritte bei der Erschließung von Textquellen.

Reflexionskompetenz
8. Beurteilt die politischen Möglichkeiten aller Menschen im Römerreich.
9. Augustus [2] stellt sich selber als Friedenskaiser dar. Bewertet seine Taten aufgrund eurer Informationen.

Orientierungskompetenz
10. Vergleicht die politischen Rechte der Menschen zur Römerzeit mit heute und findet Unterschiede heraus.
11. Erklärt, warum die lange Zugehörigkeit unseres Landes zum Römerreich wichtig für unser heutiges Leben sein könnte.
12. Charakterisiert China als Großreich und vergleicht in Grundzügen mit dem Römischen Reich. Siehe dazu: Seite 124–125.

ADLOCVTIO
QVA DIVINI
TVS IMPVLSI
CONSTANTINI
ANI VICTORIAM
REPERERE

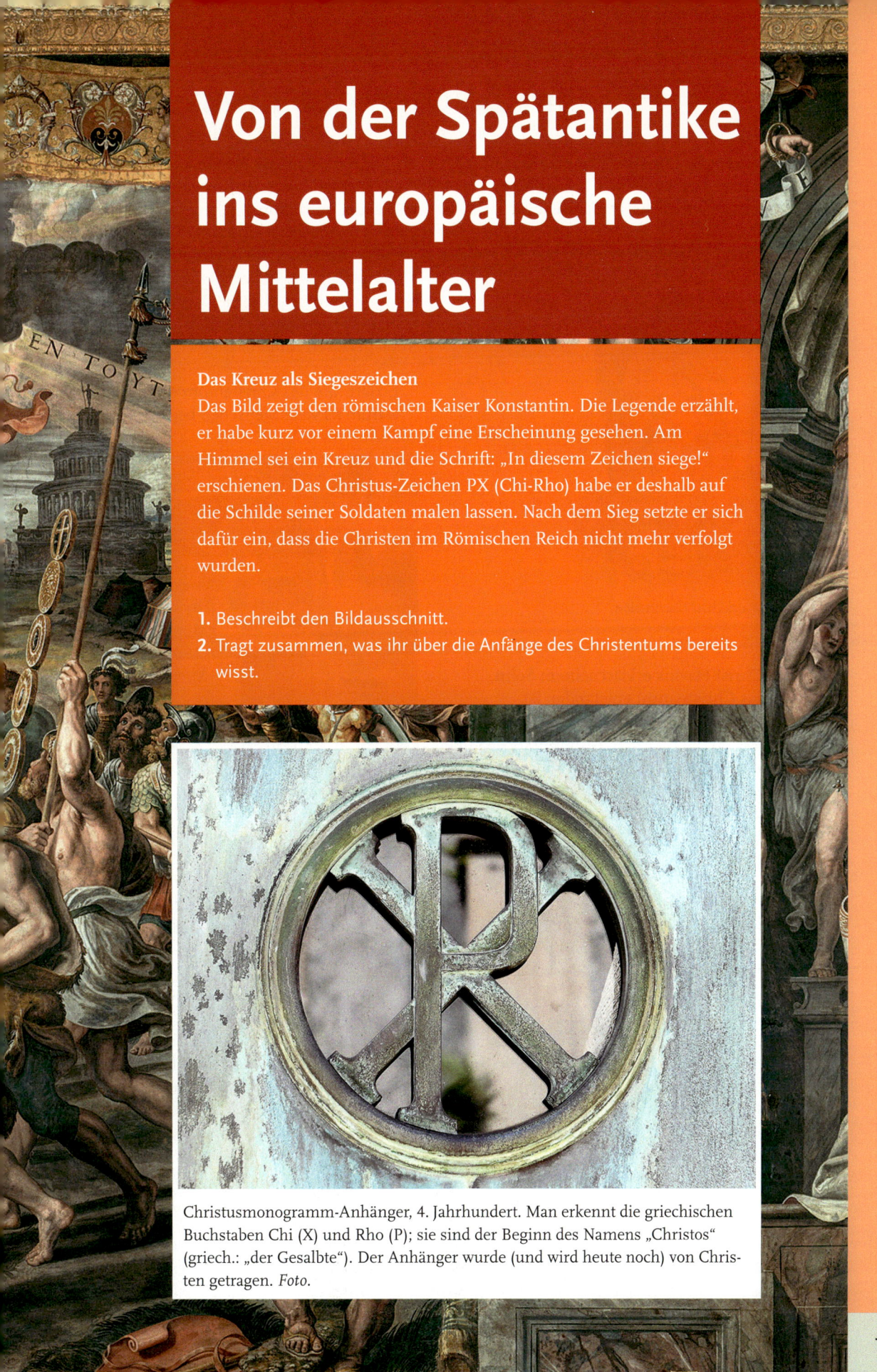

Von der Spätantike ins europäische Mittelalter

Das Kreuz als Siegeszeichen
Das Bild zeigt den römischen Kaiser Konstantin. Die Legende erzählt, er habe kurz vor einem Kampf eine Erscheinung gesehen. Am Himmel sei ein Kreuz und die Schrift: „In diesem Zeichen siege!" erschienen. Das Christus-Zeichen PX (Chi-Rho) habe er deshalb auf die Schilde seiner Soldaten malen lassen. Nach dem Sieg setzte er sich dafür ein, dass die Christen im Römischen Reich nicht mehr verfolgt wurden.

1. Beschreibt den Bildausschnitt.
2. Tragt zusammen, was ihr über die Anfänge des Christentums bereits wisst.

Christusmonogramm-Anhänger, 4. Jahrhundert. Man erkennt die griechischen Buchstaben Chi (X) und Rho (P); sie sind der Beginn des Namens „Christos" (griech.: „der Gesalbte"). Der Anhänger wurde (und wird heute noch) von Christen getragen. *Foto*.

Schauplatz — Im Zeichen des Kreuzes

Warum waren die Christen zuvor verfolgt? Wie entstand überhaupt das Christentum? Das erfahrt ihr auf dieser Doppelseite.

Das Christentum entsteht

[1] Flavius erzählt. *Illustration.*

[2] **Der Christ Flavius erklärt seinem Sohn, wie das Christentum entstanden ist.**
Also, das musst du dir so vorstellen: Jesus war ja selbst Jude. Als Sohn einer Handwerker-Familie wurde er in Palästina zur Zeit des römischen Kaisers Augustus geboren. Er zog als Wanderprediger durch Städte und Dörfer und sagte den Leuten, dass man seine Mitmenschen achten und lieben solle, weil alle Kinder Gottes sind! Weil Jesus den jüdischen Gott Jahwe seinen „Vater im Himmel" nannte, aber auch weil er sich Menschen zuwandte, die am Rand der Gesellschaft standen – Kranke, Arme, Verachtete und Ausgestoßene –, machte er sich viele Feinde.
Die jüdischen Priester zeigten ihn an. Der Statthalter der römischen Verwaltung, Pontius Pilatus, verurteilte ihn zur Strafe der Kreuzigung. Das war eine ganz unwürdige Hinrichtungsart, die eigentlich Schwerverbrechern vorbehalten war. Was für ein Schock für die Anhänger von Jesus! Ihr einziger Trost: Sie waren überzeugt, dass er wieder lebendig geworden und aus dem Grab in den Himmel aufgestiegen sei. Nach seinem Tod kamen sie immer wieder zusammen, um an ihn zu denken. Sie versuchten auch, nach seinen Ermahnungen zu leben. Jesus' Ehrenname „Christos" (griech. der Gesalbte) gab der neuen Glaubensgemeinschaft den Namen.

So bildeten sich die ersten Gemeinden; und es dauerte nicht lange, da kam die Nachricht von Jesus auch nach Rom. ‚Jeder wird vom Gott der Christen geliebt und kann ins Paradies kommen!' – Das war für die Armen, Kleinbauern, Handwerker und Sklaven eine ganz neue, verheißungsvolle Botschaft! Sie überzeugte viele Menschen, die sich von den römischen Göttern im Stich gelassen fühlten.

1. Erklärt, wie das Christentum entstand und warum es viele Menschen begeisterte.

[3] Die Christen hatten den Brauch, ihre Toten in Katakomben (unterirdischen Gängen) zu bestatten. Vom 2. bis zum 5. Jahrhundert wurden die Katakomben von den Christen erheblich ausgebaut. Im Laufe der Zeit entstanden hier Stätten der Heiligenverehrung, an denen auch Gottesdienste und christliche Festversammlungen stattfanden. *Foto.*

Wie die Römer das Christentum erleben
Im römischen Staat hatte der Kaiser eine gottgleiche Stellung. Als oberster Priester hatte er dafür zu sorgen, dass den Göttern geopfert wurde, damit Glück und Wohlstand im Land herrschten. Wer nur den Göttern öffentlich opferte, konnte privat glauben, was er wollte.
Weil die Christen solche Opfer aber als „Götzendienst" ablehnten, stellten sie sich damit – nach Meinung der Römer – auch gegen den römischen Staat: Das empfanden viele Römer als Angriff auf alles, was ihnen wichtig war. Die Ausgrenzung und Verfolgung der Christen nahm ihren Anfang.

Trotz Verfolgung ließen sich die Christen nicht unterdrücken

In den Zeiten der Verfolgung (zuerst unter Kaiser Nero, 64 n. Chr., später auch unter anderen Kaisern) hatte es viele Tote unter den Christen gegeben. Sie waren in der Arena wilden Tieren vorgeworfen oder als lebendige Fackeln verbrannt worden.

[4] Christen in der Arena vor wilden Tieren. *Illustration.*

Aber obwohl man christliche Gotteshäuser zerstörte, heilige Bücher verbrannte und die Christen wie Kriminelle behandelte, gaben die Anhänger von Jesus nicht auf. Mussten Gemeindemitglieder ihr Leben lassen, verehrte man sie als Märtyrer. Aus ihrem Beispiel schöpften die anderen Gläubigen Kraft und Mut. Die gemeinsamen Sprachen (Griechisch, Lateinisch) und die guten Verkehrsverbindungen im Römischen Reich erleichterten die schnelle Verbreitung des Christentums.

Immer mehr römische Bürger, darunter auch Politiker und Soldaten, waren selbst Christen geworden – oder stellten sich gegen die Verfolgungen.

2. Erklärt wie die Christen zu „Staatsfeinden" wurden. Beurteilt die Haltung der Römer.

Konstantins Sieg beendet die Verfolgung der Christen

In der Schlacht an der Milvinischen Brücke bei Rom am 28. Oktober 312 besiegte Konstantin I. seinen Gegner Maxentius und wurde damit zum alleinigen Herrscher im römischen Westreich.

Konstantin war davon überzeugt, dass er die Schlacht mit Gottes Hilfe gewonnen hatte, und er setzte sich dafür ein, dass die Christenverfolgung im Römischen Reich verboten wurde.

Nach seinem Sieg führte er 313 n. Chr. die freie Religionsausübung für alle Menschen ein. Wenig später sollte das Christentum Staatsreligion werden. Diese totale Kehrtwende bezeichnen die Historiker als „Konstantinische Wende".

Das Christentum wird Staatsreligion

Der römische Kaiser Theodosius I. erklärte einige Jahrzehnte später das Christentum sogar zur Staatsreligion und verbot die Verehrung der alten Götter – was sich aber nicht sofort durchsetzen ließ.

[5] Kaiser Theodosius auf einer römischen Münze

Wählt einen der folgenden Arbeitsaufträge aus:

- Notiert in Stichpunkten, wie das Christentum sich von der Verfolgung bis zur Staatsreligion entwickelte.

- Verfasst eine kurze Geschichte: Christen haben sich in einem geheimen Raum versammelt, um Gottesdienst zu feiern. Plötzlich hören sie römische Soldaten kommen…

- Entwerft einen Dialog zwischen zwei römischen Personen, die diskutieren, ob die Christen im römischen Staat geduldet werden sollen oder nicht.

Orientierung

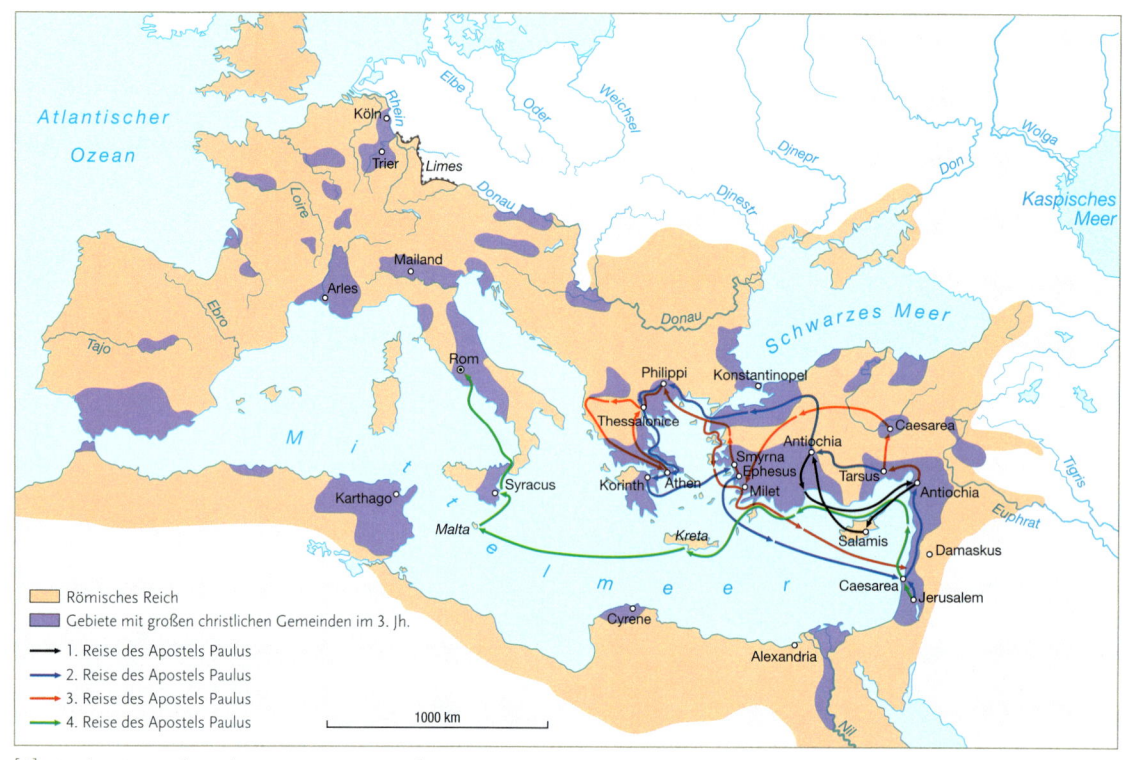

[1] Ausbreitung des Christentums im 3. Jh. *Karte.*

Legende:
- Römisches Reich
- Gebiete mit großen christlichen Gemeinden im 3. Jh.
- 1. Reise des Apostels Paulus
- 2. Reise des Apostels Paulus
- 3. Reise des Apostels Paulus
- 4. Reise des Apostels Paulus

Von Palästina in die Welt der Römer

Die Anhänger Jesu wurden „Jünger" genannt. Sie verbreiteten seine Lehre in der damals bekannten Welt. Zwei von ihnen wurden besonders berühmt: Petrus und Paulus. Während Petrus sich hauptsächlich um die Juden-Christen in seiner Heimat kümmerte, unternahm Paulus viele Reisen durch Kleinasien. Dabei verkündete er die neue Lehre und gewann viele neue Gläubige. Im gesamten Gebiet des Römischen Reiches bildeten sich nach und nach christliche Gemeinden.

1. Wertet die Karte [1] mithilfe eines Atlas aus:
   a) Welche heutigen Länder bereiste der Apostel Paulus?
   b) In welchen Gegenden gab es im 3. Jahrhundert schon größere christliche Gemeinden?

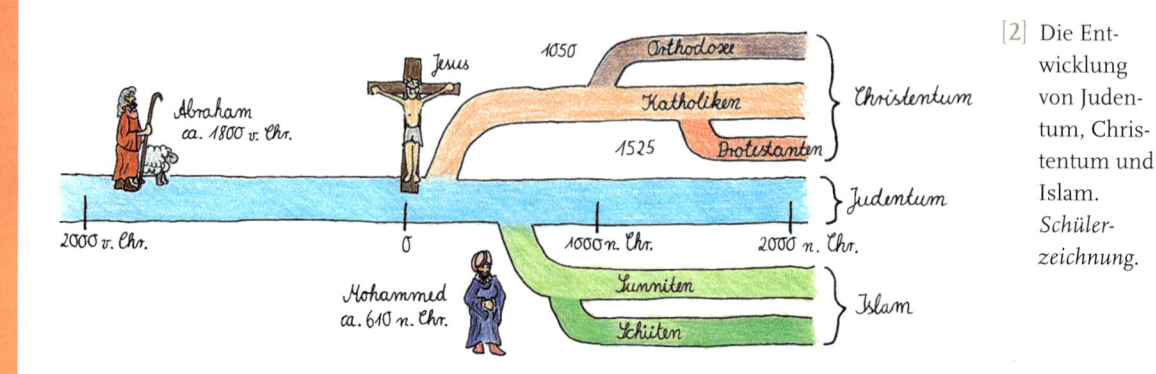

[2] Die Entwicklung von Judentum, Christentum und Islam. *Schülerzeichnung.*

vor Christi Geburt

▶ **63 v. Chr.**
die Römer besetzen Judäa

▶ **0**
die Geburt Jesu (wird als „Jahr 0" angesetzt)

nach Christi Geburt

▶ **64 n. Chr.**
die Apostel Petrus und Paulus sterben den Märtyrertod

▶ **313 n. Chr.**
Konstantin siegt im Zeichen des Kreuzes

▶ **391 n. Chr.**
das Christentum wird Staatsreligion

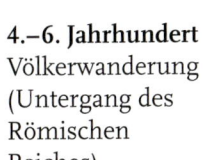

▶ **4.–6. Jahrhundert**
Völkerwanderung (Untergang des Römischen Reiches)

▶ **496 n. Chr.**
Frankenkönig Chlodwig lässt sich taufen

▶ **800 n. Chr.**
Kaiserkrönung Karls des Großen in Rom

▶ **1054 n. Chr.**
die Ostkirche in Konstantinopel/Byzanz spaltet sich ab („Orthodoxe Kirche")

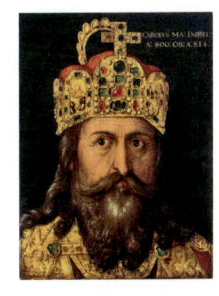

[3] Zeittafel

▶ Von der Spätantike ins Mittelalter

Wie ist das Christentum entstanden und wie hat es sich im Römischen Reich ausgebreitet?
Wie wurde das Frankenreich zum europäischen Großreich?
Welche Bedeutung hatte das Miteinander von Kaisertum und Papsttum?
Wie hat sich die Begegnung zwischen der islamischen und der christlichen Kultur ausgewirkt?

Auf diese und ähnliche Fragen findet ihr im folgenden Kapitel Antworten.

Wichtige Kompetenzen in diesem Kapitel

Fragekompetenz
▶ Fragen an die Vergangenheit stellen und vorgegebene historische Fragestellungen nachvollziehen
▶ Schritte zur Untersuchung geschichtlicher Fragen planen

Methodenkompetenz
▶ Textquellen vergleichen

Reflexionskompetenz
▶ Deutungen aus verschiedenen Perspektiven erkennen, vergleichen und beurteilen

Orientierungskompetenz
▶ die eigene Kultur mit anderen Kulturen in ihrer historischen Bedingtheit vergleichen und bewerten (Identität, Alterität)

Sachkompetenz
▶ die Ausbreitung des Christentums in Europa und im Vorderen Orient beschreiben und die Bedeutung der Christianisierung für das Imperium Romanum beurteilen
▶ die Gründung des Frankenreiches und die Erneuerung der Reichsidee erklären
▶ die Expansion des Islam und die Bedeutung der islamischen Welt für die europäische Kultur beschreiben

Drei Weltreligionen – ein Ursprung

Was haben die drei Religionen gemeinsam?
Christen, Juden und Muslime lebten während des Mittelalters häufig friedlich miteinander. Gemeinsam ist ihnen der Glaube an den einzigen Gott. Abraham ist für sie alle der „Stammvater des Glaubens".

Grundzüge der drei Weltreligionen
Für Juden, Christen und Muslime ist Abraham mit seinem Gehorsam und Vertrauen zu Gott bis heute ein großes Vorbild im Glauben. Weil alle drei Religionen ihre Ursprünge auf Abraham zurückführen, spricht man von den „abrahamischen Religionen. Alle drei Religionen stammen aus dem Vorderen Orient und verehren nur einen Gott.

Abraham/Ibrahim
(geschätzt ca. 1900 bis ca. 1800 v. Chr.)
Leben: er lebte in Ur (heute: Irak) verließ auf Weisung Gottes seine Heimat, Umzug nach Palästina.
In hohem Alter bekam er einen Sohn, Isaak. Um Abraham auf die Probe zu stellen, befahl ihm Gott, Isaak zu töten. Abraham gehorchte. Als er gerade seinen Sohn opfern wollte, erschien ein Engel im Gottes Namen und rief ihm zu: „Streck deine Hand nicht gegen den Knaben aus und tue ihm nichts zuleide! Denn jetzt weiß ich, dass du Gott fürchtest." Anstelle Isaaks opferte dann Abraham ein Lamm.
Grabstätte: „Drei-Religionen-Bau" in Hebron (im heutigen Palästina); Pilgerort für Juden, Christen und Muslime.

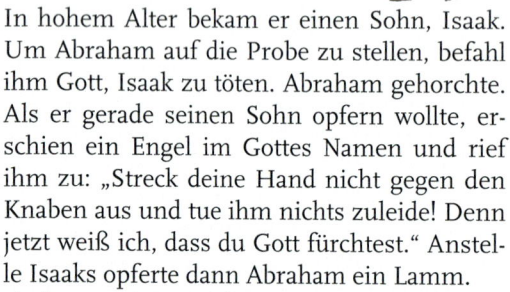

Judentum
Begründer: Abraham (und seine Söhne)
Heilige Schrift: Thora
Gotteshaus: Synagoge
Weitere Besonderheiten: Der Bund mit Gott; Gott (Jahwe) hat mit dem Stammesvater Jakob einen Bund geschlossen und die Israeliten zum „auserwählten Volk" bestimmt. Durch die Übergabe der Zehn Gebote an Moses wurde dieser Bund nochmals bekräftigt.
Wichtige Feiertage: Pessach, Chanukka

Christentum
Begründer: Jesus Christus
Heilige Schrift: Bibel
Gotteshaus: Kirche
Weitere Besonderheiten: Es gibt nur einen Gott und Jesus Christus ist sein Sohn; der Glaube an die Auferstehung; Die Taufe ist ein Zeichen für das Wegwaschen der Sünden und für die Aufnahme in die christliche Kirche. **Wichtige Feiertage:** Ostern, Weihnachten

Islam
Begründer: Mohammed
Heilige Schrift: Koran
Gotteshaus: Moschee
Weitere Besonderheiten: Glaubensbekenntnis: „Es gibt nur einen Gott (Allah) und Mohammed ist sein Gesandter"; gläubige Muslime sollen fünfmal am Tag beten, eine Abgabe für die Armen leisten und eine Pilgerfahrt nach Mekka unternehmen.
– Fastenmonat „Ramadan" (30 Tage)
– Fest des Fastenbrechens „Bairam" (3 Tage)

[1] Christliche Mönche. *Illustration.*

[2] In einer Moschee. *Illustration.*

1. Zählt die Gemeinsamkeiten der drei Weltreligionen auf.
2. Begründet die Aussage, dass die drei großen Weltreligionen Judentum, Christentum und Islam eine gemeinsame Wurzel haben.

Was ihr noch tun könnt...
- euch über die Feste der drei Weltreligionen näher informieren

Juden im mittelalterlichen Europa

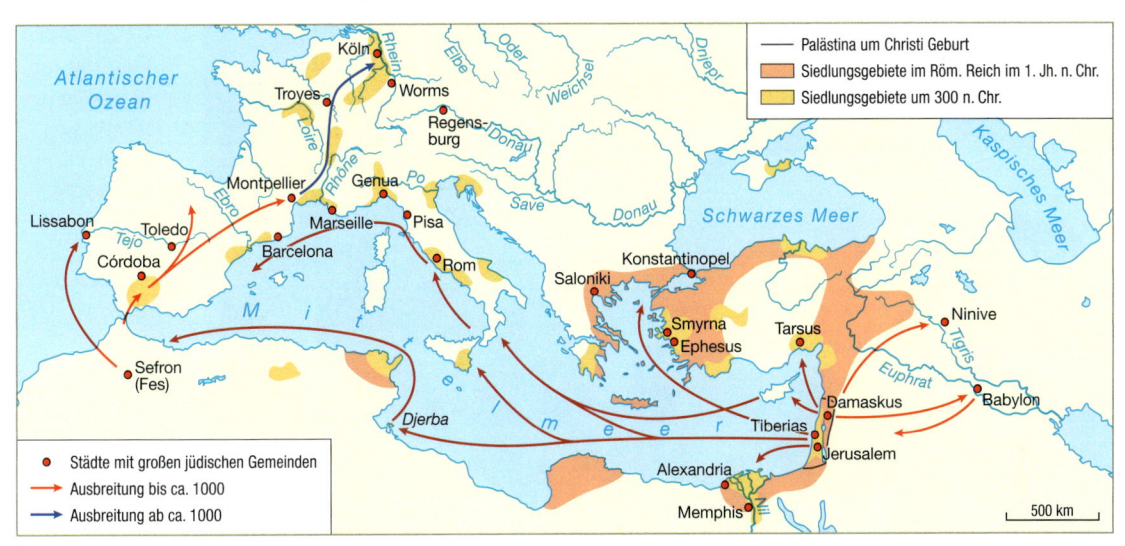

[1] Wichtige jüdische Gemeinden und Siedlungsgebiete 100–1100 n. Chr. *Karte.*

1. Wertet die Karte [1] aus. Wo lagen größere jüdische Siedlungsgebiete in Europa?

[2] Vor einer Synagoge. *Illustration.*

Die Vertreibung aus Palästina
Im Jahr 63 v. Chr. besetzten die Römer Palästina, das Land der Juden. Ein Aufstand gegen die römische Fremdherrschaft endete mit der Zerstörung des Tempels und der Vertreibung der Juden aus Palästina (70 n. Chr.). Nach ihrer Vertreibung siedelten sich die Juden überall in der damals bekannten Welt an. Sie handelten mit Seide, Pelzen und Gewürzen und waren sehr angesehen. Alle Juden sprachen eine gemeinsame Sprache (Hebräisch) und waren zu gegenseitiger Hilfe und Gastfreundschaft verpflichtet.

Entstehung von jüdischen Gemeinden
Die ältesten jüdischen Gemeinden entstanden in dem Mittelrhein-Gebiet: in Mainz, Trier, Worms und Speyer. Könige und Bischöfe unterstützten die jüdischen Niederlassungen und verliehen den dort ansässigen Juden Handelsprivilegien, um die wirtschaftliche Bedeutung ihrer Städte zu fördern.

Die ältesten Gemeinden im späteren Baden-Württemberg sind im 11. Jahrhundert nachgewiesen. Die ersten Juden lebten vermutlich in Heilbronn, aber auch in Schwäbisch Hall, Esslingen und Schwäbisch Gmünd gab es Juden. Diese mussten sich ihr Bleiberecht durch Geld erkaufen und für die Schutzleistung durch den Herrscher hohe Steuern zahlen.

Verfolgung und Ausgrenzung
Aus Anlass des Ersten Kreuzzuges (1096) ins Heilige Land verschärften sich die Angriffe auf die jüdischen Gemeinden in Deutschland und Europa. In manchen Orten wurden alle jüdischen Männer, Frauen und Kinder ermordet. Aber auch nach dem Ende der Kreuzzüge wurden die Juden weiterhin mit unwahren Anschuldigungen verfolgt: besonders während der Pestepidemie 1348/49 wurden die Juden beschuldigt, sie hätten Brunnen vergiftet, Christenkinder ermordet oder sogar die Pest ausgelöst. Neid und Missgunst spielten oft eine verschärfende Rolle.

2. Beschreibt und bewertet die Situation der Juden im mittelalterlichen Europa.

Das Römische Reich zerfällt

[1] Germanische Stämme auf dem Weg ins Römische Reich. *Illustration.*

Der Sturm der Völkerwanderung bricht los
Viele im nördlichen Europa lebenden Germanenstämme hatten alles zusammen gepackt, ihr Hab und Gut aufgeladen, und sich mit ihren Familien auf den Weg nach Süden gemacht. Ihr Zug führte in entfernte Gegenden, auch ins Gebiet des Römischen Reiches.

1. Lest den (erfundenen) Bericht und notiert Stichworte zu den Gründen für die Wanderung und das Verhalten der Flüchtlinge.

[2] **406 n. Chr. – Jahr des Schreckens!**
Bericht des römischen Militärkommandanten von Mainz
Seit der Limes sie nicht mehr aufhält, fallen germanische Völkerstämme wie die Sueben und Alemannen ins Römische Reich ein. Den Rhein haben sie jetzt im Winter schon überschritten! Sie sind Flüchtlinge aus den nördlichen Gebieten am Fluss Elbe. Sie fliehen vor der Übervölkerung, schlechtem Klima und Hunger oder der Bedrohung durch die wilden Reiter der Hunnen. Nun dringen sie in unsere Gebiete ein. Mit Waffengewalt nehmen sie sich einfach alles, was sie brauchen können. Eine furchtbare Plage! Die Flut der Germanen überrollt uns ...
Wir brauchen dringend Hilfe und Verstärkung unserer Truppen.

Fiktiver Text, Autorenbeitrag.

Die römische Verteidigung versagt
Das Römische Reich musste sich schon länger gegen Feinde an den Grenzen und Unruhen im Inneren des Landes wehren. Auch um die Verteidigung und die Verwaltung besser zu organisieren, wurde das riesige Reich Ende des 4. Jahrhunderts in zwei Hälften geteilt. Nun sollten zwei gleichberechtigte Kaiser in den Städten Rom und Konstantinopel (später: Byzanz) jeweils ihren Teil regieren. Gegen die immer wieder anstürmenden germanischen Stämme wurde dies jedoch immer aussichtsloser.

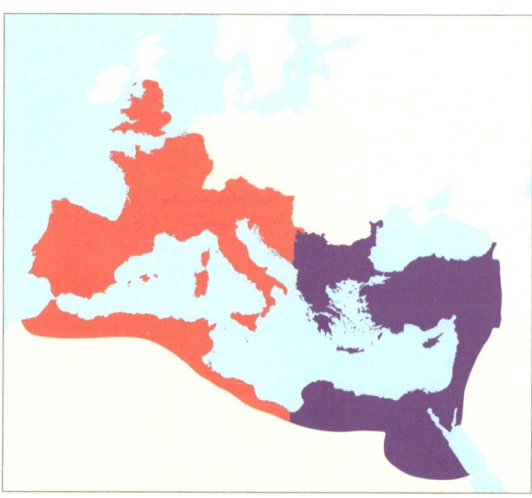

[3] Das Imperium Romanum im Jahr 395 n. Chr. (Gebiete Westroms = rot; Gebiete Ostroms = lila)

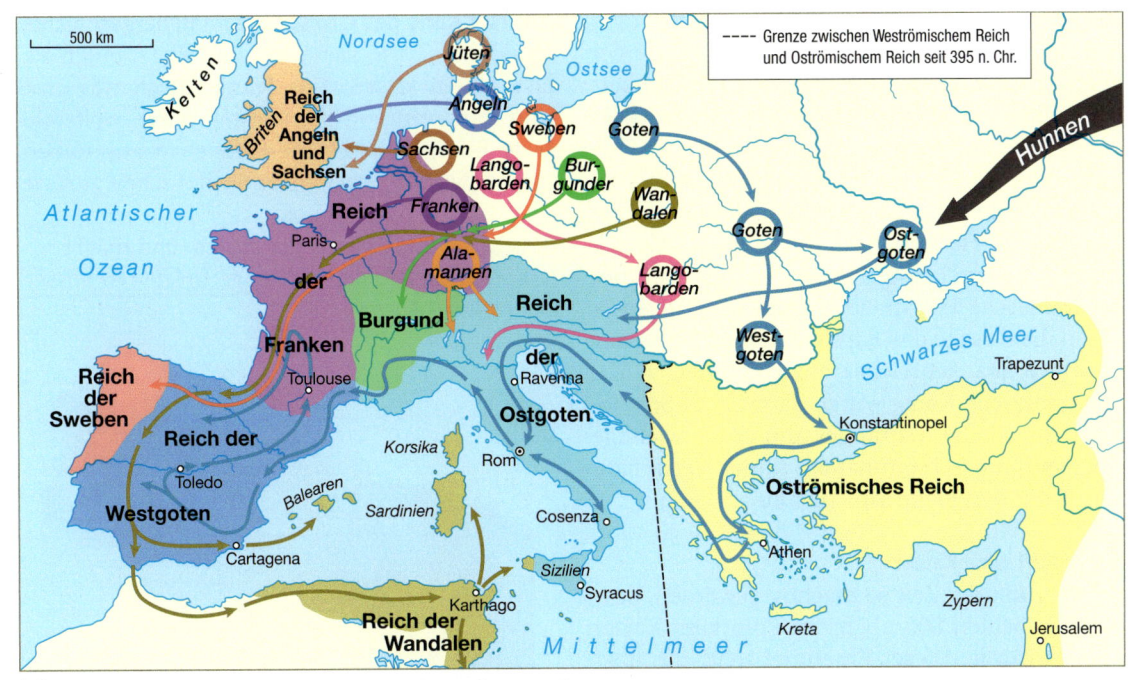

[4] Bevölkerungsbewegungen während der Völkerwanderung. *Karte.*

2. Wertet die Karte [4] aus; notiert die wandernden Stämme und entnehmt der Karte die Richtung und das Ziel ihrer Wanderungen.

Die fränkischen Merowinger

Viele Stämme stritten um die Vorherrschaft in Teilen Europas. Chlodwig, aus der Familie der Merowinger, war schließlich der Erfolgreichste. Der Geschichtsschreiber Gregor von Tour berichtet, Chlodwig habe die Alemannen in der Schlacht bei Zülpich (496 n. Chr.) besiegt. Seine Frau habe ihm zuvor geraten, den Gott der Christen um Hilfe zu bitten. Das soll er auch mit den Worten getan haben: „Wenn Du mir gegen meine Feinde hilfst, will ich an Dich glauben!"

Chlodwig lässt sich taufen

Nach dem Sieg ließ sich Chlodwig vom katholischen Bischof Remigius von Reims taufen. Durch die Verbindung zur römischen Kirche wurde das Frankenreich die wichtigste Macht im christlichen Abendland.

3. Erklärt, welche Vorteile Chlodwigs Übertritt zum katholischen Christentum mit sich brachte.

[5] Taufe Chlodwigs. *Gemälde.*

Wählt einen der folgenden Arbeitsaufträge aus:

- Beschreibt Kleidung und Bewaffnung der germanischen Stämme (Bild [1]).

- Erläutert schriftlich die Veränderungen im Mittelmeer-Raum. Wertet dazu die Karten [3] und [4] aus.

WEBCODE: MZ648917-137

Karl der Große

Die Karolinger übernehmen die Herrschaft

Das Volk der Franken konnte sich am Ende der Völkerwanderungszeit unter seinen Königen aus der Familie der Merowinger große Gebiete Galliens sichern und dort die Macht ausüben.
Bald erwiesen sich die Merowinger aber als zu schwach. Ihre obersten Verwalter, die Hausmeier, konnten die Herrschaft an sich reißen. Als der Papst in Italien Schwierigkeiten bekam, half ihm der fränkische Hausmeier Pippin der Jüngere – gegen die Zusage des Papstes, ihn als König des gesamten Frankenreiches anzuerkennen. (751). Der fränkische König wurde damit zum Schutzherrn der Kirche. Damit gewann er die wichtige Anerkennung (= Legitimation) seiner Herrschaft. Sein Sohn Karl folgte ihm als König.

König Karl wird Kaiser

Karl war mit der Zeit so mächtig geworden, dass er Weihnachten 800 n. Chr. in Rom zum Kaiser gekrönt wurde. Dieser Ehrentitel sollte ihn über die Könige erheben und dem Kaiser in Ostrom (Byzanz/Konstantinopel) gleichstellen.

[1] Papst Leo III krönt Karl in Rom zum Kaiser. *Buchmalerei Grandes Chroniques de France (1450)*

Der Kaiser als mächtiger Herrscher und der Papst als religiöses Oberhaupt handelten von nun an häufig im gemeinsamen Interesse.
Aber die Zusammenarbeit sollte nicht ohne Konflikte bleiben …

1. Erklärt, wie es dazu kam, dass die Hausmeier zu Königen aufsteigen konnten.
2. Vermutet, weshalb es bei der Zusammenarbeit von weltlichem (Kaiser) und geistlichem Oberhaupt (Papst) zu Problemen kommen konnte.

Am Hof Karls des Großen – eine Bildergeschichte

In Aachen hatte sich Karl eine Pfalz, einen Palast, bauen lassen. Das Frankenreich war groß und Karl reiste oft monatelang durch weite Gebiete Europas, um seine Herrschaft auszuüben. Immer wieder gern kam er nach Aachen zurück.

3. Lest die Bildergeschichte durch und macht daraus eine Radio-Reportage: „*Heute ist unser Sender in Aachen …*"

Die Pfalz mit Kirche.

Karl im Kreise seiner Berater.

Erfahrene Krieger, Geistliche und Gelehrte gehörten zum inneren Kreis.

Karl schickt Boten mit genauen Aufträgen in alle Teile seines Reiches.

Karl kehrt von einem seiner vielen Kriegszüge zurück und wird begrüßt.

In den warmen Heilquellen von Aachen erholt Karl sich von den Strapazen seiner Kriegszüge.

Karl war es sehr wichtig, dass die Ausbildung verbessert wurde. Deshalb richtete er eine Schreibschule ein.

Ein Herrscher packt an – eine Bilanz

Der nachstehende Text zählt einige von Karls Taten auf.

1. Karl erst König der Franken, dann Kaiser, trug den Beinamen „der Große". Zielbewusst, ausdauernd – und oft gewaltsam – schuf er mit seinem Reich die Grundlagen Europas.
2. Es gelang ihm, römische Traditionen mit germanischen Elementen zu verbinden.
3. Das römisch-katholische Christentum sollte die verschiedenen Völker und Stämme auch im Glauben und Denken vereinigen.
4. Aus seinem Kaisertum entwickelte sich später das viele Jahrhunderte bestehende Heilige Römische Reich Deutscher Nation.
5. Karl führte während seines Lebens sehr oft Kriege. Mit harten Zwangsmaßnahmen wollte er die Sachsen zum christlichen Glauben bekehren, obwohl diese erbitterten Widerstand leisteten.
6. Er kümmerte sich aber auch um die innere Organisation seines Reiches. An seinem Hof versammelte er Gelehrte, Geistliche, Baumeister, Dichter und Künstler. Noch als alter Mann soll er versucht haben, Lesen und Schreiben zu lernen.

Wählt einen der folgenden Arbeitsaufträge aus:

- Beschreibt im Zusammenhang, wie Karl regierte und das Reich zusammenhielt.

- Entwerft ein Rollenspiel und spielt folgende Szene: Königsboten kommen zu Karl und berichten ihm von Aufständen in Sachsen. Karl berät sich mit einigen Adeligen am Hofe und entscheidet dann, was zu tun ist.

- Beurteilt das Verhältnis von Papst und Kaiser, wie es sich von den fränkischen Herrschern (Pippin) bis zur Regierungszeit Karls darstellte.

WEBCODE: MZ648917-139

Eroberung mit Kreuz und Schwert

[1] Karl der Große im Kampf gegen die Sachsen. *Illustration.*

Christianisierung im Frankenreich

Das Frankenreich erreichte unter der Herrschaft Karls des Großen seine größte Ausdehnung. Wie andere germanische Stämme glaubten auch die Menschen im Südosten des Frankenreiches teilweise noch an die alten germanischen Götter.
Im 7. Jahrhundert setzte sich aber allmählich der christliche Glaube durch. Irische Wandermissionare warben für das Christentum und gründeten Klöster. Fränkische Adelige und einflussreiche Familien wurden zuerst Christen. So gründete zum Beispiel ein alemannischer Herzog zusammen mit dem fränkischen Hausmeier das Kloster Reichenau (724).
Unter der Herrschaft von Karl dem Großen wurde die Christianisierung vorangetrieben.
Die Bekehrung der heidnischen Nachbarvölker wurde gewaltsam durchgesetzt.

1. Beschreibt die Zeichnung [1]. Wie ging Karl der Große gegen die Sachsen vor?

Kriege gegen die Sachsen

König Karl war zufrieden, wenn sich die besiegten Stämme seiner Herrschaft unterordneten. Leisteten sie aber Widerstand – konnte er außerordentlich grausam vorgehen…
Die Sachsen lehnten nicht nur Karls Vorherrschaft ab, sie wollten auch auf keinen Fall Christen werden. Über 30 Jahre kämpften sie unter Führung ihres Herzogs Widukind gegen die Franken. Nach einem erneuten Aufstand 782 schlug Karl hart zurück: Burgen, Dörfer und Höfe der Sachsen wurden systematisch zerstört. Er ließ 4 500 Sachsen bei Verden (heute Niedersachsen) hinrichten. Schließlich musste sein wichtigster Gegner, Widukind, aufgeben. Weihnachten 795 erschien er in Karls Pfalz Attigny (heute Frankreich) und ließ sich taufen. Taufpate war der Sieger: Karl!

Harte Gesetze sollen Karls Willen durchsetzen

[2] **Verordnungen Karls (um 782):**
(4) Wenn jemand das […] Fasten verachtet, um das Christentum verächtlich zu machen und Fleisch isst, dann sterbe er des Todes.
(8) Wenn zukünftig […] ein heimlich Ungetaufter […] sich weigert zur Taufe zu kommen, weil er Heide bleiben will, dann sterbe er des Todes.
(17) […] alle Menschen (müssen) den zehnten Teil ihres Besitzes und ihrer Arbeit ihren Kirchen und Priestern abgeben.

Zit. nach: Geschichte in Quellen, Bd. 2 hrsg. u. übers.v. Wolfgang Lautermann, bsv, 2. Aufl. München 1978, S.90ff.

2. Arbeitet aus Text [2] heraus, welche Hauptforderungen die Besiegten erfüllen sollten.

Wählt einen der folgenden Arbeitsaufträge aus:

- Schreibt einen Protestbrief aus sächsischer Sicht, in dem ihr euch über das fränkische Vorgehen beschwert.

- Versetzt euch in die Rolle eines Missionars, der die Sachsen bekehren will. Welche Probleme entstehen aus seiner Sicht durch die Zwangsbekehrung?

Methode: Textquellen vergleichen

Wie glaubhaft sind Quellen?

Das habt ihr auch schon erlebt: Zwei Menschen schreiben über die gleiche Sache ganz unterschiedliche Dinge. Wie kommt so etwas? Die Erklärung ist gar nicht so schwer: Wenn zwei etwas schreiben, hat der eine vielleicht eine ganz andere Meinung zu der Sache als der andere. Vielleicht hat aber einer von beiden viel später zu dem Ereignis geschrieben und konnte Einzelheiten gar nicht mehr genau wissen. Deshalb sollte man schriftliche Quellen sehr vorsichtig und kritisch betrachten, damit keine falschen Schlüsse gezogen werden.

Beim Vergleichen von Textquellen könnt ihr so vorgehen:

1. Schritt: Jede Quelle einzeln erschließen
- Geht vor wie bei der Methode „Textquellen erschließen" (S. 117).

2. Schritt: Autoren überprüfen
- Mit welchem zeitlichen Abstand zum Geschehen schreiben die Autoren? Waren die Autoren Augenzeugen?
- Ist eine Wertung zu erkennen?

3. Schritt: Inhalte vergleichen
- Bestätigt der erste Quellentext den zweiten oder widersprechen sie einander? Wo liegen die Unterschiede?
- Wie sind Widersprüche erklärbar? Aus wessen Sicht oder Interessenlage berichten die einzelnen Quellen? Welche Gründe könnten die Verfasser der Texte gehabt haben, einen Sachverhalt anders darzustellen?

4. Schritt: Weitere Informationen sammeln
- Um die Aussagen der Texte zu überprüfen bzw. Fragen zu klären, müsst ihr vielleicht weitere Quellen oder wissenschaftliche Informationen (z. B. aus Lexika, Sachbücher) heranziehen.

5. Schritt: Ergebnisse formulieren
- Tragt die Einzelbefunde zusammen, deutet die Ergebnisse und begründet euer eigenes Urteil.

---

1. Bearbeitet die Quellen [1] und [2] mithilfe der Arbeitsschritte 1 bis 5. Berücksichtigt auch die Informationen über das Verhältnis von Sachsen und Franken, die ihr auf S. 140 erhalten habt.

Meinungen zur Sachsenmission

[1] **Alkuin* schreibt 796 an Bischof Arno von Salzburg über die Sachsen:**

Der Zehnt hat, wie man sagt, den Glauben der Sachsen vereitelt. Warum muss ein Joch dem Nacken von Laien auferlegt werden, das weder wir noch unsere Brüder ertragen konnten?

Zit. nach: Epistolae Karolini Aevi, hrsg. v. Ernst Dümmler, München 1978 (unv. Nachdr. v. 1895), S. 154, red. übers.

[2] **Einhard* berichtet in der Lebensbeschreibung seines Königs über die Sachsen ca. 833 n. Chr.:**

Denn die Sachsen, die wie fast alle Völker auf dem Boden Germaniens wild von Natur, dem Götzendienst ergeben und gegen unsere Religion feindselig waren, hielten es nicht für unehrenhaft, göttliches und menschliches Recht zu schänden und zu übertreten. [...] Unter der Bedingung aber, die vom König gestellt, von den Sachsen angenommen ward, nahm der Krieg, der sich so viele Jahre hingezogen hatte, ein Ende, dass sie dem heidnischen Götzendienst entsagten und die heiligen Sakramente annahmen.

Zit. nach: Einhard. Das Leben Karls des Großen. Übers. v. O. Abel u. a. In: Quellen zur karolingischen Reichsgeschichte, hrsg. v. F. Kurze u. a., bearb. v. R. Rau, Bd. 1, WB, Darmstadt 1977, S. 175 f.

---

*

Alkuin (735–804), englischer Gelehrter und Vorsteher der Palastschule Karls des Großen, Lehrer Einhards, ab 796 Abt von St. Martin in Tours.

Einhard Eigentlich Eginhard (770–840), fränkischer Adliger mit Klostererziehung. Als Lehrer Karls wurde er zu dessen Freund; war dem Kaiser dankbar und bewunderte ihn; schrieb Karls Lebensgeschichte.

Die Erneuerung der Reichsidee

[1] Die Ausdehnung des Frankenreichs unter Karl dem Großen. *Karte.*

Legende:
- Frankenreich 768
- Erwerbungen Karls des Großen
- Grenzmarken Karls des Großen
- Fränkisches Einflussgebiet um 814
- Kirchenstaat
- Oströmisches Reich
- ☦ Bischofssitz
- ♛ Königspfalz

Karls Reich als Grundlage Europas

Aus kleineren Gebieten seiner Vorgänger hatte Karl nach und nach ein mächtiges Reich geschaffen. Stetig war er auf Kriegszügen unterwegs, um es zusammenzuhalten und zu erweitern.

1. Untersucht, welche heutigen Staaten zu Karls Herrschaftsgebiet gehörten (Atlas).

[2] Fränkischer Königshof. *Rekonstruktionszeichnung.*

Karls Kaisertum und das „Reich der Römer"

Karl und die späteren Kaiser glaubten, dass unter ihrer Herrschaft das im Westen untergegangene Reich der Römer durch sie fortgesetzt würde. Man sprach deshalb vom „Römischen Reich". Später (1254) kommt der Zusatz „heilig" hinzu. Der volle Name ist von da an: „Heiliges Römisches Reich".

Pfalzen* als Stützpunkte auf den langen Wegen

Karl war – wie seine Nachfolger – ein „Reisekönig". Er regierte nicht von einer Hauptstadt aus, sondern sozusagen „vom Pferderücken".
Mit seinen Begleitern musste er dabei enorme Entfernungen zurücklegen. Die anstrengenden Reisen zu Pferd gingen oft durch unwegsames Gebiet. Deshalb sorgte Karl für ein Netz von Pfalzen, in denen für ihn und seine Leute Übernachtung und Versorgung sichergestellt waren. Die Pfalzen waren weniger prächtige Paläste als vielmehr gut organisierte Gutshöfe.

2. Denkt euch eine Geschichte aus: Karl und seine Leute kommen müde im Königshof an. Was passiert nun?

> **Pfalz:** das Wort kommt aus der lateinischen Sprache (Palatium) und bedeutet „Palast".

Was ihr noch tun könnt:
- Sucht im Internet unter dem Stichwort „Königspfalz" nach weiteren Pfalzen.

WEBCODE: MZ648917-142

Was wurde aus dem Frankenreich?

Nach dem Tod Karls des Großen war das Reich unter seinen Söhnen aufgeteilt worden. Der Letzte aus der Familie der Karolinger starb im Jahre 911 ohne Erben. Fränkische und sächsische Adlige wählten 919 den Herzog von Sachsen Heinrich zum ersten deutschen König. Während seiner Regierungszeit wird das Ostfränkische Reich erstmalig als „Reich der Deutschen" bezeichnet.

Eine neue Herrscherfamilie: die Ottonen

Nachfolger Heinrichs I. wurde sein Sohn Otto I. Feierlich wurde er 936 zum König gekrönt. Die mächtigen Herzöge waren aber nicht bereit, sich dem König unterzuordnen. Erst nach vielen Kämpfen mussten sie nachgeben. Otto war nun vorsichtig geworden: Wie konnte er nur dafür sorgen, dass die Stammesherzöge sich nicht wieder gegen ihn wandten?

Um die Herzogtümer unter seine Gewalt zu bringen, setzte Otto dort nur noch Verwandte ein. Seinen Bruder Brun (Erzbischof von Köln) machte er zum Kanzler von Italien und Herzog von Lothringen und seinen Sohn zum Erzbischof von Mainz. Bei der Suche nach Verbündeten stützte er sich immer stärker auf die Kirche. Sie sollte ihm bei der Verwaltung des Staates zur Seite stehen. Diese enge Zusammenarbeit mit der Kirche nannten Historiker später das „Reichskirchensystem". Ottos Macht wurde so groß, dass er 962 zum Kaiser gekrönt wurde..

3. Erklärt mit eigenen Worten Ottos „Reichskirchensystem".

Kaiser und Papst werden Rivalen

Schon während der Regierungszeit der Ottonen wurde das Verhältnis zwischen Kaiser und Papst zunehmend schwieriger. Besonders umstritten war, wer die hohen Geistlichen (also Bischöfe und Äbte) ernennen durfte. Als Geistliche waren sie dem Papst untergeordnet, als Reichsfürsten aber dem Kaiser. So dauerte es nicht lange, bis ein heftiges Tauziehen um diese Ernennungen (lat. „Investitur") begann.

Da die deutschen Könige in Rom zum Kaiser gekrönt wurden, beanspruchte der Papst auch deshalb einen Vorrang vor dem Kaiser. Wie sich zeigen sollte, erwies sich mal der Papst, mal der Kaiser als der Stärkere.

[3] Die Aufteilung des Frankenreiches. *Karte.*

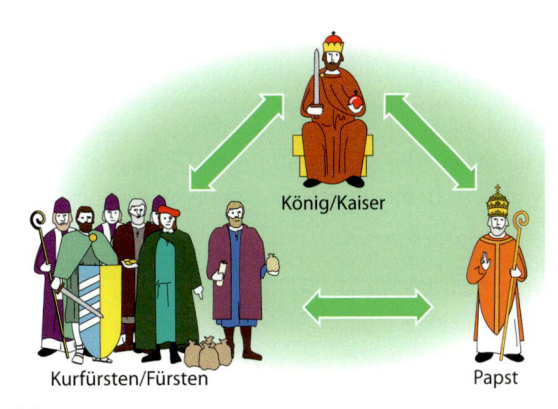

[4] Dreieck der Macht. *Illustration.*

4. Beurteilt die Aussage: Der Kaiser war der mächtigste Mann im Deutschen Reich.

Wählt einen der folgenden Arbeitsaufträge aus:

- Zeichnet das Schaubild ins Heft und erklärt es mit wenigen Worten.

- Führt ein Rollenspiel durch: Zwei Kandidaten verhandeln mit den Kurfürsten um die Königswürde. Entwerft Rollenkarten mit Angeboten der Kandidaten und Forderungen der Kurfürsten. (Gruppenaufgabe)

Das Weltbild im christlichen Europa

Was bestimmte das Denken damals?

[1] Die göttliche Ordnung. *Illustration.*

Ordo – die Idee von der göttlichen Ordnung

Die Menschen des Mittelalters suchten im Glauben Erklärung und Hilfe für die Ereignisse in ihrem Alltag. Geburt und Tod, Freude und Leid, Glück oder Unglück – alles war für sie in Gottes Schöpfungsplan wohl geordnet. Wichtig war vor allem, für ein Leben im Jenseits vorzusorgen.

Die Menschen glaubten fest daran, dass Gott die Welt erschaffen hatte und auch das „Ende der Welt" festlege. Der Mensch musste sich auf das göttliche Gericht am „Jüngsten Tag" vorbereiten. Hier wurde entschieden, ob die Seele in den Himmel kam oder ob sie ewiges Leid in der Hölle ertragen musste.

1. Erklärt die dargestellte „göttliche Ordnung" in der Abbildung [1].

[2] Ansicht von Freiburg. *Koloriertes Foto.*

[3] Christus spricht zu den drei Ständen.
Links oben: *Tu supplex ora* (= Du sollst demütig beten). Rechts oben: *Tu protege* (= Du sollst beschützen). Unten Mitte: *Tu labora* (= Du sollst arbeiten). *Holzschnitt 1492.*

„Von Gott gewollt" – die Ständegesellschaft

Im Mittelalter bestimmte die Geburt, zu welchem gesellschaftlichen Stand* man gehörte. Es gab die **Geistlichen** (Bischöfe, Äbte, Priester), die **Adligen** (Fürsten, Herzöge, Ritter) sowie die **Bauern**. Im Laufe der Zeit kamen die Bürger in den entstehenden Städten zum Dritten Stand hinzu. Die Zugehörigkeit zu einem Stand galt als gottgewollt. Sie bestimmte den Zugang zu bestimmten Berufen, Rechten, Pflichten und Bildungsmöglichkeiten. Ein wichtiges Merkmal der Ständegesellschaft ist, die große politische und soziale Ungleichheit zwischen den einzelnen Ständen.

2. Deutet die Abbildung [3]. Erklärt die Bedeutung der Anordnung der einzelnen Gruppen.

Stand: gesellschaftliche Gruppe im Mittelalter.

	Aufgaben	Leben
Priester/Diakone (Weltgeistliche)	Seelsorge; Arbeit als Pfarrer/Pastor	in der Gemeinde
Einsiedler(innen)	Gebet, Besinnung, Buße	Rückzug von der Welt; allein in Einsiedeleien, Klausen
Mönche, Nonnen (Ordensleute)	Gebet, Arbeit, Studium (zu Beginn die einzigen Schriftkundigen); Krankenpflege	gemeinschaftlich in Klöstern; Verzicht auf eigenen Besitz (Ideal: Armut, Gehorsam, Ehelosigkeit)
Stiftsdamen und -herren	„gottfälliges Leben" (behalten zum Teil ihren Besitz)	leben freier als Ordensleute in klosterähnlichen „Stiften"

[4] Geistliche Berufe (Mittelalter und heute). *Schaubild.*

Viele Menschen fühlten sich berufen, ihr Leben dem Dienst Gottes, der Kirche und den Menschen zu weihen. So entstanden geistliche Berufe für Männer und Frauen, die fast alle noch heute existieren. In der Gesellschaft des Mittelalters nahmen sie einen wichtigen Platz ein. Neben den religiösen Gründen konnte aber auch der Gedanke der Versorgung mitspielen: In einem Kloster fanden Söhne ohne Erbe und Töchter, die nicht heiraten wollten, einen ehrenvollen Platz.

Beten und arbeiten: Leben im Kloster

[5] Klosterruine in der Abtei Hirsau. *Foto.*

Die Anfänge des Mönchtums (griech. *monos* = allein) gehen bis ins Altertum zurück. Es gab zurückgezogen und einsam lebende Einsiedler. Viele Mönche und Nonnen schlossen sich aber zu Klostergemeinschaften zusammen. In den Klöstern wurden Schriften verwahrt und vervielfältigt. So wurde das Wissen der damals bekannten Welt erhalten und vermehrt. Große Leistungen kamen hinzu: Baukunst, Medizin und Landwirtschaft wurden auf dem damals modernsten Stand gepflegt – eine wichtige Hilfe für die Entwicklung von Kultur und Wirtschaft.

[6] Mönche bei der Arbeit. *Buchmalerei, 12. Jh.*

Wählt einen der folgenden Arbeitsaufträge aus:

- Fasst mit eigenen Worten zusammen, aus welchen Gründen Menschen im Mittelalter in ein Kloster (als Nonnen oder Mönche) eingetreten sind.

- Erklärt, welche Tätigkeiten Nonnen und Mönche in einem Kloster erledigt haben.

- Beurteilt die Bedeutung der Religion für das Denken und den Alltag der Menschen im Mittelalter (Abbildungen [1] bis [3] auf Seite 144).

Wahlseite — Zwei Herrscher stellen sich vor

1. Informiert euch auf dieser Seite über zwei mittelalterliche Herrscher, die das Land prägten.
2. Präsentiert eure Ergebnisse in geeigneter Form vor der Klasse.

Ich bin der Staufer Friedrich Barbarossa (*1122)

[1] Friedrich Barbarossa. *Foto eines Gemäldes (Ausschnitt).*

Ich bin der Welfe Heinrich der Löwe (*1129)

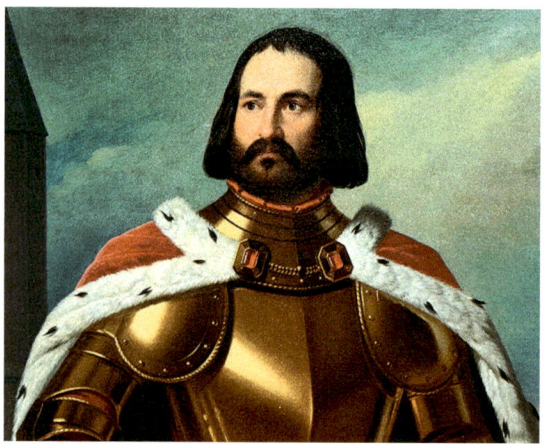

[2] Heinrich der Löwe. *Foto eines Gemäldes (Ausschnitt).*

Meine Familie ist besonders erfolgreich. Schon seit 1079 sind wir **Herzöge von Schwaben**. Gegen alle Widerstände haben wir uns hochgearbeitet. Als Könige und Kaiser haben wir das Deutsche Reich regiert. Wir sind die mächtigsten Herrscher im ganzen Reich! Ich – mit dem Spitznamen „Barbarossa" (italienisch: „roter Bart") – werde als Kaiser sogar einen **Kreuzzug ins Heilige Land** anführen. Die Bedeutung meiner Familie könnt ihr schon daran sehen, dass unser **Wappen**, die drei Löwen, im Landeswappen von Baden-Württemberg sind.

Mit den Staufern sind wir verwandt, ich bin Barbarossas Vetter. Unter meinem Vater besaßen wir als **Herzöge von Bayern und Sachsen** zwei wichtige Herzogtümer. Ich lasse mir von niemandem etwas sagen. Immerhin bin ich der mächtigste Fürst im Reich! Die Staufer sind auf mich wütend, weil ich keine Lust hatte, mit ihnen auf **Kriegszug nach Italien** zu gehen. Deshalb sorgten sie dafür, dass ich meinen Besitz verlor und **nach England flüchten** musste. Die Bedeutung meiner Familie könnt ihr schon daran sehen, dass einige **englische Könige** von meiner Familie abstammen.

Tipp für die Erarbeitung
Ihr könnt beim Lesen die Schritte des Textknackers anwenden. Was habt ihr über die beiden Königshäuser erfahren?

Tipp für die Präsentation
– Entwerft Rollenkarten für ein Rollenspiel. Ihr könnt eure Ergebnisse wie ein „Streitgespräch" zwischen den Herrschern vortragen.

WEBCODE: MZ648917-146

Wahlseite — Kaiserpfalz Bad Wimpfen

1. Informiert euch auf dieser Seite Seite über die Kaiserpfalz Bad Wimpfen.
2. Präsentiert eure Ergebnisse in geeigneter Form vor der Klasse.

[1] Pfalz Bad Wimpfen. *Fotos.*

[2] **Majestätisch – Barbarossa und die Kaiserpfalz:**
Unter den staufischen Reisekaisern erlangte Bad Wimpfen im Mittelalter den Status einer Metropole. Die Majestäten – mit ihrem Hofstaat stets im Reich unterwegs – hielten über Generationen immer wieder Hoftage in der Feste oberhalb des Neckars ab. Zuerst kam Kaiser Friedrich I. Barbarossa (1122–1190), er ließ die Marktstadt zur wehrhaften Pfalz ausbauen, wie sie noch heute in ihrer ganzen Pracht zu bestaunen ist. Nirgendwo sonst nördlich der Alpen befindet sich eine größere Pfalz als hier. In Wimpfen wurde Recht gesprochen, getagt, und regiert.

Nach: http://www.badwimpfen.de/freizeit-von-a-z/staufer-in-bad-wimpfen.html

Wie die Pfalz funktionierte
Das musste die Anlage leisten:
– Schutz und Sicherheit für die Bewohner,
– Unterbringung und Verpflegung der kaiserlichen Begleitung,
– Raum für große Versammlungen (Hoftage),
– große Plätze vor den Toren zur Abhaltung von Turnieren und Errichtung von Zeltlagern.

Die Pfalz und die sie umgebende Siedlung wuchsen in der Folgezeit stark an. Um das Jahr 1200 entstand auch das Wahrzeichen der Stadt, der 58 Meter hohe Blaue Turm, der als westlicher Bergfried errichtet wurde und bis ins frühe 20. Jahrhundert als Wachturm diente.

Tipp für die Erarbeitung
– Beschreibt die Abbildung und ordnet die aufgezählten Funktionen der Pfalz zu. Informiert euch mithilfe des Webcodes darüber, wie die Burganlage heute genutzt wird.

Tipp für die Präsentation
– Stellt euren Mitschülern am Beispiel der Kaiserpfalz Wimpfen vor, wozu eine Pfalz genutzt wurde. Ihr könnt auch andere Pfalzen recherchieren und in der Klasse vorstellen.

WEBCODE: MZ648917-147

Wahlseite — Die Macht der Kirche

1. Informiert euch auf dieser Seite über die Macht der Kirche im Mittelalter.
2. Präsentiert eure Ergebnisse in geeigneter Form vor der Klasse.

[1] Altarbild: Das Weltgericht. *Gemälde von Stephan Lochner (1440).*

Die Kirche als politische Macht

Die Kaiser stützten sich gern auf die Kirche, weil sie dann weniger von den Fürsten abhängig waren. Die mächtigen Reichsfürsten wollten immer ihre eigene Familien bevorzugen. Das war von den unverheirateten Kirchenfürsten nicht zu erwarten. Bischöfe und Äbte (Klostervorsteher) traten allerdings wie Fürsten auf. Sie vergaben Land zur Bewirtschaftung und nahmen an Kriegszügen teil.

Eine weitere Besonderheit war, dass die geistlichen Fürsten (Bischöfe, Erzbischöfe) auch Kurfürsten waren. Sie hatten das Recht, mit den weltlichen Kurfürsten gemeinsam, den König bzw. Kaiser zu wählen. Von ihnen war deshalb jeder Machthaber abhängig.

Vorsorge für das Jenseits

Der wichtigste Einfluss der Kirche spielte sich aber im Alltag der Gläubigen ab. Hier waren die politischen Dinge nicht so wichtig. Den Menschen ging es darum, ein „Gott gefälliges Leben" zu führen, um am Tag des Jüngsten Gerichtes nicht in das Feuer der Hölle zu stürzen.

Wie es der Künstler in Bild [1] gemalt hat, stellten auch die Priester den Menschen die Schrecken der Hölle und die Freuden des Himmels dar. Die Gläubigen versuchten, durch ein frommes Leben vor Gott – dem Weltenrichter – Gnade zu finden. Sie vertrauten auf die Vergebung und die Wirkung guter Werke, zum Beispiel Almosen für die Armen oder Spenden für die Kirche.

Tipp für die Erarbeitung

Beschreibt, was ihr auf Bild [1] sehen könnt.
- Welche Personen sind zu erkennen?
- Welche Wirkung übte wohl dieses Bild auf die Menschen des Mittelalters aus?

Tipp für die Präsentation

- Informiert euch ausführlich über das Gemälde von Lochner. Vergrößert das Bild und macht eine „Museumsführung", bei der ihr alle Einzelheiten auf dem Gemälde erklärt.

Wahlseite — Das Kloster Reichenau

1. Informiert euch auf dieser Seite über das Kloster Reichenau.
2. Präsentiert eure Ergebnisse in geeigneter Form vor der Klasse.

[1] Das Münster in Mittelzell auf der Reichenau, Foto.

[2] Gründung im 8. Jahrhundert

724 gründete der Heilige Pirmin hier ein Kloster, das unter den Karolingern nicht nur zu einem monastisch (= klösterlich)-religiösen, sondern auch zu einem geistig-kulturellen Zentrum Europas wurde. Hier entstand unter anderem der St. Galler Klosterplan, eines der wichtigsten Dokumente des europäischen Mönchtums. Die Äbte (Klostervorsteher) des so früh gegründeten Klosters waren als Diplomaten, Gesandte und Erzieher tätig und übten einen großen politischen Einfluss aus. Im 10. und 11. Jahrhundert war die Reichenau Sitz einer Buchmalerei-Schule, hier entstanden Codices (Codex: handgeschriebenes und reich verziertes Buch), die heute noch in den großen Bibliotheken der Welt aufbewahrt werden.

Nach: Landesamt für Denkmalpflege BW
http://www.denkmalpflege-bw.de/denkmale/weltkulturerbe/reichenau-am-bodensee.html

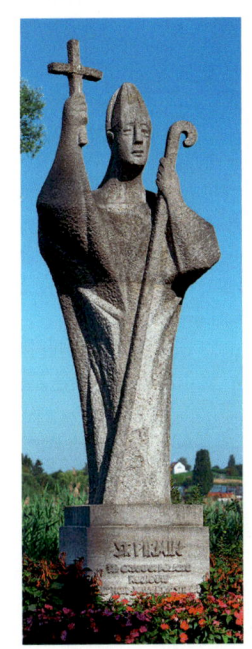

[3] Der Heilige Pirmin. Foto.

Ein Kloster als Weltkulturerbe

Das Kloster war seit Zeiten der Karolinger eine der wichtigsten Kulturstätten nördlich der Alpen. Ursprünglich sollte es die Bekehrung der Alemannen zum Christentum fördern.

Von den gelehrten Mönchen stammen bedeutende Arbeiten, die zum Vorbild im Europa des frühen Mittelalters wurden: Astronomie (Wissenschaft von den Sternen), Gartenbau, Buchmalerei, Geschichtsschreibung, Kalenderwesen, Goldschmiedekunst und Klosterbau.

Auf den Reichenauer Mönch Hermannus geht sogar die genaue Jahreszählung „vor und nach Christi Geburt" zurück.

Wegen seiner großen Bedeutung wurden Insel und Kloster im Jahr 2000 zum Weltkulturerbe der UNESCO erklärt.

[4] Klosterinsel Reichenau. Briefmarke.

Gut zu wissen

– Der Name Reichenau kommt von der Beschreibung der Insel als „reiche Aue" (Au = Insel in einem See oder Fluss)
– Die Landwirtschaft auf der Insel besteht seit über 1200 Jahren – bis heute!
– Nachdem das Kloster eine Zeit verlassen war, leben nun wieder einige Benediktiner-Mönche dort.
– Die Kirche St. Georg in Oberzell wurde vor der Zeit von 1000 n. Chr. vollständig ausgemalt. Sie ist mit dieser Ausmalung das einzige frühe Beispiel nördlich der Alpen.

Tipps für die Erarbeitung
– Fasst den Inhalt vom Text [2] mit eigenen Worten zusammen.
– Notiert Stichworte über die Bedeutung der verschiedenen Bereiche (z. B. Astronomie).

Tipps für die Präsentation
– Erklärt der Klasse, warum Klöster eine so wichtige Rolle spielten.
– Schreibt dazu die Stichworte auf ein Plakat/an die Tafel.

WEBCODE: MZ648917-149

Fenster zur Welt — Der Islam

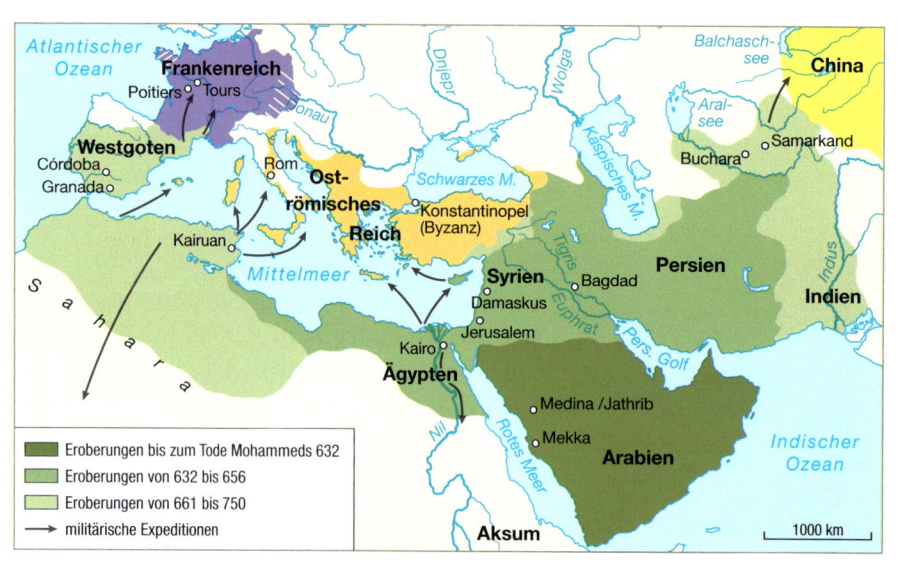

[1] Ausbreitung des Islam bis 750. *Karte.*

- Eroberungen bis zum Tode Mohammeds 632
- Eroberungen von 632 bis 656
- Eroberungen von 661 bis 750
- → militärische Expeditionen

Mohammed begründet eine neue Religion
570 n. Chr. wurde Mohammed in Mekka (im heutigen Saudi-Arabien) geboren. Als Kaufmann kam Mohammed auf seinen Reisen mit Juden und Christen zusammen. Deren Glaube an einen einzigen Gott beeindruckte ihn sehr. Als er etwa 40 Jahre alt war, soll ihm der Erzengel Gabriel erschienen sein. Dieser habe ihm befohlen, den Glauben an den einzigen Gott (Allah) zu predigen. Weil er in Mekka deswegen angefeindet wurde, zog er mit seinen Anhängern nach Medina. (622 n. Chr. = Beginn der islamischen Zeitrechnung). Nach kämpferischen Auseinandersetzungen konnte Mohammed sich durchsetzen: Mekka wurde zum Mittelpunkt des neuen Glaubens. Heute pilgern jedes Jahr Millionen Muslime an diesen Ort.

[2] Die Kaaba in Mekka. *Foto, 2011.*

Mit Feuer und Schwert
Die Nachfolger Mohammeds wurden Kalifen genannt. Sie waren politische und religiöse Führer und sorgten für die Verbreitung des Islam. Mit ihren schlagkräftigen Heeren gelang es ihnen in kurzer Zeit, umliegende Gebiete zu erobern und deren Bewohner zum Glauben an Allah zu bekehren. Das Reich der Byzantiner verlor gegen die muslimischen Truppen große Teile seines Gebietes. Syrien und Palästina (mit Jerusalem) – und vor allem das große Perserreich – wurden erobert, die persische Herrscherfamilie der Sassaniden verjagt.

1. Beschreibt mithilfe der Karte [1] und der Texte, wie sich der Islam von Arabien her ausgebreitet hat.
2. Stellt fest, welche heutigen Staaten von den Eroberungszügen betroffen waren (Atlas).

Der Griff nach Europa
Im 8. Jahrhundert hatten muslimische Eroberer aus Nordafrika große Teile Spaniens überrannt. In dem „Al-Andalus" (Südspanien) genannten Gebieten lebten nun Juden, Christen und Muslime für eine bestimmte Zeit friedlich zusammen. Die Hauptstadt Córdoba wurde zu einer der bedeutendsten Städte der damals bekannten Welt. Hier verschmolzen die unterschiedlichen Kulturen zu einer neuen Blüte.

[3] Arzt mit Helfer, der aus Pflanzen Medikamente herstellt. *Illustration*.

3. Lest die Begriffe in dem Kasten durch, die aus der arabischen Sprache ins Deutsche übernommen wurden. Findet heraus, zu welchem Bereich sie gehören (Lebensmittel, Gewürze, Möbel ...).
4. Schlagt unbekannte Wörter/Begriffe in einem Lexikon oder Wörterbuch nach.

Arabische Lehnwörter
Kaffee, Karaffe, Orangen, Sofa, Matratze, Zucker, Alkohol, Zimt, Limonade, Kandis, Mokka, Diwan, Schach, Koffer, Damast, Mohair, Lila, Safrangelb, Muskat, Ingwer, Kümmel, Benzin, Natron, Soda, Lack, Taft, Atlas, Chiffon, Estragon, Ambra, Pfeffer, Gewürznelken, Gitarre, Laute, Giraffe, Massage, Marzipan, Algebra, Kamin, Karat, Safari, Ziffer

Das Wissen der Antike wird bewahrt und weiterentwickelt
Durch die Begegnung unterschiedlicher Kulturen wurde vielfältiges orientalisches Wissen in das Abendland transportiert. Die Araber hatten ihrerseits viele Anregungen aus Indien, Ägypten und Griechenland aufgenommen und zu einer eigenen reichen Kultur entwickelt. Vom 9. bis zum 13. Jahrhundert waren die Wissenschaften in der islamischen Welt viel weiter entwickelt als in Europa. Dies galt für viele Wissenschaftsgebiete, wie für die Mathematik, für Chemie, Medizin und für die Astronomie. In der Medizin und Pharmazie verfügten die muslimischen Gelehrten über ein sehr fundiertes Wissen.

Ihre medizinischen Bücher galten in Europa noch jahrhundertelang als Standardwerke. Aus diesem Grund sehen Historiker in der Eroberung durch die muslimischen Herrscher nicht nur Probleme. Viele finden, dass die dadurch mögliche Bewahrung und Weitergabe des antiken Wissens ein Glücksfall für Europa war.

Rückeroberung
1492 endete diese fruchtbare Zeit mit der Rückeroberung von Granada durch die spanischen katholischen Könige Ferdinand II. und Isabella I. Juden und Muslime wurden zur Taufe gezwungen oder vertrieben. In Erinnerung an diese bedeutende Begegnung feiern die Spanier heute noch ihr buntes Fest „Moros y Christianos" (Mauren und Christen), bei dem der Kampf der beiden Kulturen spielerisch nachgestellt wird.

Wählt einen der folgenden Arbeitsaufträge aus:

- Fasst mit eigenen Worten zusammen, worin die Kulturleistung der muslimischen Eroberer Spaniens lag.

- Schreibt einen fiktiven Erlebnisbericht über einen Besuch im mittelalterlichen Córdoba.

- Zwei arabische Gelehrte in Córdoba streiten über die Frage, ob man Juden und Christen ihren Glauben lassen oder mit Zwang zum Islam bekehren soll. Notiert Argumente.

Begegnung von Kulturen

Wie gelangten Waren und Wissen aus Asien nach Europa?

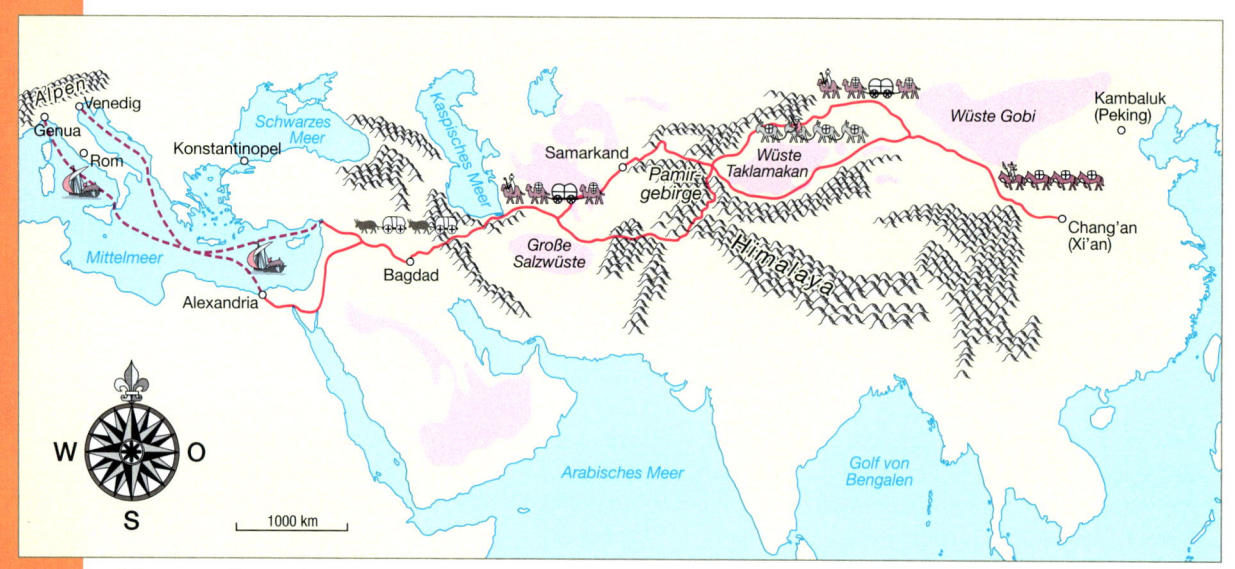

[1] Die Seidenstraße. *Karte.*

1. Beschreibt den Verlauf der Seidenstraße (Ausgangspunkte in Europa, Stationen, Endpunkt).

Die Seidenstraße ist die älteste Handelsroute der Welt. Seit dem Altertum verbindet sie China, Zentralasien und Persien mit Europa. Diesen Handelsweg darf man sich nicht als nur eine einfache Strecke vorstellen. Es handelt sich vielmehr um ein Straßen- bzw. Wegenetz, das durch Gebiete und Länder führte, die wir heute unter den Namen China, Indien, Pakistan, Afghanistan, Usbekistan, Turkmenistan, Iran, Türkei und Syrien kennen. Diese Karawanenstraßen verliefen parallel zueinander, kreuzten sich und verzweigten sich immer wieder. Reisen auf der Seidenstraße waren alles andere als ein Spaziergang: Das Pamirgebirge und die Taklamakan-Wüste mussten durchquert werden. Und überall konnten Räuber lauern und die Karawanen überfallen. Für einen einzelnen Menschen war es äußerst schwierig, die gesamte Seidenstraße zu bereisen. Deshalb bewegten sich die Händler oft auf Teilstrecken und gaben die Waren an andere Händler weiter. Über die Seidenstraße wurden jedoch nicht nur Waren wie Gewürze, Seide, Glas und Porzellan transportiert; mit dem Handel verbreiteten sich auch Religion und Kultur. Das Christentum und der Islam drangen über die Seidenstraße bis in den Fernen Osten vor. Die Kenntnis von Papier, Porzellan und Schwarzpulver kam entlang der Seidenstraße in die arabischen Länder und gelangte von dort später nach Europa.

2. Nennt ein Beispiel für die Weise, wie sich Religion und Kultur verbreitet haben könnten.

Was ihr noch tun könnt
- Ein Buch oder einen Film über die Seidenstraße aussuchen und vorstellen.
- Euch über Reisende auf der Seidenstraße näher informieren und eine Person vorstellen.

[2] Karawane in der Wüste. *Illustration.*

Miteinander leben – heute

Die Mitschüler sind nett — ihre Religion und Kultur nicht?

[1] Schülergruppe auf Klassenfahrt. *Foto.*

Kommen Menschen mit unterschiedlichen Traditionen zusammen, tauchen interessante Fragen auf: Wie leben sie im privaten Zuhause? Welche Speisen und Getränke mögen sie besonders? Wie sehen sie die Rolle von Jungen und Mädchen? Am einfachsten gelingt Toleranz scheinbar im direkten Miteinander. Man kennt sich, findet sich in Ordnung, ganz abgesehen davon, wie der oder die andere in religiösen Fragen denkt. Offen bleibt, ob die verschiedenen weltanschaulichen Einstellungen sich auch im Alltag vertragen.

Staat und Religion – wie tolerant geht es da zu?
Hat ein Land eine bestimmte Religion zur „Staatsreligion" erklärt, dann besteht die Gefahr, das andere Glaubensgemeinschaften unterdrückt werden. Aber auch in Staaten, wo Religion und Verfassung streng voneinander getrennt sind, können wir nicht davon ausgehen, dass alle Glaubensgemeinschaften gleichermaßen berücksichtigt werden.

Artikel 1: Bedeutung von Toleranz
1.1 Toleranz bedeutet Respekt, Akzeptanz und Anerkennung der Kulturen unserer Welt, unserer Ausdrucksformen und ... unseres Menschseins in all ihrem Reichtum und ihrer Vielfalt. Gefördert wird sie durch Wissen, Offenheit, Kommunikation und durch Freiheit des Denkens ... und des Glaubens.

Auszug aus der Erklärung von Prinzipien der Toleranz, Deutsche UNESCO-Kommission e. V.

Beispiel: Bau von Moscheen oder Kirchen
Geht es darum, dass eine Minderheitsreligion nach außen im Stadtbild sichtbar wird, hört die Toleranz bei vielen auf. So gibt es in Deutschland zum Teil erregte Diskussionen, wenn es um den Bau einer neuen größeren Moschee geht. Das dürfte eigentlich nicht sein, weil das Grundgesetz die völlige Religionsfreiheit garantiert. Ob das den Bürgern immer gefällt, ist eine andere Frage.

Andererseits haben Christen in vielen muslimischen Ländern kaum eine Chance, christliche Kirchen zu errichten (zum Beispiel in der Türkei, Saudi-Arabien, Iran usw.). Im muslimischen Ägypten werden die christlichen Kopten verfolgt, obwohl sie der ältesten Religion im Land angehören. In manchen islamischen Ländern kann schon das Bekenntnis zum Christentum lebensgefährlich sein.

Ein Versuch zu mehr Toleranz
Die Religionen könnten einen Beitrag für eine Zukunft in Frieden und Gerechtigkeit leisten. Das meint jedenfalls der international bekannte Theologe Professor Hans Küng. Dazu hat er vier Grundsätze beschrieben, die für alle Menschen gelten sollten – gleich welcher Religion sie sind:

1. Hab Ehrfurcht vor dem Leben!
2. Handle gerecht und fair!
3. Rede und handle wahrhaftig!
4. Achtet und liebet einander!

3. Beurteilt die vier Grundsätze.

Was ihr noch tun könnt ...
- Entwerft einen Programmvorschlag für das nächste Klassenfest/Schulfest zum Thema: „Vielfalt der Kulturen".

WEBCODE: MZ648917-153

Geschichte aktiv

Arbeitsvorschläge für euer Portfolio:

Notiert in kurzen Sätzen: zum Kapitel:
1. Was hat euch in diesem Kapitel besonders interessiert, was fandet ihr nicht so spannend?
2. Worüber möchtet ihr noch mehr erfahren?
3. Was habt ihr nicht so gut verstanden?

1. Ein Quiz über weltliche und kirchliche Amtsträger

Wählt aus den Kästen drei verschiedene Titel aus:
▶ Welche Aufgabe/Bedeutung bzw. welchen Einfluss haben die dort genannten Amtsträger?
▶ Gestaltet dazu Frage-Antwort-Kärtchen, evtl. mit einem Bild.

weltliche Titel	kirchliche Titel/Christen	Titel nicht-christlicher Geistlicher
Kaiser König Kurfürst/Fürst Herzog/Graf Baron Ritter	Papst Kardinal Erzbischof Bischof/Superintendent Pfarrer/Pastor Kaplan/Vikar Diakon	**Islam:** Ayatollah Iman Hodscha **Judentum:** Rabbi/Rabbiner

2. Rollenspiele zur karolingischen Geschichte

▶ Karl der Große, Sieger über die freien Sachsen, trifft den unterlegenen Sachsenherzog Widukind.
▶ Karl und seine Berater überlegen, was ihm die Kaiserkrönung in Rom nützen könnte.

3. Projektvorschläge

Foto-Exkursion
▶ Sucht in der nahe liegenden Altstadt oder im historischen Dorfkern Motive von mittelalterlichen Gebäuden, Kirchen, Stadtmauern, Türmen, Inschriften usw.
▶ Erkundigt euch nach der jeweiligen Baugeschichte.
▶ Fasst eure Ergebnisse auf einem Wandplakat zusammen.

Eine Stadtführung zu einem bestimmten Thema planen und durchführen
(z.B. „Jüdisches Leben im Mittelalter in Schwäbisch Gmünd").

Informiert euch über den Welttag der kulturellen Vielfalt und plant eine Aktion in der Schule.
Im November 2001 hat die Generalversammlung der Vereinten Nationen den 21. Mai zum „Welttag der kulturellen Vielfalt für Dialog und Entwicklung" ausgerufen. Sie bezieht sich dabei auf die Allgemeine Erklärung zur kulturellen Vielfalt von 2001. Der Welttag soll das öffentliche Bewusstsein für kulturelle Vielfalt stärken und die Werte kultureller Vielfalt besser verständlich machen.

WEBCODE: MZ648917-154

Das kann ich!

[1] **Wichtige Begriffe im Kapitel**

Christianisierung	Gruppe/n der mittelalterlichen Gesellschaft
Konstantinische Wende	Verbreitung der Lehre des Christentums
Pfalz	Herrschaftsform, eine enge Zusammenarbeit des Kaisers mit der Kirche
Reichskirchensystem	Königspalast, Regierungsort des Königs
Stand, Stände	Religionsfreiheit für Christen im Römischen Reich

[2] Kirchenfenster. *Foto.* [3] Konstantin erblickt das Kreuz. *Gemälde.*

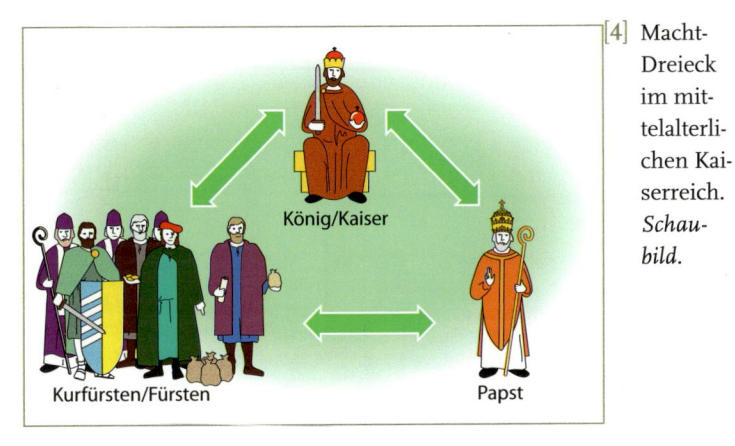

[4] Macht-Dreieck im mittelalterlichen Kaiserreich. *Schaubild.*

Fragekompetenz
1. Vergleicht eure Fragen vom Anfang des Kapitels mit dem jetzigen Wissensstand und notiert Dinge, die noch geklärt werden müssen.

Sachkompetenz
2. Ordnet die Begriffe in der Tabelle [1]) richtig zu.
3. Erläutert die Rolle der Kirche im Alltag der Menschen im Mittelalter. Welchen Nutzen hatten die farbigen Bilder auf den Kirchenfenstern (Abb. [2])?
4. Beschreibt die Ausbreitung des Christentums in Europa und im Vorderen Orient.
5. Erklärt die Gründung des Frankenreiches und die Erneuerung der Reichsidee.

Methodenkompetenz
6. Erklärt, wie ihr bei dem Vergleich von Quellentexten vorgeht.
7. Erklärt den Ursprung der drei großen Weltreligionen (S. 134) und geht dabei auf Gemeinsamkeiten und Unterschiede ein.

Reflexionskompetenz
8. Beurteilt die Bedeutung der Christianisierung für das Imperium Romanum. Geht dabei auf die Bedeutung der konstantinischen Wende ein (Abb. [3]).
9. Beurteilt den Satz: „Der Kaiser ist der mächtigste Mann im Reich" (Abb. [4]).

Orientierungskompetenz
10. Beschreibt die Expansion des Islam und beurteilt die Bedeutung der islamischen Welt für die europäische Kultur.

Gewusst wie – Methoden im Überblick

Die Wahlseiten

In jedem Kapitel findet ihr **Wahlseiten**. Sie sollen von euch selbstständig bearbeitet werden: allein, mit einem Partner oder in Gruppenarbeit.
Ihr findet auf diesen Seiten unten in dem gelben Balken Tipps für die Erarbeitung und für die Präsentation.

1. Schritt: Thema auswählen

- Blättert die Seiten kurz durch und überlegt, welche Einzelseite euch am meisten interessiert. Wählt diese aus.

2. Schritt: Allein oder mit anderen arbeiten?

- Entscheidet, ob ihr in Gruppen- oder Partnerarbeit zusammenarbeiten wollt oder euch lieber allein mit der Seite beschäftigt.

3. Schritt: Wichtigste Punkte herausarbeiten

- Betrachtet die Bilder und lest die Texte. Lasst euch von den Arbeitsvorschlägen anregen.
- Klärt offene Fragen, notiert die wichtigsten Inhaltspunkte.
- Notiert einen „Merksatz" für die Klasse.
- Entscheidet, wie ihr der Klasse die Bilder zeigen wollt (Hinweis auf die Seite, auf der das Bild steht; eigene Zeichnungen; Folien für den Overhead-Projektor usw.).

4. Schritt: Ergebnisse vorstellen

- Entscheidet euch, wie ihr der Klasse eure Ergebnisse präsentieren wollt:
  - ☐ als kleinen Vortrag (Dauer 3–5 Minuten)
  - ☐ als erfundene Zeitungsreportage
  - ☐ als kurzes Theater- oder Rollenspiel
  - ☐ als Wandzeitung usw.

Informationen sammeln

Wenn ihr ein Referat zu einem bestimmten Thema halten sollt, ist es als erster Schritt immer wichtig, Informationen zu sammeln, das könnt ihr zum Beispiel in der nächstliegenden Bibliothek.

1. Schritt: Thema eingrenzen

Macht euch klar, was genau ihr wissen wollt und notiert einige Stichpunkte.

2. Schritt: Anlaufstelle suchen

Erkundigt euch nach Büchereien in der Nähe und stellt die Öffnungszeiten und Ausleihbedingungen fest.

3. Schritt: Katalog befragen

- Alle vorhandenen Bücher sind in Verzeichnissen festgehalten. In kleineren Bibliotheken oft noch auf Karteikarten, in größeren im Computer.
- Blättert die alphabetisch geordneten Karteikarten durch bzw. gebt euer Stichwort ein. Als Ergebnis erhaltet ihr eine Signatur (= Ziffern und/oder Buchstaben).
- Notiert sie und geht zu den Bücherregalen.

4. Schritt: Buch ausleihen

Hinweistafeln an den Regalen zeigen den Weg zu eurer Signatur. Ihr könnt das Buch entnehmen und nachsehen, ob es Informationen zu eurem Thema enthält. Vielleicht stehen weitere brauchbare Bücher daneben. Ist das gesuchte Buch bereits ausgeliehen, könnt ihr es bei der Aufsicht vorbestellen.

5. Schritt: Thema auswerten

Macht schon beim Lesen Notizen oder Fotokopien einzelner Seiten, schreibt den Namen des Autors und den Titel des Buches dazu. Denkt an die Rückgabe!

Internetrecherche

Die folgenden Schritte helfen euch, passende Informationen im Internet zu finden.

1. Schritt: Thema eingrenzen

- Klären, was genau zu suchen ist und passende Suchbegriffe notieren, dabei auch an artverwandte Begriffe (= Synonyme) denken.
- Suchbegriffe nicht zu allgemein halten.
- Mehrere zusammenhängende Begriffe kombinieren, um ein genaueres Ergebnis zu erhalten.

2. Schritt: Suche durchführen

- Suchmaschine auswählen und Suchbegriff(e) eingeben.
- Suchergebnisse festhalten (z. B. Stichpunkte und Webadressen notieren; neuen Ordner anlegen, ganze Beiträge als Download speichern ...).

3. Schritt: Ergebnisse auswerten

- Beiträge systematisch ordnen (was gehört zusammen, ist sehr wichtig?); Unbrauchbares direkt aussortieren.
- Ergebnisse beurteilen und auf Glaubwürdigkeit überprüfen (sachlich, aktuell, persönliche Interessen erkennbar? Verfasser evtl. mit Beruf genannt? Privatmeinung oder Institut wie z. B. Uni, Museum? Quellenangaben).
- Präsentation ausarbeiten (Art der Präsentation festlegen, Teilergebnisse zusammenführen, Herkunft aller übernommenen Textstellen nennen ...).

Textquellen erschließen

Die folgenden Schritte helfen euch, Textquellen zu erschließen.

1. Schritt: Fragen zum Text

- Worum geht es? (Wer? Wann? Wo? Was? Wie?)
- Um welche Textsorte handelt es sich? (Brief, Urkunde, Roman, Gedicht, Tagebuch …)?
- An wen ist der Text gerichtet?
- Wann und wo ist er erschienen?
- Wie ist der Text gegliedert?
- Welche Begriffe sind zu klären?

2. Schritt: Fragen zum Verfasser

- Was weiß man über die Person (Lebensdaten, Herkunft, Amt/Stellung)?
- Welche Einstellungen oder Interessen sind erkennbar?
- Ist der Verfasser Zeitzeuge, ist der Bericht/Text „aus zweiter Hand" oder erst später zusammengestellt?

3. Schritt: Deutung und Bewertung

- Was ist vorher und nachher passiert?
- Gibt es zum selben Ereignis andere Berichte (zum Vergleich)?
- Sind Übertreibungen erkennbar?
- Könnte etwas verschwiegen worden sein?
- Welche Schlüsse lassen sich insgesamt aus dem Text ziehen?

Bildquellen untersuchen

Vieles von dem, was wir über die Vergangenheit wissen, schließen wir aus Bildern. An alten Fotos, Kirchenfenstern, Wand- oder Deckengemälden, Zeichnungen, Statuen oder Gemälden können wir häufig erkennen, wie die Menschen früher gelebt haben, was sie dachten oder fühlten.

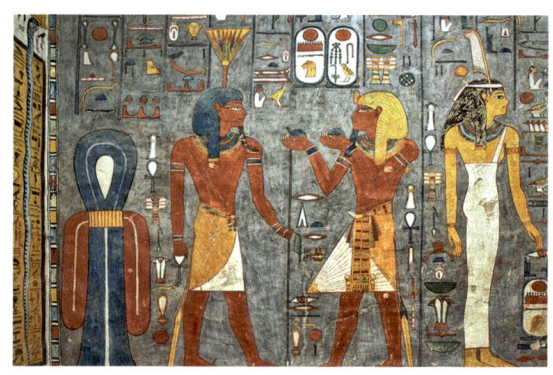

1. Schritt: Bild betrachten

- Wie wirkt das Bild als Ganzes auf mich?
- Welche Einzelheiten sprechen mich besonders an, was finde ich interessant, schön, hässlich, abstoßend oder geheimnisvoll?

2. Schritt: Bild beschreiben

- Welche „Daten" des Bildes sind bekannt? (Name des Künstlers, Bildtitel, Entstehungszeit?)
- Was ist dargestellt: Personen, Gegenstände?
- Wie ist es dargestellt?
- Wie sind die Personen oder Gegenstände angeordnet?
- Ist die Darstellung naturgetreu oder nicht?
- Stehen bestimmte Farben im Vordergrund?
- Gibt es einen Mittelpunkt, auf den das Auge des Betrachters gelenkt wird? Sind Vorder- und Hintergrund erkennbar?

3. Schritt: Bild deuten

- Warum hat der Künstler diese Darstellung gewählt? Was wollte er zum Ausdruck bringen?
- Zu welchem Zweck wurde das Bild geschaffen?
- Was verstehe ich nicht?
- Welche offenen Fragen ergeben sich aus dem Bild? Wo finde ich weitere Informationen?

Ein Schaubild auswerten

Schaubilder sind anschauliche Darstellungen über zeitliche Abläufe oder schwierige Zusammenhänge. Oft sind die Inhalte in einem Schaubild einfacher und verständlicher dargestellt als in einem Erklärungstext.

[3] So viele Menschen konnten in der Altsteinzeit (oben) und der Jungsteinzeit (unten) von 5 km² Boden ernährt werden. *Schaubilder.*

1. Schritt: Thema

- Klären, worum es inhaltlich geht.
- Herausfinden, ob ein zeitlicher Ablauf oder eine „Momentaufnahme" einer Sache dargestellt ist.
- Überschrift lesen, Thema und Zeit feststellen.

2. Schritt: Darstellungsform

- Wurden Stichworte, Zahlen oder Bildsymbole verwendet?
- Zusammenhänge finden (z. B. Pfeile als Hilfe).
- Gibt es einen Ablauf (Ausgangspunkt, Verlauf)?

3. Schritt: Interpretation

- Ablauf und Aussage des Schaubildes mit eigenen Worten wiedergeben.
- Zusammenhang mit dem Text herstellen.

4. Schritt: Bewertung

- War die Darstellung verständlich?
- Waren Zusatzinformationen nötig?

Geschichtskarten analysieren

Geschichtskarten helfen uns, geschichtliche Abläufe oder Zusammenhänge einfacher zu erkennen. Auch kann man an Geschichtskarten gut erkennen, wie sich Landesgrenzen im Laufe von Jahrzehnten und Jahrhunderten verschoben haben.

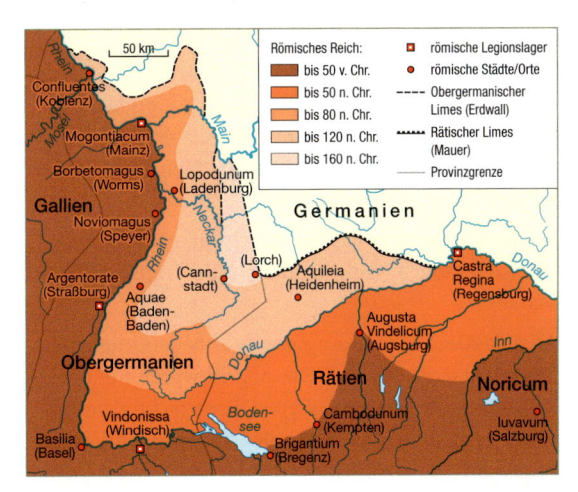

1. Schritt: Die Überschrift lesen und verstehen

- Wie heißt das Thema der Karte?
- Was wird auf der Karte dargestellt?

2. Schritt: Die Legende lesen und verstehen

Lest die Legende:
- Welche Bedeutung haben die Farben und Zeichen?

3. Schritt: Die Karte genau beschreiben

Beschreibt, was auf der Karte zu sehen ist:
- Welcher geografische Raum ist dargestellt (z. B. Weltkarte, Europakarte …)?
- In welchem Maßstab ist die Karte gezeichnet?
- Was ist auf der Karte zu erkennen?

4. Schritt: Die Karte auswerten

- Welche Informationen lassen sich aus der Karte und der Legende ablesen?
- Wird ein Zustand beschrieben oder werden Veränderungen dargestellt?
- Wie lässt sich das Dargestellte mit Worten beschreiben?

Lexikon

A

Adel: In vielen Gesellschaften die führende Schicht, die eine Reihe von Vorzügen (Privilegien) genoss; das Wort ist eng mit dem Begriff „edel" verwandt (z. B. auch: Edelmann).

Agora: Die Agora war im *antiken Griechenland* der zentrale Fest-, Versammlungs- und *Marktplatz* einer Stadt. Sie war ein kennzeichnendes Merkmal der griechischen *Polis*.

Altsteinzeit: Vor etwa zwei Millionen Jahren begann die Altsteinzeit. Sie endete mit der letzten Eiszeit um 8000 v. Chr. In dieser Zeit lebten die Menschen ausschließlich als Jäger und Sammler.

Aquädukt: Der oder das Aquädukt (*lat.: aquaeductus* „Wasserleitung") ist ein Bauwerk zum Transport von Wasser.

Aristokratie: Die ursprüngliche Wortbedeutung ist „Herrschaft der Besten". Der Begriff wurde mit der Zugehörigkeit zu einer *adligen* Oberschicht gleichgesetzt, weshalb man unter Aristokratie meist die Herrschaft des Adels versteht.

Augustus: Nachfolger Caesars in Rom, regierte als Alleinherrscher (Kaiser) von 31 v. Chr. bis 14 n. Chr.

B

Bauern und Viehzüchter: In der Jungsteinzeit gingen die Menschen zu Ackerbau und Viehzucht über, wodurch sie sesshaft wurden.

Beamte: Beauftragte Verwalter des Königs, später des Staates, zum Erledigen staatlicher Aufgaben (Einzug der Steuern, Durchsetzung der Gesetze).

C

Caesar: Gaius Julius Caesar, erfolgreicher römischer Feldherr, der sich zum Alleinherrscher des Römischen Reiches machte und 44 v. Chr. ermordet wurde.

Cromagnon-Mensch: 1898 fanden Forscher in einer Höhle die Skelette von fünf Menschen. Ihr Alter wird auf 25 000 Jahre geschätzt. Diese Höhle hieß „Cro-Magnon" und liegt in Südfrankreich. Einige Forscher nehmen an, dass von diesem alle heute lebenden Menschen abstammen.

D

Demokratie: Die Griechen des Altertums unterschieden drei Staatsformen:
- die Demokratie (= die Herrschaft des Volkes),
- die Aristokratie (= die Herrschaft der Besten),
- die Monarchie (= die Herrschaft des Königs).

Die Demokratie entstand in Athen, wo in der Volksversammlung alle politischen Entscheidungen per Mehrheitsbeschluss getroffen wurden.

E

Expansion: Erweiterung des Staatsgebiets zu Lasten der Nachbarn oder durch Kolonisation. Die Ausdehnung des Machtbereiches kann friedlich verlaufen (z. B. griechische Kolonisation in der Antike) oder auf kriegerischer Weise (z. B. Eroberungen, Imperium Romanum).

F

Forum: Markt- und Versammlungsplatz in einer römischen Stadt.

Frühmensch: Homo erectus (der erste aufrecht gehende Mensch), lebte in Europa und Asien.

G

Generation: Menschengruppen in der Familienfolge, wie Urgroßeltern, Großeltern, Eltern und Kinder. Eine Generation umfasst die Zeitspanne, bis Kinder wieder Kinder bekommen, also rund 25 Jahre. Generationen lassen sich als Stammbaum darstellen.

Germanien: (*lat.: Germania*) Das von den Germanen bewohnte Land teilte sich in zwei von den Römern besetzte Gebiete: *Germania inferior* und *superior* sowie in *Germania libera*, den größeren freien Teil. Beide Gebiete waren durch den Limes voneinander getrennt.

Gladiatoren: Berufskämpfer, meist Sklaven, die bei öffentlichen Veranstaltungen in Rom auf Leben und Tod gegeneinander oder gegen Raubtiere kämpften.

Globalisierung: Der Begriff umfasst wirtschaftliche, technische oder politische Entwicklungen, die weltweit Auswirkungen auf das Leben der Menschen haben. Neue Technologien im Kommunikations-, Informations- und Transportwesen sowie neue Organisationsformen führten zur Entstehung weltweiter Märkte für Waren, Kapital und Dienstleistungen.

H

Hierarchie: Als Hierarchie (*altgr. hierarchia*, = „Rangordnung") bezeichnet man ein System von Elementen, die einander über- bzw. untergeordnet sind. In der Gesellschaft bedeutet es eine strenge Rangordnung von gesellschaftlichen Gruppen, Schichten.

Hieroglyphen: Ägyptische Bilderschrift, die um 3200 v. Chr. entwickelt wurde; dem französischen Ägyptologen Champollion gelang es 1822, ihre Bedeutung zu entziffern.

Hochkultur: Ein Zusammenschluss von Menschen zu einem Staat, unter einer dauerhaften Herrschaft eines Königs; Schrift, Kunst, Recht und Religion zeichnen eine Hochkultur aus. Eine frühe Hochkultur war Ägypten.

Höhlenmalerei: Am Ende der Altsteinzeit verfügten die Menschen über eine neue Kulturtechnik; sie malten in Felshöhlen mit Holzkohle und Tonerde Tiere und Zeichen.

I

Imperium: (von *lat.: imperare* = befehlen) In Rom verstand man unter einem „Imperium" ursprünglich die militärische und zivile Befehlsgewalt der höchsten römischen Beamten (der Konsuln). Später war damit auch das unter römischer Herrschaft stehende Gebiet (*Imperium Romanum*) gemeint.

J

Jäger und Sammler: In der Altsteinzeit zogen die Menschen in familienähnlichen Lebensgemeinschaften von 20 bis 30 Personen umher und lebten überwiegend von der Jagd sowie dem Sammeln von Früchten. Ihre Geräte und Waffen stellten sie aus Steinen, Knochen und Holz her.

Jungsteinzeit: (= Neolithikum) In dieser Zeit (10 000 – 3000 v. Chr.) gingen die Menschen zum Ackerbau und zur Viehzucht über. Bisher hatten sie als Jäger und Sammler gelebt. Nun wurden die Menschen sesshaft.

K

Kaiser/Kaisertum: Alleinherrscher, der Name leitet sich vom römischen Politiker *Gaius Julius Caesar* ab. Die Herrschaft und selten auch der Herrschaftsbereich werden entsprechend als Kaisertum bezeichnet.

Kastell: Kleines, befestigtes Truppenlager der Römer, hauptsächlich am Limes zur Grenzsicherung eingerichtet.

Klienten: (*lat.:* = Anhänger, Schützling) Der Patrizier sorgte für seine Klienten und vertrat sie vor Gericht oder anderen Stellen. Dafür wählten sie ihn in politische Ämter und erledigten kleine Aufgaben.

König: Alleiniger Herrscher eines Landes; seine Herrschaft wurde oft mit der Einsetzung durch einen Gott oder durch Götter begründet.

Kolonien: (von *lat.: colonus* = Bebauer, Ansiedler) Zahlreiche griechische Stadtstaaten litten unter Überbevölkerung und Hungersnöten. Deshalb wanderten seit 750 v. Chr. viele Griechen aus. Sie besiedelten die Küsten des Mittelmeeres und des Schwarzen Meeres und gründeten dort neue Städte (Kolonien).

Konsuln: Die beiden obersten Beamten in der Römischen Republik. Sie wurden von der Volksversammlung für die Dauer eines Jahres gewählt.

L

Legionäre: Die römischen Soldaten wurden „Legionäre" genannt. Sie waren Angehörige einer Legion, die aus etwa 4 000 bis 6 000 Soldaten bestand.

Limes: (*lat.* = Grenzweg) In Obergermanien war der Limes ein Palisadenzaun (Holz), dahinter befand sich ein Graben. Im 2. Jahrhundert n. Chr. wurde in Rätien eine Mauer mit Wachttürmen gebaut. Verteidigt wurde die Reichsgrenze durch Truppen, die hinter dem Limes in Kastellen oder Legionslagern untergebracht waren.

M

Mare Nostrum: lateinische Bezeichnung im Römischen Reich für das Mittelmeer.

Metallzeit: Um 3000 v. Chr. setzte sich die Bronze bei der Verarbeitung für Waffen, Werkzeuge und Schmuck durch. Ab 800 v. Chr. begann in Europa die Eisenzeit. Waffen und Geräte wurden nun aus Eisen hergestellt.

Metöken: (*griech.* = Mitbewohner) Bewohner Athens, die vor allem im Handwerk und Handel tätig waren. Obwohl sie keine Sklaven waren, durften sie nicht an der Volksversammlung teilnehmen oder Land besitzen.

Monarchie: Der Begriff Monarchie (*altgr. monarchía* „Alleinherrschaft") bezeichnet eine *Staats-* bzw. *Herrschaftsform*, bei der in der Regel ein König das Amt des *Staatsoberhaupts* auf Lebenszeit oder bis zu seiner Abdankung innehat.

Monotheismus: Der Begriff Monotheismus (*gr. mónos* „allein" und *theós* „Gott") bezeichnet *Religionen*, die *einen* allumfassenden *Gott* kennen und anerkennen. Zu diesen Religionen zählen das Judentum, das Christentum und der Islam.

Mumie: Leichnam, der durch besondere Verfahren vor der Verwesung bewahrt wurde (Ägypten) oder über lange Zeit in einem Moor/Gletscher luftdicht abgeschlossen war.

Mutterstadt: Ausgangspunkt der griechischen Kolonisation. Mutter- und Tochtergemeinde blieben politisch, religiös und kulturell meist eng verbunden.

Mythos: Eine märchenhafte Erzählung oder sagenhafte Geschichte, mit der Menschen und Kulturen ihr Welt- und Selbstverständnis zum Ausdruck bringen. In einem religiösen Mythos wird das Dasein der Menschen mit der Welt der Götter verknüpft.

N

Neandertaler: 1865 wurde im Neandertal bei Düsseldorf ein Skelett mit menschenähnlichem Aussehen gefunden. Sein Alter wird auf 60 000 Jahre geschätzt. Wissenschaftler vermuten, dass der Neandertaler kein Vorfahr des heutigen Menschen gewesen ist, sondern der Vertreter einer Nebenlinie.

Neolithische Revolution: In der Jungsteinzeit änderte sich das Leben der Menschen grundlegend. Sie lebten nicht nur vom Sammeln und Jagen, sondern ernährten sich von Ackerbau und Viehzucht. Sie wurden sesshaft und wohnten in festen Siedlungen. Diese durchgreifende Änderung der Lebensweise wird „Neolithische Revolution" genannt.

Nomade: Viehhalter, der mit der Herde umherzieht, da die Futtergrundlage infolge der Trockenheit nicht für eine Dauernutzung ausreicht. Die Jäger und Sammler der Altsteinzeit waren gezwungen, dem wandernden Wild nachzuziehen und Gebiete aufzusuchen, in denen es ausreichend pflanzliche Nahrung gab. Deshalb hatten sie keinen festen Wohnsitz und lebten als Nomaden.

O

Oikos: Oikos war im *antiken Griechenland* die *Haus- und Wirtschaftsgemeinschaft*, die den Lebensmittelpunkt bildete. Der Oikos umfasste die Familie sowie Bedienstete und Sklaven, das Land, die Gebäude und alles bewegliche Inventar – ähnlich der römischen Villa.

Olymp: (*griech.: olympus*) Gebirge im Norden Griechenlands; es ist bis 2 911 Meter hoch. Nach der Vorstellung der alten Griechen lebten auf den Gipfeln des Olymps die griechischen Götter.

Olympische Spiele: Sportliche Wettkämpfe, die zu Ehren des Göttervaters Zeus in Olympia veranstaltet wurden. 293-mal (von 776 v. Chr. bis 393 n. Chr.) konnten die Spiele in ununterbrochener Reihenfolge stattfinden. Danach wurden sie durch den römischen Kaiser Theodosius verboten. Der Franzose Baron de Coubertin rief sie 1896 wieder ins Leben.

P

Papyrus: Sumpfgras an den Ufern des Nil. Aus der Staude stellten die Ägypter den Vorläufer des Papiers her.

Papst: Papst ist der *geistliche Titel* für den Bischof von Rom als Oberhaupt der *römisch-katholischen Kirche*. Weitere Bezeichnungen sind „Heiliger Vater" oder *Pontifex Maximus*.

Patrizier: (*lat.: patres* = Väter) Die wohlhabenden römischen Bürger, die dem Adel entstammten und durch ihre Klienten in die verschiedenen politischen Ämter gewählt wurden.

Pharao: Titel der ägyptischen Könige. Der Begriff bedeutet „großes Haus". Der Pharao war als Alleinherrscher der oberste Herr aller Menschen am Nil. Ihm gehörten nicht nur das Land, sondern auch die Menschen und Tiere, die darauf lebten. Es gab auch einige Frauen auf dem Pharaonenthron. Wie der Pharao wurde auch die Königin als Gottheit verehrt.

Plebejer: (*lat.: plebs* = Menge, Masse) Freie Bauern, Handwerker, Händler und Kaufleute in Rom, die nicht zum römischen Adel gehörten und häufig Kriegsdienst leisten mussten.

Polis: (*griech.:* Burg, Stadt; Mehrzahl: *Poleis*) Bezeichnung für die im antiken Griechenland selbstständigen Stadtstaaten, z. B. Athen, Sparta, Korinth. Die Einwohner einer Polis verstanden sich als Gemeinschaft. Sie waren stolz auf ihre politische Selbstständigkeit und achteten darauf, wirtschaftlich unabhängig zu bleiben.

Polytheismus: Polytheismus (von *griechisch polys* ‚viel' und *theoi* ‚Götter'), bezeichnet die religiöse Verehrung einer Vielzahl von *Göttern* oder *Geistern*. Die meisten *Religionen* des *Altertums* waren polytheistisch und verfügten über ein jeweiliges *Pantheon* traditioneller Gottheiten.

Provinz: Alle Besitzungen des römischen Staates außerhalb der Halbinsel Italien hießen Provinzen.

Pyramide: Bezeichnung für Grab- und Tempelformen verschiedener Kulturen; in Ägypten mächtige Königsgräber für den Pharao. Die größte ist die Cheopspyramide (erbaut etwa 2550 v. Chr.).

Q

Quellen: Überreste und Überlieferungen aus der Vergangenheit; wir unterscheiden drei Quellenarten: Sachquellen, Bildquellen und Schriftquellen. Hinzu kommen mündliche Überlieferungen z. B. durch Zeitzeugen.

R

Republik: (von *lat.: res publica* = die öffentliche Sache) Der Begriff „Republik" steht für eine Staatsform, in der das Volk oder ein Teil des Volkes die Macht ausübt.

Romanisierung: Häufig übernahmen die besiegten Völker die römische Lebensweise, indem sie sich z. B. kleideten, ernährten und wohnten wie die Römer. Auch in der Bauweise ihrer Häuser ahmten sie das römische Vorbild nach.

S

Senat: (*lat.: senex* = Greis) Rat der Ältesten, eigentliches Regierungsorgan in der Römischen Republik.

Sippe: Bei den Germanen hieß die Großfamilie „Sippe". Alle durch Abstammung oder Eheschließung verwandten Menschen bildeten eine Gemeinschaft, die z. B. bei Konflikten gemeinsam handelte.

Sklaven: Unfreie Menschen, die zur Verrichtung von Arbeiten eingesetzt wurden; im Altertum waren Sklaven zumeist Kriegsgefangene oder deren Nachkommen. Sklaven konnten wie eine Ware gekauft und verkauft werden.

Staat: Als „Staat" wird eine Form des Zusammenlebens bezeichnet, bei der eine Gruppe von Menschen – das Volk – in einem abgegrenzten Gebiet nach einer bestimmten Ordnung lebt. Der ägyptische Staat gilt als einer der ersten Staaten.

Stamm: „Stamm" heißt in der Völkerkunde eine lose Gruppierung benachbarter Siedlungsgemeinschaften von Familien und Sippen. Sie haben in ihrer Lebensweise viele Gemeinsamkeiten.

Stand: Abgeschlossene Gruppe in einer Gesellschaft; die Mitglieder einer Gruppe bestimmen sich durch Geburt, Vermögen oder unterschiedliche Rechte.

T

Toleranz: Eigenschaft eines Menschen, Arten von Anderssein (Meinungen, Werte und Verhaltensweisen) bei anderen Menschen nicht abzulehnen.

Totengericht: Wie die Menschen der Jungsteinzeit glaubten auch die Ägypter an ein Weiterleben der Menschen nach dem Tod. Neu ist in der ägyptischen Religion der Glaube an ein Totengericht: Danach müssen sich die Menschen nach ihrem Tod vor einem Gericht der Götter für ihre Lebensführung verantworten.

Tribut: Leistungen, welche die von den Römern unterworfenen Völker bzw. die Provinzen in Form von Naturalien oder Geldzahlungen erbringen mussten.

U

Umweltschutz: Alle Maßnahmen zur Erhaltung und Sicherung der Umwelt als natürlichen Lebensraum. Aktionen dafür werden z. B. in den Bereichen Abfallvermeidung, Artenvielfalt, Energie, Gewässer- und Klimaschutz durchgeführt.

V

Verfassung: Eine Verfassung legt fest, welche Aufgaben und Rechte die Bürger haben und wer den Staat regiert. Sie kann eine „geschriebene Verfassung" sein, wie etwa das Grundgesetz der Bundesrepublik Deutschland. Geschriebene Verfassungen gibt es erst seit etwa 200 Jahren.

Vorratshaltung: Anlage von Vorräten (Lebensmittel, Wasser) für Not- und Dürrezeiten.

Vorurteil: Häufig haben wir Vorstellungen und Meinungen über andere Menschen oder Völker, die gar nicht der Wirklichkeit entsprechen. Wir verallgemeinern etwas, was wir vielleicht einmal erlebt haben oder von anderen gehört haben. Manchmal ist es auch nur ein unbestimmtes Gefühl. Eine solche Meinung ist kein begründetes, sondern ein vorschnelles Urteil – ein Vorurteil.

W

Werkzeuge: Die Menschen der Altsteinzeit stellten ihre Werkzeuge und Waffen aus Steinen, Knochen und Holz her. Ihr wichtigstes Gerät war zunächst der Faustkeil. Im Laufe der Zeit entwickelten sie zahlreiche Werkzeuge mit Spezialformen für verschiedene Aufgaben.

Z

Zeitzeuge: Eine Person, die in der Zeit, die beschrieben wird, gelebt hat und das Geschehen selbst miterlebt hat.

Operatoren

Anforderungsbereich I

Operator	Beschreibung
beschreiben	Sachverhalte schlüssig wiedergeben
nennen	Sachverhalte in knapper Form anführen
zusammenfassen	Informationen aus vorgegebenen Materialien oder Kenntnisse auf wesentliche Aspekte reduziert in eigenen Worten formulieren

Anforderungsbereich II

Operator	Beschreibung
analysieren	Materialien oder Sachverhalte systematisch untersuchen und auswerten
begründen	Aussagen (zum Beispiel eine Behauptung, eine Position) durch Argumente stützen, die durch Beispiele oder andere Belege untermauert werden
charakterisieren	Sachverhalte mit ihren typischen Merkmalen und in ihren Grundzügen bestimmen
darstellen	Sachverhalte strukturiert und zusammenhängend verdeutlichen
ein-, zuordnen	Sachverhalte schlüssig in einen vorgegebenen Zusammenhang stellen
erklären	Sachverhalte schlüssig aus Kenntnissen in einen Zusammenhang stellen (zum Beispiel Theorie, Modell, Gesetz, Regel, Funktions-, Entwicklungs- und/oder Kausalzusammenhang)
erläutern	Sachverhalte mit Beispielen oder Belegen veranschaulichen
erstellen	Sachverhalte (insbesondere in grafischer Form) unter Verwendung fachsprachlicher Begriffe strukturiert aufzeigen
herausarbeiten	Sachverhalte unter bestimmten Gesichtspunkten aus vorgegebenem Material entnehmen, wiedergeben und/oder gegebenenfalls berechnen
vergleichen	Vergleichskriterien festlegen, Gemeinsamkeiten und Unterschiede gewichtend einander gegenüberstellen sowie ein Ergebnis formulieren

Anforderungsbereich III

Operator	Beschreibung
beurteilen	Aussagen, Vorschläge oder Maßnahmen untersuchen, die dabei zugrunde gelegten Kriterien benennen und ein begründetes Sachurteil formulieren
bewerten	Aussagen, Vorschläge oder Maßnahmen beurteilen, ein begründetes Werturteil formulieren und die dabei zugrunde gelegten Wertmaßstäbe offenlegen
entwickeln	zu einer vorgegebenen oder selbst entworfenen Problemstellung einen begründeten Lösungsvorschlag entwerfen
erörtern	zu einer vorgegebenen These oder Problemstellung durch Abwägen von Pro- und Kontra-Argumenten ein begründetes Ergebnis formulieren
gestalten	zu einer vorgegebenen oder selbst entworfenen Problemstellung ein Produkt rollen- beziehungsweise adressatenorientiert herstellen
überprüfen	Aussagen, Vorschläge oder Maßnahmen an Sachverhalten auf ihre sachliche Richtigkeit hin untersuchen und ein begründetes Ergebnis formulieren

Erläuterungen zu den Anforderungsbereichen I bis III

⚀ **Anforderungsbereich I (Reproduktionsleistungen)**
Wiedergeben und Beschreiben von Inhalten und Materialien

⚁ **Anforderungsbereich II (Reorganisations- und Transferleistungen)**
selbstständiges Erklären, Bearbeiten und Ordnen bekannter Sachverhalte sowie das angemessene Anwenden gelernter Inhalte und Methoden auf andere Sachverhalte

⚂ **Anforderungsbereich III (Reflexion und Problemlösung)**
reflexiver Umgang mit neuen Problemstellungen, eingesetzten Methoden und gewonnenen Erkenntnissen, um zu Begründungen, Urteilen und Handlungsoptionen zu gelangen

Die Anforderungsbereiche sind in ihrer wechselseitigen Abhängigkeit zu sehen, demzufolge schließt der Anforderungsbereich III die Anforderungsbereiche I und II, der Anforderungsbereich II den Anforderungsbereich I ein.

Bildquellennachweis

6 Mi. re. Peter Wirtz, Dormagen; 6 un. re. Martina Quill, Esslingen; 8 istockphoto; 16 ob. li. TOPICMedia Service; 16 ob. re. B Berthold Steinhilber/laif; 16 Mi. li. C Mauritius images/Manfred Mehlig; 16 Mi. re. D Mauritius images/imagebroker/Martin Moxter; 16 Mi. li. E picture-alliance/Robert Harding World Imagery; 16 Mi. F Mauritius images/imagebroker; 16 un. li. G TOPICMedia Service; 16 un. re. H) Mauritius images/Alamy; 18 ob. (1) Fotolia/© cristiandxb; 18 ob. (2) Colourbox.com; 18 ob. (3)–(4) TOPICMedia Service; 18 ob. (5) Shutterstock/Oleg Krugliak; 19 ob. li. (1) Fotolia/© TwilightArtPictures; 19 Mi. li. (4) Klaus Becker, Oberursel; 19 Mi. li. (5) epd-bild; 19 un. li. (6) Mauritius images/age; 19 un. li. (7) Shutterstock; 19 un. re. (10) CSV-Archiv; 20 ob. Mi., 21 ob. Mi. Klaus Becker, Oberursel; 22 ob.li picture-alliance/ZB; 22 un. re. picture-alliance; 23 ob. Mi. picture alliance/Hajo Dietz; 23 ob. re. picture-alliance/dpa/dpaweb; 23 un. re. picture-alliance/dpa; 24 ob. re. Fotolia/© TwilightArtPictures; 24 Mi. re. picture alliance/dpa; 24 un. re. picture alliance/Heritage Imag; 25 Mi. li. © Christie's Images/Corbis; 25 ob. re. ARTOTHEK; 26 Mi. li. bpk/Kupferstichkabinett, SMB/Volker-H. Schneider; 26 ob. re. Mauritius images/United Archives; 27 Mi. li. picture-alliance/Sueddeutsche; 27 ob. re. Travel Ink/VISUM; 28 Mi. Klaus Becker, Oberursel; 28 un. re. Shutterstock © Oleg Kozlov; 29 E Shutterstock/Andor Bujdoso; 29 C © epd-bild/Rainer Oettel; 29 D Mauritius images/age; 35 © Mettus – shuterstock.com; 36 ob. Dr. Volkhard Binder, Berlin; 36 un. Carlos Borrell, Berlin; 41 Mi. re. Carlos Borrell, Berlin; 41 un. re. Carsten Märtin, Oldenburg; 42 ob. Mauritius images/Alamy; 43 ob. re. Bildagentur-online; 44 ob. li. akg-images; 45 ob. re. akg-images/Erich Lessing; 48 Mi. re. akg-images/Erich Lessing; 49 Carlos Borrell, Berlin; 50 un. re. Mauritius images/Alamy; 52–53 akg-images/François Guénet; 54 ob. Mi. bpk images; 54 un. re. fotofinder; 55 ob. li. picture alliance/Reinhard Dirs; 55 ob. re. bpk-images; 55 un. Mi. Carsten Märtin, Oldenburg; 58 ob. li., 58 ob. re. akg-images; 59 ob. Mi. Corbis/© Robert Harding/Robert Harding World Imagery; 59 ob. re. akg images; 60 oben: Fotolia/© donyanedomam; 61 ob. li. und Mi. Carsten Märtin, Oldenburg; ob. re. Thomas Binder, Magdeburg; 62 ob. re. bpk/Scala; 62 un. Mi. bpk/Scala; 63 un. li. Klaus Becker, Oberursel; 64 ob.li akg-images/François Guénet; 64 ob. re. (1)–(2) Interfoto/Photoasia; 64 Mi. re. 1 picture-alliance/Richard Ashworth/Robert Harding World Imagery; 64 Mi. re. 2 akg-images/De Agostini Pict.Lib.; 64 un. li., 65 ob. re. akg-images/Andrea Jemolo; 65 Mi. li. fotofinder/Schapowalow; 65 un. li. Claus Märtin, Oldenburg; 65 ob. li. dpa/picture-alliance; 67 ob. re. 1–3 Peter Wirtz, Dormagen; 68 ob. li. Corbis/© Charles & Josette Lenars; ob. re. Carsten Märtin, Oldenburg; un. re. Corbis/© Sandro Vannini; 69 ob.li bpk/The Trustees of the British Museum; 69 un. mi., ob. li. akg-images/E. Lessing; 70 Mi. li. INTERFOTO/Granger, NYC; 71 ob.li Carsten Märtin, Oldenburg; 71 ob. re. akg-images; 71 un. li. Carsten Märtin, Oldenburg; 72 un. re. action press/STARTRAKS NEW YORK; 73 Mi. li. bpk/RMN – Grand Palais | Hervé Lewandowski; 73 un. li. Shutterstock; 74 un. li. bpk/The Trustees of the British Museum;

74 ob. li. Carlos Borrell, Berlin; 74 ob. re. Mauritius images/Alamy; 75 ob. re. Federseemuseum Zweigmuseum des Archäologischen Landesmuseums Baden Württemberg, Bad Buchau; 75 Mi. li. bpk/Museum für Vor- und Frühgeschichte, SMB/Hans-Dietrich Beyer; 76 Mi. re. Dr. Dieter Potente, Dülmen; 76 un. re. akg/De Agostini Picture Lib.; 77 Mi. li. Carsten Märtin, Oldenburg; 77 un. li. akg-images/Erich Lessing; 78–79 ob. akg-images; 78–79 un., 80 ob. Michael Teßmer, Hamburg; 80 Mi. li. akg-images/Erich Lessing; 80 un. li. bpk/The Metropolitan Museum of Art; 81 ob. li., 81 ob. re. akg/De Agostini Picture Lib.; 81 un. re. Dr. Elisabeth Köster, Bonn; 83 ob. li. 1–2, Mi. li., un. li. Dr. Elisabeth Köster, Bonn; 84 Mi., 85 un. Carlos Borrell, Berlin; 86 ob. Mi. picture-alliance/Bildagentur Huber/Schmid Reinhard; 86 un. re. Dr. Elisabeth Köster, Bonn; 87 ob. bpk/Alinari Archives; 88 ob. li., 89 ob. li. Dr. Volkhardt Binder, Berlin; 88 ob. re. akg/North Wind Picture Archives; 89 ob. re., Mi. re. Mauritius images/age; 90 ob. li. Carsten Märtin, Oldenburg; 90 ob. re. (2)–(3), 90 Mi. re. bpk-images; 91 ob. (1) Klaus Becker, Oberursel; 92 ob. Mi. CSV-Archiv; 92 un., 93 ob. li., 93 unten (2) Carsten Märtin, Oldenburg; 94 Mi. li. Dr. Elisabeth Köster, Bonn; 94 Mi. re. Imagebroker RM/F1online; 95 ob. li. picture-alliance/ANE Edition/Andreas Neumeier; 95 ob. re. picture-alliance/Bibliographisches Institut/Prof. Dr. H. Wilhelmy; 95 ob. re. Klaus Becker, Oberursel; 95 un. re. Dr. Elisabeth Köster, Bonn; 97 ob. li. © Richard Roscoe/Stocktrek Images/Corbis; 97 ob. re. F1online digitale Bildagentur; 98 ob. Mi. Carlos Borrell, Berlin; 98 Mi. Bridgeman; 99 ob.li F1online; 99 Mi. li. 1 Heuneburg/Diorama; 99 Mi. li. 2 Keltenmuseum Hochdorf/Enz/Stork; 99 Mi. re. dpa Picture-Alliance; 100 Mi. re. 1–2 akg-images/Erich Lessing; 100 un. re. 1 Klaus Becker, Oberursel; 100 un. re. 2 Marek Uliasz – 123RF; 102–103 (un.) Dans la Rome des Césars de Gilles Chaillet © 2004; 102–103 (ob.) Gasometer Leipzig, 2005, Yadegar Asisi; 104 ob. li. akg-images; 104 un. li. Yadegar Asisi © asisi; 104 un. re. Dr. Elisabeth Köster; 105 ob. re., 105 ob. li. Carsten Märtin, Oldenburg; 106 ob. re. Fotolia; 106 Mi. li. Mauritius images ; 107 ob.li akg-images/Electa; 107 Mi. li. akg-images/Nimatallah; Mauritius images/Pixtal; 108 un. li. bpk/Scala; 109 ob. li. Carlos Borrell, Berlin; 109 ob. re. Mauritius images/age; 110 ob. re. Mauritius images/RODRUN/Knöll; 110 un. li. Mauritius images ; 111 ob. li. Mauritius images/Robert Knöll; 111 un. li. akg-images/Bildarchiv Steffens; 111 ob. re. Markus Kirchgessner/laif; 111 un. re. Mauritius images/imageBROKER/Karl F. Schöfmann; 112 ob. li. Rheinisches Landesmuseum, Trier; 113 un. re. Bridgeman, Giraudon, Paris; 115 ob.li, 115 ob. re. akg-images; 116 picture-alliance/dpa; 116 ullsteinbild/Hackenberg; 116 picture-alliance/ZB-Fotoreport; 117 un. re. Dr. Elisabeth Köster, Bonn; 118 un. li. picture alliance/Heritage Imag; 119 ob. li. Fotolia/© Alex; 120 ob. re. Imago; 120 un. li. picture-alliance/dpa; 120 un. re. Mauritius images/United Archives; 121 ob. re. Fotolia/© Oleg Znamenskiy; 121 un. li. akg-images; 122 ob. li. Mauritius images/Volker Miosga; 122 ob. re. Carlos Borrell, Berlin; 123 ob. re. picture-alliance/Artcolor; 124 ob. li. Carlos Borrell, Berlin; 124 un. li. Joerg

Mueller/VISUM; 124 un. re. © AStock/Corbis; 125 Mi. li. bpk/Museum für Asiatische Kunst, SMB/Jürgen Liepe; 125 ob. re. Fotolia/© wusuowei; 125 un. re. © Burstein Collection/CORBIS; 127 Mi. li. picture-alliance/akg-images/Kalkriese; 128–129 bpk/Scala; 129 un. re. Topic Media; Mi. re. Bridgeman; 131 un. re. Mauritius images/United Archives; 132 ob. Carlos Borrell, Berlin; 133 (1) Fotolia/© jurand; 133 (2) picture alliance/Isadora/Leema; 133 (3) bpk/Deutsches Historisches Museum/Arne Psille; 134–135 Illustrationen: Thomas Binder, Magdeburg; 135 ob. Carlos Borrell, Berlin; 136 ob. Michael Teßmer, Hamburg; 136 un. re., 137 ob., 142 ob. Carlos Borrell, Berlin; 137 un. re. akg-images; 138 un. li. akg-images/VISIOARS; 143 ob. re. Carlos Borrell, Berlin; 144 un. li. Mauritius images/United Archives; 144 ob. re. akg-images; 145 un. li. imageBROKER/Daniel Schoenen; 145 un. re. INTERFOTO/DanielD; 146 ob. li. akg-images; 146 un. li. Innenministerium Baden-Württemberg; 146 ob. re. akg-images; 146 un. re. action press; 147 ob. Mauritius images/Manfred Mehlig; 147 ob. re. picture-alliance/Friedel Giert; 148 ob. akg-images; 149 ob. li. Fotolia © Anja Ergler; un. Mi. mauritius images/imageBROKER/Alamy; ob. re. Fotolia/© cityanimal; 150 ob. li. Carlos Borrell, Berlin; 150 un. li. © epd-bild/Keystone/Topham Picturepoint; 152 ob. Dr. Volkhard Binder, Berlin; 152 un. re. akg-images/Imagno; 153 ob. li. Fotolia/© ehrenberg-bilder; 154 un. re. Fotolia/© mma23; 155 Mi. li. © epd-bild/Rainer Oettel; 155 Mi. re. picture alliance/Isadora/Leema.

Dr. Magdalene Gärtner, Schwäbisch Gmünd: 10–11, 12 ob. li. (1), 12 Mi. li. (2), 12 un. li. (3), 12 ob. re. (4), 12 Mi. re. (5) 12 un. re. (6), 13 ob. li. (7) , 13 Mi. li. (8), 13 un. li. (9), 13 un. Mi. (10), 14–15.

Elisabeth Galas, Bad Breisig: 9, 43 un. li., 50 ob. re., 51 un. li., 56 re., 57 un. li., 62 ob. li., 63 ob. Mi., 67 un. re. 3, 72 ob. Mi., 82 ob., 96 un. Mi., 106 ob. Mi., 123 ob. li., 125 ob. li., 126 Mi. re. 1, 126 Mi. re. 2, 127 ob. li., 143 un. re., 153 ob. re. (1)–(2), 155 un. li.

Thomas Binder, Magdeburg: 19 ob. li. (2), 19 Mi. re. (8), 30–31, 32 ob., 33 Mi. A–D, 33 un. re., 34 ganze Seite, 38 ob. li., 38 un. li., 39 ob., 40 ob., 43 Mi. li., 43 un. re., 44 Mi., 44 un., 45 un. li., 45 un. re., 46 ob. li., 46 un., 48 ob., 51 Mi. li., 70 un. li., 76 (1)–(6), 82 Mi. li., 87 un. re. 88 Mi. re., 88 un. re., 96 ob. li., 101 Mi. li. 1–3, 105 un. re., 106 un. li., 109 un. li. 109 un. re., 112 Mi. re., 113 Mi. li., 114 un. li.; 118 ob. re., 119 un. re., 121 ob. li., 122 un. re., 126 un. Mi., 130 ob. li. ., 131 ob. li., Mi. li., 132 un., 138 ob. re., 138 Mi. re., 138 un. re., 139 ob. li., 139 Mi. li., 139 un. li., 140 ob., 142 un. li., 151 ob.

Projektleitung: Dr. Uwe Andrae
Redaktion: Terezia Petö
Grafik: Thomas Binder, Magdeburg; Dieter Stade, Hemmingen
Karten: Carlos Borrell, Dr. Volkhard Binder, Berlin
Bildassistenz: Franziska Becker, Christina Sandig
Webcodes: Patrick Lenz
Layoutkonzept: Ulrike Kuhr; Corinna Babylon, Berlin auf Basis eines Entwurfs von Buchgestaltung+, Berlin
Umschlaggestaltung: Rosendahl Berlin
Technische Umsetzung: Uwe Rogal, Berlin

www.cornelsen.de

Die Webseiten Dritter, deren Internetadressen in diesem Lehrwerk angegeben sind, wurden vor Drucklegung sorgfältig geprüft. Der Verlag übernimmt keine Gewähr für die Aktualität und den Inhalt dieser Seiten oder solcher, die mit ihnen verlinkt sind.

1. Auflage, 1. Druck 2016

Alle Drucke dieser Auflage sind inhaltlich unverändert
und können im Unterricht nebeneinander verwendet werden.

© 2016 Cornelsen Schulverlage GmbH, Berlin

Das Werk und seine Teile sind urheberrechtlich geschützt.
Jede Nutzung in anderen als den gesetzlich zugelassenen Fällen bedarf
der vorherigen schriftlichen Einwilligung des Verlages.
Hinweis zu den §§ 46, 52a UrhG: Weder das Werk noch seine Teile dürfen ohne eine
solche Einwilligung eingescannt und in ein Netzwerk eingestellt oder sonst öffentlich
zugänglich gemacht werden.

Dies gilt auch für Intranets von Schulen und sonstigen Bildungseinrichtungen.

Druck: Mohn Media Mohndruck, Gütersloh

ISBN 978-3-06-064891-7

PEFC zertifiziert
Dieses Produkt stammt aus nachhaltig
bewirtschafteten Wäldern und kontrollierten
Quellen.

www.pefc.de

Exkursionsziele, Spuren der Römer in Baden-Württemberg

- Ⓜ Museum
- ✹ römische Funde, Anlagen und Rekonstruktionen
- — Römerstraße Neckar-Alb-Aare

Karte, Europa um 1000

Handel an der römisch-germanischen Grenze

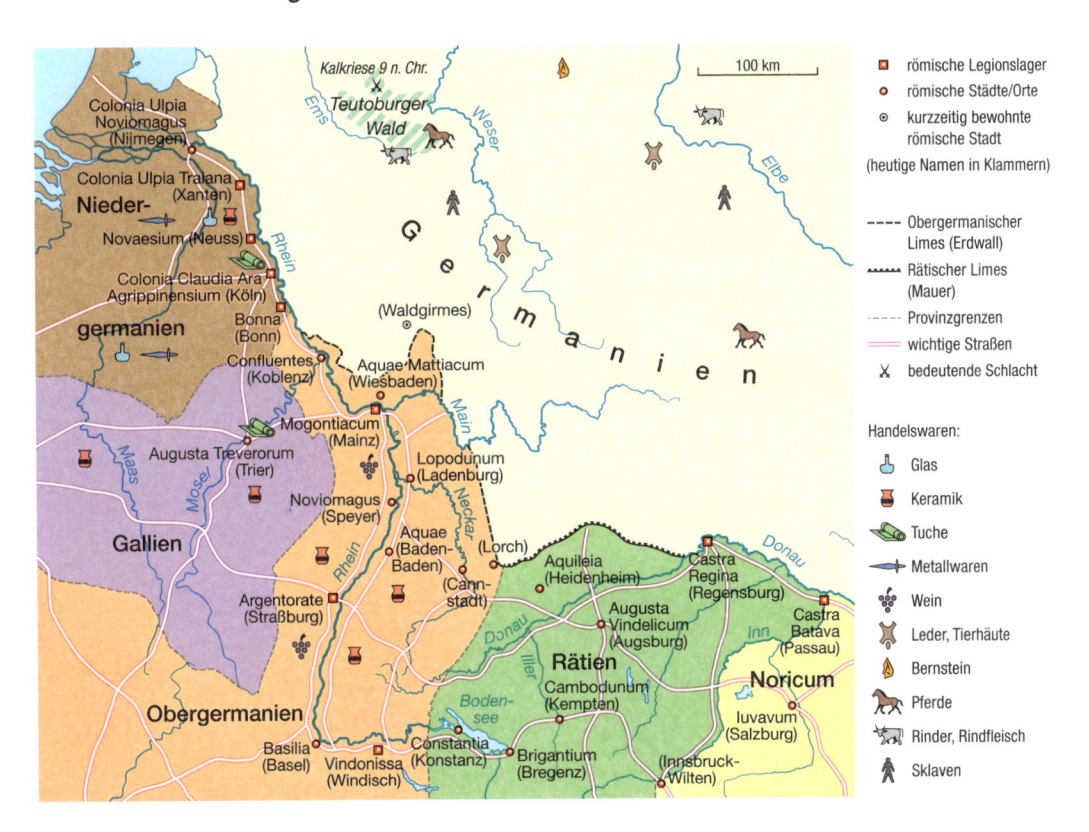

Legende:
- römische Legionslager
- römische Städte/Orte
- kurzzeitig bewohnte römische Stadt

(heutige Namen in Klammern)

- ---- Obergermanischer Limes (Erdwall)
- ▪▪▪▪ Rätischer Limes (Mauer)
- ----- Provinzgrenzen
- ─── wichtige Straßen
- X bedeutende Schlacht

Handelswaren:
- Glas
- Keramik
- Tuche
- Metallwaren
- Wein
- Leder, Tierhäute
- Bernstein
- Pferde
- Rinder, Rindfleisch
- Sklaven

Am Limestor (Diorama aus dem Limesmuseum Aalen)

Der Textknacker

Beim Lesen und Verstehen von Texten hilft der Textknacker.

1. Schritt: Vor dem Lesen

Bilder beim Text helfen mir, den Text besser zu verstehen.
Die Überschrift sagt mir etwas über den Inhalt des Textes.

- Ich sehe mir die Bilder an.
- Ich lese die Überschrift.

Worum konnte es in dem Text gehen?

2. Schritt: Das erste Lesen

Ein Text hat Absätze. Was in einem Absatz steht, gehört zusammen.
Die Schlüsselwörter im Text sind besonders wichtig.
Einige Wörter werden unter dem Text erklärt.

- Ich zähle die Absätze.
- Ich lese die hervorgehobenen Schlüsselwörter.
- Ich lese die Worterklärungen.

Was weiß ich jetzt?

3. Schritt: Den Text genau lesen

Erst der ganze Text sagt mir, worum es geht.
Ich lese den ganzen Text – Absatz für Absatz.

Was habe ich erfahren?

4. Schritt: Nach dem Lesen

Ich habe den ganzen Text gelesen.
- Ich schreibe zu jedem Absatz etwas auf.
- Ich schreibe die wesentlichen Informationen auf.
- Ich schreibe auf, was für mich wichtig ist.